本书系广东省教育科研“十二五”规划2013年度一般项[illegible]山区高中语文教师专业发展研究”（项目编号：2013YQJK202，[illegible]2021年度中小学教师教育科研能力提升计划重点项目“基于高中语文学习任务情境下发展学生写作思维能力的研究”（项目编号：2021ZQJK097）的研究成果。

山区中学语文教师专业发展策略

邵献计◎著

中国文联出版社

图书在版编目（CIP）数据

山区中学语文教师专业发展策略 / 邵献计著. — 北京：中国文联出版社，2023.8

ISBN 978-7-5190-5258-4

Ⅰ. ①山… Ⅱ. ①邵… Ⅲ. ①山区－中学语文课－师资培养－研究 Ⅳ. ①G633.302

中国国家版本馆CIP数据核字（2023）第133981号

著　　者　邵献计
责任编辑　刘　旭
责任校对　秀点校对
装帧设计　刘贝贝　李　娜

出版发行　中国文联出版社有限公司
社　　址　北京市朝阳区农展馆南里10号　　邮编　100125
电　　话　010-85923025（发行部）　010-85923091（总编室）
经　　销　全国新华书店等
印　　刷　天津和萱印刷有限公司

开　　本　710毫米×1000毫米　1/16
印　　张　16.75
字　　数　320千字
版　　次　2023年8月第1版第1次印刷
定　　价　58.00元

序言

PREFACE

山区教师专业发展有助于山区学生健康成长。本人自1987年师范毕业后，先后在山区小学、初中和高中从事了多年的一线教育教学工作，2012年以来主要从事全市中学语文教研工作。一直潜心参与、研究和关注中小学教师的专业发展工作。在长期的中小学教育教学教研工作中，通过不断学习、阅读、实践和摸索，深切地感受到作为一名教师，特别是山区中小学的教师，拥有广博的专业知识和深厚的教育教学能力对自身教学和学生的健康成长是何等的重要。在日常教学活动中，当你透过一双双渴望知识和理解的学生的目光中，你会由衷地感受到，一个人遇到好老师是人生的幸运，一个学校拥有好老师是学校的光荣，一个民族源源不断涌现出一批又一批好老师则是民族的希望。苏霍姆林斯基曾说过："如果一个人没遇到好老师的话，他就可能是一个潜在的罪犯。如果一个人能够遇到一个好老师，他再坏也不会坏到哪里去。"好老师就如同人生命中的贵人，在学生的成长中起着至关重要的作用。他不仅传授给了学生知识，还塑造了学生的灵魂，让学生逐渐成为最优秀的自己。有位哲人说："真正的教育是用一棵树去摇动另一棵树，用一朵云去推动另一朵云，用一个灵魂去唤醒另一个灵魂。"教育不只是传授知识，还是心与心交流的过程，是一个灵魂对另一个灵魂的感染和唤醒，教育对学生的人生影响何其深远。

山区教师专业发展有赖于国家长期以来的高度重视和有力保障。百年大计，教育为本。国家历来对教育高度重视。1993年专门制定了《中华人民共和国教师法》，并于2009年8月进行了修订。1995年专门制定了《中华人民共和国教育法》，并于2021年4月进行了第三次修订。国家把教育作为民族振兴、社会进步的重要基石，作为功在当代、利在千秋的德政工程，认为教育对提高人民综合素质、促进人的全面发展、增强中华民族创新创造活力、实现中华民族伟大复兴具有决定性意义，国家保障教育事业优先发展。把教育作为国之大计、党之大计。党的二十大报告描绘了高举中国特色社会主义伟大旗帜，全面建设社会主义现代化强国、实现第二个百年奋斗目标，以中国式现代化全面推进中华民族伟大复兴的宏伟蓝图。教育、科技、人才是全面建设社会主义现代化国家的基础性、战略性支撑，科技和人才离不开教育。人才的培养，教育的质量，关键在于教师，教师是教育的脊梁。清华大学著名校长梅贻琦曾指出："所谓大学者，非谓有大楼之谓也，有大师之谓也。"此语道出了教师在大学中的主要地位。"大师"是学校的灵魂，也是衡量学校水平高低的主要标志。在中小学教育中教师具有同样重要的地位。教育离不开教师，教育的关键在于教师。教育大计，教师为本。教师是人类灵魂的工程师，是人类文明的传承者，教师承担着传播知识、传播思想、传播真理的历史使命，肩负着塑造灵魂、塑造生命、塑造人的时代重任，教师是教育发展的第一资源，是国家富强、民族振兴、人民幸福的重要基石。为做好教师队伍建设工作，国务院于2012年8月印发了《国务院关于加强教师队伍建设的意见》，中共中央、国务院于2018年1月印发了《中共中央 国务院关于全面深化新时代教师队伍建设改革的意见》。这是新中国成立以来党中央第一次专门出台面向教师队伍建设的文件，将教育和教师工作提到了前所未有的政治高度，首次确立了公办中小学教师作为国家公职人员特殊的法律地位，凸显教师职业的公共属性，具有重大的历史和现实意义。教师强则教育强，教育强则国家强，世界各国越来越重视教育，加强教师队伍建设是国际共识，建设一支具有更高素质的教师队伍，是推进教育现代化、建设教育强国的必然要求。要求教师队伍建设应以师德为要，全面加强师德师风建设，树立正确的历史观、民族观、国家观、文化观，坚定"四个自信"，以德立身、以德立学、以德施教、以德育德。应以学高为师，大力提升教师专业能力。明确提出提高教师入职标准，要求逐步将幼儿园教师学历提升至专科，小学教师学历提升至师范专业专科和非师范专业本科，初中教师学历提升至本科，有条件的地方将普通高中教师学历提升至研究生。在培训、职称评聘、表彰奖励等方面向乡村青年教师倾斜，优化乡村青年教师发展环境，加快乡村青年教师成长步伐。要求到2035年，教师综合素质、专业化水平和创新能力大幅提升。广东省人民政府于2021年8月印发了《广东省推动基础教育高质量发展行动方案》，对教师队伍建设提出了明确要求，力争用15年时间，解决全省基础教育发展不平衡、不充分的问题，建成高质量基础教育体系，人民群众对基础教育的满意度明显提升，全省基础教育办学质量和综合实力跨入国内先进地区行列。实施“新强师工程”和对口帮扶，重点加强粤东粤西粤北地区校长教师队伍建设，并向原中央苏区、革命老区、民族地区倾斜。到2025年，粤东粤西粤北地区校长教师队伍能力素质显著提升；到2030年，粤东粤西粤北地区校长教师队伍能力素质与珠三角地区差距明显缩小；到2035年，粤东粤西粤北地区校长教师队伍整体水平与珠三角地区大体相当。

山区教师专业发展有利于培养高素质教师队伍。山区教师的专业发展直接影响高素质教师队伍的形成。持续健康发展教育迫切需要源源不断地出现一批批高素质教师。高素质教师不仅需要有共产主义的远大理想、中国特色社会主义共同理想的坚定信仰者和忠实实践者的正确的理想信念，拥有“师者，人之模范也”“吐辞为经，举足为法”的良好道德情操，怀揣“爱人者，人恒爱之”“亲其师，信其道”的宽厚仁爱之心，而且要具备“师术有四，而博习不与焉。尊严而惮，可以为师；耆艾而信，可以为师；诵说而不陵不犯，可以为师；知微而论，可以为师”如此广博而扎实的学识。

山区教师专业发展之路需要长期潜心探索。建设高素质教师队伍需要经历一个长期努力的过程。为了探索中小学教师专业能力和业务水平的有效提升和快速发展，特别是山区中学语文青年教师的专业发展有效路径，本人结合在高中学校从事语文教学及教研管理工作实际，于2007年主动申报成功并开展了广东省哲学社会科学“十一五”规划2007年度教育学、心理学立项项目“粤北山区高中扩招形势下青年教师专业发展有效途径研究”（课题批准号：07SJY012）课题的实验与研究，2014年成功申报并开展了广东省教育科研“十二五”规划2013年度一般研究项目“以联片研训方式促进山区高中语文教师专业发展研究”，2022年成功申报并开展了广东省教育科学规划2021年度中小学教师教育科研能力提升计划重点项目“基于高中语文学习任务情境下发展学生写作思维能力的研究”，以课题研究方式持续开展了多年的语文教师专业发展的深入研究与实践。“以联片研训方式促进山区高中语文教师专业发展研究”项目主要是以全市高中语文区域联片教研活动为载体，以高中语文阅读教学和写作教学为研究内容，以促进全市高中语文教师专业水平和业务能力发展、提升全市高中语文教学质量为出发点和落脚点，根据全市高中语文教师研训需求的不断发展和变化，带领课题组研究团队开展了持续广泛而深入的学习、调研和摸索，有目的、有计划地开展了有主题、有层次、成系列的区域联片教研活动，及时调整、优化联片教研方式方法，经过多年的实验研究和实践探索，初步探索出了一条“面上研训”关注整体发展、“线上研训”凸显名优引领、“点上研训”强调个人成长的由关注整体均衡的全员参与体验的普及型联片研训活动到注重个人专业质量提升的深度研磨型的“面、线、点”三部曲联片研训活动创新路径。这是多年来清远市高中语文区域联片教研活动不断开拓创新和发展的结晶，它有效促进了清远市高中语文教师教育教学观念和课堂教学行为的深度变革，推动了清远市高中语文教师专业能力的纵深发展，为提升清远市高中语文教学质量提供了师资专业和能力素质的关键保障。

山区教师专业发展之路的研究实践成果兼容并蓄。为进一步梳理总结推广实验研究成果，充分发挥课题研究成果的实践价值和作用，本人把多年来进行的促进教师专业发展方面的课题实验研究的工作经验和实践成果汇编成册，一共六章：其中第一章是关于山区中学语文教师专业发展特征的内容，涉及山区中学语文教师专业发展的概念及特点、意义和影响因素三个方面的内容；第二章是关于山区中学语文教师专业发展的内容，涉及山区中学语文教师的专业理念与师德、专业知识和专业能力三个方面的内容；第三章是关于山区中学语文教师专业发展的主要策略（上），涉及制订教师个人专业发展规划、勤于学习、勇于实践和及时反思四个方面的内容；第四章是关于山区中学语文教师专业发展的主要策略（下），涉及课题研究概况、课题选题与设计、课题申报与实施、课题结题与推广和教育教学成果的培育与申报五个方面的内容；第五章是关于山区中学语文教师专业发展的实践（上）——以联片研训方式促进山区高中语文教师专业发展研究，涉及该课题研究项目的申请书、课题实施方案、课题中期检查报告书、课题结题报告和教育教学成果奖申报书五个方面的内容；第六章是关于山区中学语文教师专业发展的实践（下）——以联片研训方式促进山区高中语文教师专业发展研究，这是本人作为该研究项目主持人已在刊物发表的七篇课题研究成果论文，分别是《基于粤北区域高中语文教师参与研训情况的调查报告》《名著阅读教学要聚焦高阶思维能力培养》《试论高中语文教学中开展名著阅读的必要性》《论在高中古诗教学中如何培养学生的创新意识》《区域联片研训活动方式促进高中语文教师专业发展略谈》《同课异构绽异彩——广东清远高中语文联片教研实践研究》《面线点结合，实现立体化研训——广东省清远市积极推动高中语文教师队伍建设》。第一章至第四章主要介绍中学语文教师专业发展的一些理论和方法，着重介绍了教师开展课题实验研究过程所使用的一些行之有效的方式方法。这些知识内容和方法有利于教师开拓教育教学知识视野，有利于提升教师的教育教学专业能力。主持或参与课题实验是促进教师专业成长的有效途径，书中介绍开展课题实验研究的内容和方式方法有助于教师开展课题的实验研究。第五章和第六章的内容主要介绍本人在开展省级教育科研规划研究项目“以联片研训方式促进山区高中语文教师专业发展研究”实验过程中，所总结撰写的重要阶段的实践研究成果和已发表的课题研究成果论文。这些内容将为有志于开展课题实验研究、促进自身专业发展的教师提供借鉴和帮助。

山区教师专业发展研究与实践成果助力教师专业发展。教师掌握课题研究的方式方法，学会开展课题研究，有助于教师增强解决教育教学实际问题的能力，有助于教师形成广博而深厚的教学专业知识和较强的教育教学能力，有助于促进教师的专业发展。开展针对教育教学实际问题的课题研究是教师专业发展的有效路径。因此，收入本书的内容，除了介绍有关中学教师需要熟悉掌握的教育教学专业知识、教育教学能力要素外，其中有相当多的篇幅内容是关于开展课题研究方面的内容和方法，以及本人主持开展多年的省级课题研究和实践的案例。因此，本书不仅仅适合山区中学语文教师阅读和参考，也适合中小学其他学科教师以及其他教育教学机构研究人员阅读和借鉴。

本书在撰写过程中，参考了许多中小学教师与研究者的精彩论著，借鉴了各专业刊物的文献资料，同时得到了单位领导、同事和课题组成员以及编辑工作人员的大力支持和帮助，在此一并表示感谢。爱妻成红英帮助校对了全书书稿。因时间仓促和水平有限，书中难免有错漏与浅见之处，恳请读者批评指正。

是为序。

邵献计
2023年元旦于御景湖畔

CONTENTS

目录

第一章

山区中学语文教师专业发展特征

第一节　山区中学语文教师专业发展的概念及特点

山区中学语文教师专业发展具有教师专业发展的一般共性，同时，由于它的学科学段及地理位置的特殊性，决定了山区中学语文教师专业发展与教师专业发展存在不同的地方。

一、山区中学语文教师专业发展的概念

山区中学语文教师专业发展，从构词角度分析，它是由山区、中学语文及教师专业发展三个短语构成。其中，山区是指多山的地区。例如，宋曾巩《送江任序》："均之为吏，或中州之人，用于荒边侧境山区海聚之间，蛮夷异域之处。"清刘大櫆《海门鲍君墓志铭》："虽於荣利之涂绝无复望，然使其苍然黄发老死山区，未为过也。"李准《李双双小传·人比山更高》："老冯，你今个儿到嵯岈山（嵖岈山）那个山区社去看看吧，看里边有个发展头没有。"山区包括山地、丘陵、崎岖的高原，面积广大，约占全国面积的2/3，山区在发展旅游、采矿和农业多种经营等方面优势较大。但是，山区由于地形崎岖，交通闭塞，经济文化教育常常相对落后，与平原、城市等地区形成较大的差距。近年来，山区广泛修路，积极发展旅游业，很多山区产品也走出了山区，走向了城市，使不少的山区人民走向了富裕的道路，逐步缩小了与平原和城市地区的差距。

中学语文是中学各学段学科之一，它是由初中语文和高中语文组成。语文是人文社会科学的一门重要学科，是人们相互交流思想的汉文及汉语工具。它既是语言文字规范（实用工具），又是文化艺术，同时也是我们用来积累和开

拓精神财富的一门学问。语言文字是人类社会最重要的交际工具和信息载体，是人类文化的重要组成部分。语文课程是一门学习国家通用语言文字运用综合性和实践性的课程。工具性和人文性的统一是其基本特点。

山区中学语文教师专业发展是指山区中学的语文教师通过持续的教育、培训、学习和支持活动，促进山区中学语文的教育专业知识、专业技能、专业态度和教育科研能力的不断更新、丰富，不断提高中学语文从教素质，逐渐符合山区中学语文教师专业人员标准的动态成长过程。它强调山区中学语文教师个体的专业素养和能力的提升与发展，它主要指山区中学语文教师专业知识丰富与技能技巧娴熟。山区中学语文教师专业发展的关键是山区中学语文教师素质和能力的培养与提升，核心是山区中学语文教师实践知识的关注与获得。

二、山区中学语文教师专业发展的特点

山区中学语文教师专业发展具有教师专业发展的一般特点，具有明显的阶段性，不同教龄的教师，具有不同的专业发展特点，由于山区中学语文教师所处的地域以及学科学段的特殊性，概括起来，主要有以下六个方面的特点。

（一）动态性

从教师的生涯发展过程来看，教师的专业发展是一个动态的过程。从哲学的角度来理解“发展”的概念，“发展”是指事物的运动和过程，是一个事物前进的运动、变化，“发展”是一种事物由单一到繁杂、初级到高级的过程，并呈现出坎坷、过程性等特征。由此我们可以知道，山区中学语文教师的专业发展也是一个教师从职前培养和职后培训不断走向成熟、完善的发展过程。有些教师在发展的过程中会出现挫折期或者厌倦期等现象。

（二）阶段性

山区中学语文教师专业发展与其他教师的专业发展一样，呈现出阶段性的特征。通常可分为以下五个阶段。

第一，入职阶段。入职阶段是教师角色的转变，即从师范院校等到山区中学语文教师的转变。入职阶段角色转变的适应期因个体差异性，不同的个体需要的时间长短有所不同。这一阶段主要培养教师适应环境的能力、交际的能力以及将理论知识运用于实践的能力。在该阶段内，教师将更多的精力和时间用在实际的教育教学活动上。

第二，在职积极阶段。适应入职阶段之后，除了少数教师离开教学岗位外，大部分语文教师都会尽快完成角色转换，并逐渐接受新的环境，热爱教育事业。我国的教师试用期一般为一年，一年后成为正式教师。这时，教师的专业发展意识增强，通过教学实践的检验，发现理论上存在的不足之处；通过请教优秀的教师、自我反思、学生反馈等不断调整教学方法，变换教学手段。当教师看到学生的成绩或课堂表现有一定的成果时，教师本人也会间接地觉得自己的付出是值得的。

第三，相对停滞阶段（高原阶段）。对于教师来说，专业发展在一定程度上会陷入发展的相对缓慢或停滞阶段，这是中国教师职业倦怠的阶段，即教师的专业发展出现高原。校本培训（校长）在此阶段起着重要的作用。

第四，自我更新阶段。这一阶段主要是靠教师本人，目标是促进其专业发展的动力，教师不再考虑外界因素的各方面评价或职业升迁的干扰，此时，教师已经具备足够的自我发展意识，可以自觉地按照自己的职业生涯规划自己的专业发展状况，并且教师已经习惯性地将其专业发展当作生活的一部分，换句话说，教师已习惯性地更新自己专业发展的各方面。

第五，离开教师职业阶段（即退休阶段）。大概处于从教后的30到40年。

山区中学语文教师的专业发展具有阶段性，当我们对语文教师专业发展的每一个阶段的发展特征进行详细的了解之后，我们就可以采取相应的措施去提高教师的专业发展。

（三）自主性

由于每个教师的专业发展程度不同，因此，教师的专业发展要因人而异。教师有很强的专业发展自主性是语文教师专业发展的个性特征，这是由山区中学语文学科的本质综合性决定的。语文学科在内容上涉及政治、经济、文化、道德、地理、历史等方面，在知识上涉及拼音、文字、词汇、语法、标点、修辞等，在能力上涉及阅读写作等。从这可以看出，一个优秀的山区中学语文教师的专业发展实质上也就是在日常生活中我们常说的“上知天文，下知地理”，不仅全面发展而且综合性强，即所谓的“一专多能”。因而，作为一名山区中学语文教师，一定要有自我发展意识。“思想是行为的先导。”教师只有转变思想观念，加强主体性意识，才能实现自己的全面发展。

（四）差异性

山区中学语文教师教学工作的繁杂决定了其专业发展的差异性。山区中学语文教师的工作每天都很忙，除了备课、上课、辅导、批改作业外，还要观察学生的学习情况，还要注重学习情境的创设、教学活动和课外活动的组织、对学生的学习评价等，而山区中学语文教师的专业发展就体现在这些活动中。我国教师在不同发展阶段是不一样的，这就决定了其专业发展的方式、重点和内容也不同，即表现出了差异性。因此，山区中学语文教师的差异性和阶段性等要求学校和教师培训机构对山区中学语文教师专业发展的丰富性和多样性要有一个正确、客观的认识，然后根据其发展特征选择合适的培养模式和专业发展内容（因人而异）。

（五）乡土性

乡土并不意味着落后，相反，今日的乡土文化代表的是一种时代精神。理论上，作为乡村知识分子的山区中学语文教师应该是乡土文化的坚守者，虽然在欠缺现代化的乡村学校中坚守的山区中学语文教师身上的乡土气息依然浓厚，但若是他们有机会接触现代化教育，在强势的城市取向的教师专业发展理念的影响下，他们或许也早已抛弃了乡土文化的“土”外衣，而穿上了城市文明的时尚新衣。在转型期和已经现代化的农村学校中的山区中学语文教师，在城市文明的诱使下，他们正在努力摒弃“乡土”带来的烦恼。刚到农村任教的年轻教师大多数“身在曹营心在汉”，常表现出难以割舍的城市情结。乡土文化不被重视的根本原因在于城市文明的强势进攻。似乎在人们的头脑中，一提到“山区”“乡土”等字眼，就会让人联想到贫穷落后，一提到“城市”，就意味着文明和富裕，其实以上种种都是线性的思维在作祟，这也是传统的城市取向的教师专业发展理念的唆使。山区教育走向现代化并不意味着要抛弃乡土文化，反而，具有乡土性的山区教师专业发展理念更适合我国多元化的农村教育实际情况。

（六）协同性

在过去山区教育现代化的进程中，霸道的城市取向标准使得山区教师处于文化冲突之中。也就是因为这种文化冲突，面对城市文化的强势诱惑，有的山区中学语文教师片面地放弃了乡土文化，奔向城市文化，然而他们在适应城市文化的过程中，却遭遇了身份认同危机的尴尬境遇。在当今提倡协同并进精神的时代，山区教师遭遇的文化冲突以及身份认同危机必然引起人们的深刻认识。新时代的山区中学语文教师在专业发展的过程中必须以协同多元的视角看待乡土文化和城市文化的关系，最重要的是在提升自身的现代化素质的同时，充分利用现代化工具来坚守和弘扬最代表中国山区特色的乡土文化。只有建构协同化的山区中学语文教师专业发展理念，才能够保证当今时代的山区中学语文教师的专业发展更适合当地山区学校的发展需求。

第二节　山区中学语文教师专业发展的意义

随着时代的发展，人力资源已成为第一生产力，社会对教师工作质量和效益的期望值越来越高。山区中学语文教师专业发展对增强山区中学语文教师自身的专业素质、提升山区中学语文教师的专业地位以及提高山区中学语文教师的教育质量，具有重要的现实意义。

一、山区中学语文教师专业发展可以增强山区中学语文教师的专业素质

按照山区中学语文教师专业化的要求，山区中学语文教师必须经过严格的专业训练，这种训练包括教育理念和教育态度，还包括专业知识和专业技能。而山区中学语文教师专业发展作为一种目标与结果，经过一段时间的努力，必然对山区中学语文教师本身的专业素质起到很好的增强作用，不断推动其自身专业水平的提高。当然，山区中学语文教师专业发展既是一种外在的压力，也必须成为山区中学语文教师内在的要求，只有其内在的积极性和主动性被调动起来，山区中学语文教师专业水平的提高才能真正实现。

二、山区中学语文教师专业发展可以提升山区中学语文教师的专业地位

受各种因素影响，当前山区中学语文教师的专业化程度还不够高，这是导致山区中学语文教师的专业地位与现实发展的需要不相适应的主要原因之一。事实上，虽然说山区中学语文教师很重要，但如果只要有一点语文知识的人都可以教语文，任何一个人都可以对语文教育说三道四，那么山区中学语文教师这一行业就失去了其自身的技术优势，在这种情况下，山区中学语文教师的地

位就很难提高。这里值得注意的是，社会对任何职业的认可程度与该职业自身的专业化程度是成正比的。一般来说，社会对山区中学语文教师职业化的认可程度越高，相应地，教师的社会地位也会得到提升。因此，山区中学语文教师专业化是提高山区中学语文教师专业地位及其社会地位的重要途径。

三、山区中学语文教师专业发展可以提高山区中学语文教育质量

山区中学语文教师专业发展的根本目的是提高山区中学语文教育的质量。我们知道，要提高教育质量，师资质量是关键。通过教师专业发展，不断促进山区中学语文教师职业专业化，一方面会吸引更多的优秀人才从事山区中学语文教育工作，改善山区中学语文师资队伍的结构；另一方面高水平的师资也会促进学生学习质量的提高，特别是可以促进学生学习方式的转变，调动学生内在的积极性和主动性，培养创新精神，从而实现素质教育的整体目标和要求。

第三节　山区中学语文教师专业发展的影响因素

山区中学语文教师专业发展受到各种因素的影响，其主要影响因素包括社会政策因素、学校环境因素和个人因素，其中社会政策和学校环境两个因素可归结为外在的客观因素，个人因素属于主观内在的因素。辩证唯物主义认为，内外因相互影响，相互作用，其中内因是决定因素，外因只有通过内因才能起作用。同样地，山区中学语文教师专业发展也是如此，山区中学语文教师专业发展得如何，是多种因素相互影响的结果，其中山区中学语文教师的个人内在因素起决定作用。

一、社会政策因素

社会对教育与教师的地位以及存在价值的认识和看法、社会经济文化的发展水平、教育改革与发展对学校教育和教师的要求、行政部门的政策导向以及奖惩制度，都能对教师专业发展产生一定的影响。随着城镇化的不断推进和发展，各地的山区中学规模逐渐萎缩，山区中学语文作为山区中学的基础学科首当其冲。有些地方对山区中学教育未能足够重视，在认识和政策导向方面出现一些偏差，从而影响了山区中学教育特别是山区中学语文教师的专业发展。

二、学校环境因素

学校环境因素主要是指学校作为社会大系统的一个教育组织，创造并维持着一定的环境。在这个环境中，人与人之间相互作用和影响，内部成员的思想观念、态度观念、价值观念、道德规范和行为习惯都会对教师产生潜移默化的影响。这种校园文化和学校氛围是一种观念形态，是无形的，却对教师专业发展有着最直接的影响。山区中学学校受地理位置和当地地域文化的影响，中学学校的语文教师教育教学工作任务往往比较繁重，与城市的中学学校相比，他们跟外界学校的沟通和交流相对较少，因此，学校的各种规章制度和校园文化氛围对山区中学语文教师产生了重要的影响。

三、个人因素

个人因素主要包括个人家庭环境因素和个人专业发展结构因素两个方面。前者是影响教师专业发展的个人生活环境，后者是教师特征对教师专业发展的影响。制约和影响教师专业发展的根本因素，来自教师头脑中的思想、观念，特别是教师的自我发展意识。教师对职业价值的认识和追求、教师自主发展的需求和动力、教师应对教育改革挑战的态度和能力等，是从根本上影响教师专业发展的关键因素。部分山区中学语文教师由于缺少强烈的自我发展意识，平时疏于学习，对教育课程改革认识不够到位，缺乏教学创新能力，包括创新观念、创新思维和创新方法，在单元教学目标把握、单元教学设计、资源整合、教学方法和课堂艺术等方面明显低一个层次。部分山区中学语文教师缺乏良好的教学科研态度，即使有参与教学科研，也往往是浅尝辄止，或是把教学与科研搞成两张皮，有的甚至认为教学科研活动浪费时间和精力，还不如花更多的时间辅导学生的学习，没有真正通过开展教学科研来提高课堂教学效益，从而促进教育教学质量的提高。

第二章

山区中学语文教师专业发展内容

第一节 山区中学语文教师的专业理念与师德

教师的专业理念是教师在对教育工作本质理解的基础上形成的关于教育的观念和理性信念；专业理念为教师的专业行为提供了理性支点，直接影响到教师的教育教学行为、师生角色观、职业交往观以及教师的自我发展。

师德是教师和一切教育工作者在从事教育活动中必须遵守的道德规范和行为准则，以及与之相适应的道德观念、情操和品质。师德既是社会对教师职业行为的道德要求，通常以师德理想、师德原则、师德规则等方式表现出来，也是教师对自己所从事职业的内在理解与认识，并体现于外在的行动中。师德缺失的教师，会失去教书育人的信念，迷失工作的方向。

可见，教师的专业理念与师德是两个不同范畴的概念。两者的区别体现在：专业理念更侧重于教师对教育工作本质理解的基础上形成的关于教育对象、内容、方式的专业性观念，师德则侧重于从事教育教学活动中必须遵守的道德规范、行为准则、情操等个人品质。两者的联系体现在：教师的专业理念与师德共同从认识层面支配和制约着其教育教学行为，教师对职业的理性认识，对学生、教育教学、个人修养的态度都可通过理论学习、实践反思、相互学习达到认同与内化。

在专业理念与师德方面，山区中学语文教师的专业发展内容与其他地区的中学各学科教师一样，都必须遵从《中学教师专业标准（试行）》的基本要求，主要包括职业理解与认识、对学生的态度与行为、教师教学的态度与行为以及个人修养与行为四个方面的内容。

一、职业理解与认识

职业理解与认识是教师形成其专业理念、专业素养以及开展专业实践的认识基础。教师的职业理解与认识包括依法执教、爱岗敬业、专业认同、为人师表、团结协作五个层面的内容。依法执教是对教师职业的基本要求，一方面山区中学语文教师要了解党和国家的教育方针政策，深刻理解我国已颁布的教育法律和行政法规；另一方面山区中学语文教师要了解国际上一些相关法规，在国际背景下领会法律法规的内在精神，同时山区中学语文教师要对照法律法规，在实践中勤于反思，不断检视、完善自己的教育教学活动。爱岗敬业是对山区中学语文教师职业的本质要求。理解和认可山区中学语文教育，才能获得职业成就感和幸福感，并激发起山区中学语文教师对教育工作的热情和信心。同时，山区中学语文教师要在不断体验职业意义和人生意义的过程中，逐渐产生职业理想和敬业精神，并对自己的职业有一定的目标、理想和规划。专业认同是山区中学语文教师首要的专业理念。山区中学语文教师要认同教师职业是一个专门性职业，并且按一个专业人员的标准来要求自己，不断发展并提升自己的专业素养。山区中学语文教师要真正从内心认同并理解自身职业的专业性，发现、体验教育教学工作中内在的尊严和快乐，从内心觉得这个职业对社会、对个人是有价值的，对他人、对自己是有意义的，以一个专业人员的整体要求来提升自己的专业素养，并在敬业的基础上不断进取，从而对职业从接受上升到兴趣、热爱，实现专业的自觉性。为人师表是山区中学语文教师素质的核心部分，是对山区中学语文教师良好师德的高度概括。山区中学语文教师要注重自身的道德修养，力求做到行为示范，为人师表也是山区中学语文教师以自身为资源实施以德育德的保障。团结协作是山区中学语文教师开展专业活动的基本方式。一方面，山区中学语文教师作为学生、家长、同行等各种人际关系的枢纽，自觉地与他人合作，是提高教书育人成效的一种明智选择；另一方面，山区中学语文教师间的协作与交流，可以获得彼此心理上的支持、知识上的共享、能力上的互补，最终获得共同的提高与发展，同时也向学生示范了合作的要义。

二、对学生的态度与行为

对学生的态度与行为是从工作对象的角度对一个合格的山区中学语文教师所应具备的专业理念与师德的要求。山区中学语文教师看待、认识、评价学生的态度和对待学生的行为，直接影响职业道德规范的践行以及实施教育教学活动的理念、路径、方式和行动。对学生的态度与行为主要包括关心爱护学生和尊重信任学生两个方面的内容。关心爱护学生是山区中学语文教师必须恪守的职业道德底线，是山区中学语文教师开展专业活动的基础与前提，也是衡量一名山区中学语文教师称职与否的重要标志，是教师职业区别于其他任何一种职业的本质特征之一；尊重信任学生是关心爱护学生的深化与落实，是现代教育的基本价值尺度。不体罚或变相体罚中学生是尊重信任学生方面的禁止性行为，也是师德的下限，平等对待每一个中学生是尊重学生的具体体现之一，主动了解和满足中学生的不同需要、促进中学生的自主发展是尊重信任学生的深层次要求。

三、教师教学的态度与行为

教师教学的态度与行为是从教师与教育教学的关系角度对专业理念与师德的诠释。教师对教育教学活动的认识与理解，直接影响其专业实践活动的态度。教育教学的态度与行为主要包括“育人为本、德育为先”“尊重规律、因材施教”“培养兴趣、引导学生自主发展”三个方面的内容要求。立德树人是发展中国特色社会主义教育事业的核心所在，育人为本、德育为先体现了将求知、育智与品德养成相结合的全面发展的育人观，是当代培养知识型人才转向培养健全的素养型人才教育理念在教育教学活动中的反映。如果说学科知识的教学为学生的未来发展提供了知识基础和智力基础，那么学科教学中所渗透的品德教育则可以培养受教育者优良的道德人格和公民品质，促进了受教育者的健全人格的养成。新的教育理念呼吁山区中学语文教师的德育全程参与，山区中学语文教师可以通过语文学科课程中隐含的诸多价值元素的隐性开发与传递来实现教书育人的使命，这是教育符合规律发展的具体体现。尊重规律、因材施教，强调山区中学语文教师的专业实践应建立在对教育教学规律及中学生身心发展规律深刻理解和把握的基础上，认真分析、理解、把握、尊重与运用学生的学习特点，为每一个中学生提供适合的教育。培养兴趣、引导学生自主发展强调山区中学语文教师要始终以学生的兴趣爱好为出发点，从而激发学生自由探索、勇于创新的态度。既有助于学生自觉、主动地学习，提升学生主动学习能力，又提升了学生社会适应能力、促进了其可持续发展的要求。

四、个人修养与行为

个人修养与行为涉及的是山区中学语文教师处理与自身关系的一些基本规范与要求，它主要包括教师的个性修养、心理健康、自身发展等内容要求。山区中学语文教师不仅要具备良好的个性修养、健康的心理状态，还要乐于学习，因为山区中学语文教师专业的一个重要特点，在于需要不断地面对变化，需要不断学习，并做出创新。山区中学语文教师的个人修养与行为既是顺利开展教育教学活动的必要条件，也是一种重要的资源和手段。他们的言谈举止、待人接物、工作热情、情绪心态和职业生涯的发展状况等，会对学生产生潜移默化的影响。

第二节　山区中学语文教师的专业知识

山区中学语文教师的专业知识是山区中学语文教师专业发展的重要组成部分，是支撑山区中学语文教师教育教学的基础。教育的最终目的是促进学生的发展。山区中学语文教师的专业知识水平不仅影响着教育教学工作的开展，而且还影响着山区中学生的学习。山区中学语文教师的专业知识，主要包括中学教育基本知识、中学语文学科知识、中学语文学科教学知识以及通识性知识四个方面的知识内容。

一、教育基本知识

教师的教育基本知识是指教师在从事教育教学过程中所具有的教育教学知识和心理学知识，这是教师知识结构的重要组成部分，是开展教育教学活动的基础和前提。它主要包括以下五个方面的知识内容。

（一）掌握中学教育基本原理

中学教育的最基本性质是社会主义性质的教育，为建设具有中国特色的社会主义服务。中学教育必须为社会主义现代化建设服务，为发展社会主义生产力服务，为维护团结安定的社会主义政治局面服务。中学教育属于普通教育，普通教育不同于高等教育阶段专门的高深专业教育，也不是实用技能训练的职业教育，而是对学生进行一般科学文化知识和公民基本素养的教育，为他们在德、智、体等方面的发展奠定了中等普通科学文化基础和道德基础。中学教育的目的是培养合格的国家公民，对学生施行的是公民素质教育，教育内容主要是一般的、有广泛适用性的科学文化知识。其目的一方面是为学生进一步学习专业技术知识提供必要的基础，另一方面是提高人的一般文化素养，丰富人的精神生活。同时，在中学课程中也要渗透职业技术教育的内容，开设有关的课程。这主要是为了使学生了解社会生产的方方面面，使理论联系实际，学以致用，培养他们的动手能力和热爱劳动的意识，以利于日后的就业。中学教育教学的一般方法有讲演法、提问法、讨论法等，中学教育的教学策略有发现学习、合作学习、掌握学习和程序教学等。山区中学语文教师应该掌握中学教育的性质、目的和任务，中学教育教学的方法策略、管理艺术和教育机制等。把握中学教育的基本原理有助于教师坚持正确的教学方向，更好地贯彻教育目标；有助于教师树立正确的教育观念，识别错误的教育思想和做法，准确地分析、理解教育现象、教育规律以及教育的方针、政策，从而提高工作的自觉性，避免工作中的盲目性，促进教育和学生的全面发展。

（二）了解中国教育基本情况

根据2021年教育事业统计数据结果显示，全国共有各级各类学校52.93万所，在校生2.91亿人，专任教师1844.37万人，劳动年龄人口平均受教育年限10.9年。教育是民族振兴、社会进步的重要基石，是功在当代、利在千秋的德政工程，对提高人民综合素质、促进人的全面发展、增强中华民族创新创造活力、实现中华民族伟大复兴具有决定性意义。党的十九大从新时代坚持和发展中国特色社会主义的战略高度，做出了优先发展教育事业、加快教育现代化、建设教育强国的重大部署。教育是国之大计、党之大计。坚持党对教育事业的全面领导，坚持把立德树人作为根本任务，坚持优先发展教育事业，坚持社会主义办学方向，坚持扎根中国大地办教育，坚持以人民为中心发展教育，坚持深化教育改革创新，坚持把服务中华民族伟大复兴作为教育的重要使命，坚持把教师队伍建设作为基础工作。教育必须把培养社会主义建设者和接班人作为根本任务，培养一代又一代拥护中国共产党领导和中国社会主义制度、立志为中国特色社会主义奋斗终生的有用人才。这是教育工作的根本任务，也是教育现代化的方向目标。坚持改革创新，坚持教育公平，推动教育从规模增长向质量提升转变，促进区域、城乡和各级各类教育均衡发展，以教育现代化支撑国家现代化。要在坚定理想信念上下功夫，教育引导学生树立共产主义远大理想和中国特色社会主义共同理想，增强学生的中国特色社会主义道路自信、理论自信、制度自信、文化自信，立志肩负起民族复兴的时代重任。要在厚植爱国主义情怀上下功夫，让爱国主义精神在学生心中牢牢扎根，教育引导学生热爱和拥护中国共产党，立志听党话、跟党走，立志扎根人民、奉献国家。要在加强品德修养上下功夫，教育引导学生培育和践行社会主义核心价值观，踏踏实实修好品德，成为有大爱大德大情怀的人。要在增长知识见识上下功夫，教育引导学生珍惜学习时光，心无旁骛求知问学，增长见识，丰富学识，沿着求真理、悟道理、明事理的方向前进。要在培养奋斗精神上下功夫，教育引导学生树立高远志向，历练敢于担当、不懈奋斗的精神，具有勇于奋斗的精神状态、乐观向上的人生态度，做到刚健有为、自强不息。要在增强综合素质上下功夫，教育引导学生培养综合能力，培养创新思维。要树立健康第一的教育理念，开齐开足体育课，帮助学生在体育锻炼中享受乐趣、增强体质、健全人格、锤炼意志。要全面加强和改进学校美育，坚持以美育人、以文化育人，提高学生审美和人文素养。要在学生中弘扬劳动精神，教育引导学生崇尚劳动、尊重劳动，懂得劳动最光荣、劳动最崇高、劳动最伟大、劳动最美丽的道理，长大后能够辛勤劳动、诚实劳动、创造性劳动。

（三）了解中学生身心发展情况

中学生处于青春期，身体发生急剧而显著的变化，主要表现在体态骤变、机能增强、身体素质提高和性发育成熟四个方面。青春期的生长发育状况很明显地反映在其体态变化上，这些变化常以身高、体重、宽度和围度等指标来衡量。身高是评定体格的基础，具有代表性；体重是身体发展量的指标之一，表明身体的充实程度和营养状况；宽度和围度也是衡量身体发展所必不可少的。人脑和神经系统逐步完善，人脑和神经系统在出生前就迅速发展。出生时脑重380—390g，1岁时达到700g，入小学时约1280g，12岁时脑重接近成人；脑容积与脑重的发展相似。之后，脑的发展由容积、重量转向功能的完善，即在青春期时，神经系统的结构更加复杂、功能更加完善。心血管系统功能稳定、肺功能增强。代表心血管系统功能的两个参数是心率和血压。心率在青春期已接近成人，以后逐渐减慢，趋于稳定，每分钟60—70次；血压走出少年期的低谷，稳定在110—120/70—80mmHg范围内。

身体素质提高。身体素质是在神经系统控制下人体活动时肌肉所表现出来的能力，如速度、耐力、灵活性、神经系统功能的完善、肌肉的增长等，使中学生的身体素质快速提高。表现在各种能力的提高：首先是速度，速度的生理基础是大脑兴奋与抑制过程转换的灵活程度；其次是耐力，耐力是人体长时间进行体力活动的能力，即对抗疲劳的能力。

性发育成熟。性发育是一个起始于胎儿期的缓慢过程。初生婴儿形成的是第一性征。青春期后，性器官迅速发育成熟，功能完善，形成第二性征。男生的性变化首先反映在性器官的发展上，10岁以后睾丸发育加快，15—16岁出现遗精现象；其次是阴毛、腋毛、胡须、胸毛的生长及喉结的膨大。女生的性发育总体上比男生早1—2年，一般从10岁开始发育，12岁时变化更为显著。乳房变化是女性进入青春期的第一个信息，也是最早、最明显的标志：一般是在11岁左右开始呈现芽状突起或像小山似的乳头肿突，之后继续发育，最后慢慢接近成人。与此同时，音调变得尖而细。月经初潮（指女性第一次月经的到来）是女性青春期发育最突出的指标之一。初潮的时间大概在十二三岁至十四五岁之间，气候的冷热、健康状况、营养的供给与分配、心情状况也会影响到初潮的早晚。

随着身体的发育，中学生在心理上也发生了变化，具有以下五个方面的心理特点。

一是认知能力方面，中学生观察的目的性、自觉性提高了，观察的时间更为持久，在概括性和精确性上有所提高；中学生思维已由具体的形象思维过程发展到抽象的逻辑思维为主，并且由经验型转向理论型，表现在逻辑思维的组织性、敏捷性、灵活性、深刻性、批判性的发展上；在面临问题时能够较快地从根本上抓住矛盾焦点，能够独立、批判地思考，对同学、老师、家长、书本有自己的认识和看法；喜欢争论和怀疑，敢于发表自己的观点，不迷信权威。

二是情感方面，中学生的情感丰富、高亢而热烈，富有朝气、容易动感情，也容易被激怒，情感体验比小学生深刻；对未来充满了憧憬和幻想，具有活泼愉快的心境；自我调节和控制能力提高，情感有时带有矛盾性和两极性；好交往、重友情，友谊迅速发展；由于性发育和对未来的向往，在异性交往中有时会遇到困惑。

三是意志方面，中学生主要表现在目的性、果断性、自制力几个心理品质上，能够有目的、自觉地做出意志决定和努力；在果断性上有了显著发展；自控能力不断增强。

四是人生观和价值观方面，随着人生观、价值观的增长、视野的开阔及受教育年限的延长，中学生开始对人生及世界进行思考和探索。

五是道德品质方面，学生的品德有一个完整的结构，即道德认知（知）、道德情感（情）、道德意志（意）和道德行为（行），它们相对独立又彼此联系，密不可分。道德认知表现在道德思维的发展和道德观念的建立上；道德情感是人的道德需要是否得到实现而引起的主观的内心体验，它伴随着道德认知的发展而加深；道德意志表现为战胜非道德的动机、排除困难执行道德动机而引起的行为；道德行为是衡量道德品质高低的标志，它需要通过一些粗劣的模仿、多次强化、有意识的练习才能不断提高。

（四）掌握班集体建设与管理的策略

班级是组成学校的基本单位，是学校的基层学生组织，是学校联系学生的桥梁。为了发挥班级的积极作用，就要建立一个健康的班集体并对其进行有效的管理。培养和建设一个良好的班集体，需要教师从充分了解学生，引导全班学生确定共同的奋斗目标，培养班干部，建立健全班集体制度，有计划地开展班集体及共青团、少先队活动以及培养正确的舆论和良好的班风六个方面着手。教师进行班集体管理主要有四个方面的策略和方法，即加强学生的自我管理、自我教育，管理要宽严适度，建立一支优秀的班干部队伍，开展丰富多彩的班集体、共青团、少先队等活动。对班级进行有效的管理，需要教师具有高度的责任心、上进心和使命感，运用科学的班级管理方法。

（五）具有使用教育内容、教学手段和方法现代化的信息科技知识

当今社会是一个充满信息的时代，掌握信息显得尤为重要。掌握信息科技知识和信息化教学是每位教师必须接受的要求。教师掌握信息科技，使课堂教学发生彻底变革，教师利用现代信息科技，充分享有共同资源，使用各种现代化的教学手段，从而极大地提高课堂教学效率，激发学生学习的热情和兴趣，让教师的课堂变得更加生动活泼，课堂内容变得更加丰富多彩。同时，先进的信息科技促进教师教学理念的转变，有助于教师进行教育创新和促进教学改革。

二、中学语文学科知识

学科知识就是教师所具有的执教学科的概念、原理、理论、方法等的知识。学科知识是教师进行正常教学，保证基本教学质量的前提。中学语文学科知识主要包括语文学科的语言形式类知识和语文学科的文化内容类知识。

语言形式类知识从理解与运用的层级上可以大致划分为三个小类：第一类是语音学、词汇学、语法学、文字学、标点符号等语言基础知识；第二类是修

辞学、逻辑学、语用学、口语交际学等语言运用类知识；第三类是表现手法、篇章结构等单项或者综合阅读鉴赏类知识。

第一类的语言基础类知识是最基础的，如考查现代汉语语音、现代汉语字形与字义、标点符号使用、基于具体语境的词语或者成语运用、基于相关语境的语病辨析等。

第二类中的修辞学、逻辑学、语用学、口语交际学等是语言运用类知识，是最能体现学生语文素养的一块。这一块是阅读与写作等项目开展的最重要的基础，也是评价学生语文生活质量与水平的关键要素。

第三类阅读鉴赏类知识，是当前中学语文学科知识体系中最应该确定的知识。用学科知识解决现实问题，这是培养学生核心素养时代的必然要求。

所谓“文化内容”类知识，是指语言运用中，涉及语言内容方面比较多的“形式工具”知识。这一类知识通常分为四个小类，包括文化常识、文体常识、文学常识、古今优秀名句。

“文化常识”涉及天文历法、人物称谓、古代辞格等，仅“人物称谓”类知识，就是干扰文言阅读的棘手问题。2014年3月教育部印发的《完善中华优秀传统文化教育指导纲要》明确要求“把中华优秀传统文化教育系统融入课程和教材体系”，并“增加中华优秀传统文化内容在中考、高考升学考试中的比重”。这就是说，“文化常识”的考查，已经成为国家意志。

“文体常识”，按照时代可分为古代“文体常识”和现代“文体常识”。以《师说》为例，这是古代“序跋类”文体中的“赠序”。那么，“赠序”的起源、性质、内容、名篇便构成了“文体常识”。而“书信”等现代应用文也有着“文体常识”，比如书信的类型、标题、称呼、正文、结尾、署名和日期、标准信封填写等。

“文学常识”不仅仅是记住作者的朝代、国籍、代表作等“作者简介”，如“梅村体的代表诗作是《圆圆曲》，作者是清代诗人吴伟业”。文学常识更多的是指文学分类，各种历史典故，作品特征，作者人格与创作风格，甚至作者的文学习惯。以韩愈来说，诸如他的“古文运动”“古文风格”“诗歌成就”等内容，“推敲”“惧高”“谏迎佛骨”的掌故，“文道合一以道为主”“学习先秦两汉古文”“继承传统的基础上创新”的写作主张等。

“古今优秀名句”。熟记“古今优秀名句”，有利于提升学生的语文素养。

三、学科教学知识

“学科教学知识”是舒尔曼（Shulman）教授在1986年提出的一个重要概念，认为教师除了具备学科知识、一般教学知识外，必须在教学中发展另一种新的知识，即“学科教学知识”（Pedagogical Content Knowledge，简称PCK），它是包含在学科知识中的一种属于教学的知识，即教师在面对特定的学科主题时，如何针对学生的不同兴趣和能力，将学科知识进行组织、调整与呈现，以开展有效教学的知识。它包含四个要素：①教师关于一门学科教学目的的统领性观念（关于学科性质的知识、关于学生学习哪些重要内容的知识或观念）；②关于学生对某一课题理解和误解的知识；③关于课程和教材的知识（主要指关于教材和其他可用于特定主题教学的各种教学媒体和材料的知识，还包括学科内特定主题如何在横向和纵向上组织和结构的知识）；④特定教学主题最有效的教学和表征的知识。

中学语文教学知识通常包括以下三个层次的教学知识：语文课程与教材知识、语文教学的方法知识和语文教学的表征知识。其核心内容是中学语文教师就特定语文教学内容向特定学生有效呈现和阐释的知识。中学语文课程与教材的知识，主要是指教师如何综合运用中学语文学科知识和教育学知识来理解中学语文特定主题的教学；中学语文教学的方法知识及表征知识，主要是指中学语文教师如何把特定的中学语文教学主题组织、呈现给特定的中学生。

落实中学语文教材与特定主题教学的知识，是达成课堂教学有效性的基础。中学语文教师基于中学语文学科性质及教育目标，对中学语文课程标准及教材进行深刻的解读，准确把握中学语文教学内容的核心及具体的中学语文学科知识背后所反映出来的教育价值，这是中学语文教师达成中学语文课堂教学有效性的基础。需要中学语文教师在准确理解和把握中学语文课程标准、深入钻研中学语文教材的基础上，根据学段年级班级学生的实际，设定具体可操作的教学目标。为对称特定的教学目标，需要用统领性观念对中学语文教学主题内容，从横向与纵向上进行组织和建构，从而设定适宜的中学语文教学主题。

同时，运用中学语文教学的方法知识和表征知识，提高课堂教学有效性。运用中学语文学科教学知识，将特定学习内容以学生易于理解的、最有效的教学策略进行转化，让学生获得新知，这是提高课堂教学有效性的重要保证。在此，需要深入分析学生对于学习内容理解和误解的知识，然后采用最有效的教学策略组织教学，即运用中学语文教学的方法知识指导中学语文教师安排课堂活动的顺序，其功能指向教学活动顺序、进程或结构的组织与安排。而中学语文教学的表征知识则是中学语文教师在课堂教学过程中呈现教学内容的方式，其功能指向教学内容的外显与传达——由教师的教学内容到学生的学习内容。中学语文教师课堂所运用的表征方式具有情境性与生成性，它也是中学语文教师教学艺术或教学风格的具体体现，具有鲜明的个性化特征。

从中学语文学科教学知识的视角看，中学语文教师专业化的核心问题是发展他们的中学语文学科教学知识，因为中学语文学科知识是中学语文教师专业发展的前提条件，它能帮助中学语文教师把教学活动中的一切有利于教学的可能元素及知识纳入教师的教学思维之中。这就要求中学语文教师必须从高处着眼，低处入手。中学语文教师从高处着眼，必须具备扎实的专业知识、教育学知识，熟知中学语文课程与教材知识。而从低处入手，即从学生的学习背景（包括学习经验和已有知识、能力等）出发，选择最好的教学策略，把中学学科知识最大程度地转化为学生知识，真正提高中学语文课堂教学的有效性，同时也有利于中学语文教师实践智慧的养成和教师专业化的发展。

四、通识性知识

通识性知识是指通识教育模式下个人所需掌握的一种广泛的、非专业性的、非功利性的基本知识、技能和态度。这里讲的通识不是指拥有多少知识、多少种知识、掌握到什么程度，也不是指拥有多少观念，而是指在通识学习中造就自己，拥有一个能够思考的大脑，使不同学科、领域的知识能够相互通融，在思考和处理问题时能够从较为开放的、跨学科的视角来进行，以达到不同文化和不同专业之间的沟通。

通识性知识能够协助个人悠游于生活之中，并自由地穿梭在工作与非工作世界之间的“智识”。它能够引领人们走出知识上的无知与局限，在遇到问题时多一些有别于专业层面上的思考，进而将这种思考收获回馈至专业领域，让专业更加灵活、更有弹性。其表现主要体现在以下两个层次：一是对信息的了解。对某个领域或某个主题由全然不知走向知道，甚至通晓，并对相关的事物有所了解。二是对信息的批判与应用。能运用自己已有的知识对新的信息做出判断、决定或解决问题。无论是哪种层次的启发和拓展，所反映的实质都是认知主体“智识”的增长和提升。如此一来，学习者不但能活化自身所学，拓展自己的视野，而且对于很多陌生的事物与议题，也能发挥“通则化”的作用，展现举一反三的学习迁移能力。

通识性知识是一种非专业性和广泛性的并且不同于职业和工作导向的基本知识、技能以及态度；是以个人的全面性发展为基础和目标的知识、技能以及态度，而不应只是某一特定领域知识的分化，更不是只与某一特定职业相关的知识。

建构中学语文教师通识性知识标准需要遵循以下两条主要原则：

一是全面性原则。美国大学通识教育所开设的课程基本都涉及以下四个方面的知识：人文艺术知识、自然科学知识（包括数学）、社会科学知识和基本技能（包括写作技巧、批判性思维、定量推理、口头沟通、跨文化技能、道德推理、定量处理、研究技巧、整合学习、计算机技术等）。这四个方面的知识可以进一步地概括为人文科学、社会科学和自然科学三个传统领域，这是因为这三个领域的知识在人类总体知识中占有重要的分量，并且代表着人类三种不同的认识世界的方法，其价值和作用是不可代替的。另外，一些跨学科的知识也应当被纳入通识性知识中来。因此，旨在使中学语文教师获得合理的知识与能力结构的中学语文教师通识性知识标准的架构，要坚持全面性的原则，若不将人文科学、社会科学和自然科学这三个领域的知识纳入其中，就可能会在引导中学语文教师学习的过程中遗漏某些重要的部分，甚至不能帮助他们有效地享有人类主要的文化遗产，其观察和处理各种问题的能力也就难以得到训练和提高，最终对中学语文教师的专业化建设也会产生不利的影响。

二是自由性原则。由于中学语文教师通识性知识的理念是让中学语文教师获得合理的知识与能力结构，而并非让他们系统地学习和掌握各个领域的所有知识，如定量推理领域的知识，目的在于培养中学语文教师运用定量推理方法分析和处理问题的能力；艺术欣赏领域的知识，旨在培养中学语文教师的审美能力和水平等。因此，在通识性知识标准的建构中，只需将大范围控制在人文科学、社会科学和自然科学这三个不同的领域当中，而具体的内容和基本要求可以不做统一要求，由各地区中学语文教师根据实际情况自由选择，但其思路和宗旨都应强调获得知识的方法和思考问题的能力。

中学语文教师通识性知识标准的构建在全面性和自由性原则的指导下，既可以满足通识性知识所要求的知识广度，又能在一定程度上保证中学语文教师在个性和创造性等方面的个体差异，这在教育学上也是符合教育规律的，有利于调动中学语文教师学习通识性知识的积极性，也有利于促进中学语文教师专业化的建设和发展。

第三节　山区中学语文教师的专业能力

专业能力，是指从事职业专业工作所需要的专业技能，是胜任职业岗位要求并赖以生存的核心能力。专业能力包括专业方面的一般能力，运用专业知识的能力和一定的科学研究能力及创新能力。教师专业能力是指教师的一种心理特征，对其表述为在从事教育教学活动中，顺利完成教学任务所表现出来的个性心理特征。它具有个体性、发展性、综合性、情境性和实践性等特点。教师的专业能力在于教师有效把握和调控自身与教育、教学活动其他要素关系的能力。

根据我国关于中学教师专业要求的第一份政策文本——《中学教师专业标准（试行）》的规定，中学教师的专业能力主要包括教学设计、教学实施、班级管理与教育活动、教育教学评价、沟通与合作、反思与发展六个方面的能力。这六个方面的能力也是山区中学语文教师必须具备的专业能力。

一、教学设计能力

教学设计是教师教学工作的重要组成部分，有效的课堂教学依赖于有效的教学设计。教学设计能力是教师在教学设计过程中表现出的专业品质，反映了教师的教学水平，直接影响着课堂教学的效果，关系着学生的全面发展。

所谓教学设计能力，是指教师在教学实施之前，根据课程标准和实际条件，对教学目标、教学内容、教学过程、教学方法、教学形式、教学媒体和教学评价等进行综合规划的能力。这种能力既包括对教学现状的综合分析，根据分析的结果对教学实施进行的科学设计，又包括对教学过程与结果的预见、预判。教学设计能力是一种综合能力，是设计教学方案、解决教学问题、组织教学设计要素、安排教学设计流程的能力的综合，是教师进行教学设计所需的专业知识、教学技能、个性品格与教育理念等各种心理品质的集合体，既要体现教师的教育实践，又要符合教师自身的内在认知。

山区中学语文教师要科学设计教学目标和教学计划；合理利用教学资源和方法设计教学过程。那么，怎样才是科学设计教学目标呢？有经验的中学教师设置的教学目标往往体现出明显的层次性和生成性，因为他们尊重和认同学生个体的差异性，理解教学目标达成的过程性。同时，教学目标的设计应做到可观测、可实现。这就要求山区中学语文教师要熟悉课程标准和教学内容，了解所任教学生现有的知识结构、认知特征及学生的最近发展区，并以此来选择能促进学生实现目标的教学资源、教学媒体和教学策略，然后设计有利于学生发挥学习主体性的教学活动，最后选择合适的评价方式检测教学目标的达成情况，及时反馈教学效果和存在的问题。

教学过程设计能力是教学设计能力的重要内容。它是指教师在教学之前就教学的流程、内容、方法等进行精心策划和科学安排使教学过程趋向最优化的能力。教学过程设计能力通常包括以下几个方面的能力要求，依据课程标准研读处理教材和正确使用教参的能力、正确选择及合理运用适当的教学方法的能力、创造性地进行教具设计以及制作的能力、根据实际情况进行合理的教案编写能力、作业设计能力等。

二、教学实施能力

教学实施能力是指教师在具体真实的情境下依照教学设计的规划有效开展教学活动的能力，也称为教学执行力，具有显著的实践性、综合性、现场性（应变性）等特点。教学实施发生在教学设计之后，是将课程或教学设计付诸教学实践的过程，是教师发挥“传道、授业、解惑”作用的重要路径，是教学活动的中心环节和关键环节，教学实施的质量直接影响了教学效果的高低。因此，教学实施能力是中学一线教师最核心的专业能力，最能反映出一位教师的教学水平。

教学实施能力主要包括教学情境创设能力、教学应变能力以及现代教育技术应用能力。教学情境是指在课堂教学环境中，作用于学生而引起积极学习情感反应的环境。教学情境的创设是以创建面向真实的或仿真的学习情境为重点，要针对自主学习、合作学习、探究学习等多样化的需要设置不同的学习情境。教学情境创设是教学实施中的重要因素。良好的教学情境创设能激发学生的学习主动性和学生的学习兴趣，能够推动学生的思考与探索。进行教学情境创设需要符合以下三个要求，能够使教学情境具有明确的目标指向，并最终实现学科教学的预期目标；能够使教学情境触及学生的情绪和意志领域；能够在教学情境中落实学生的主体地位。

教学应变能力是指教师面对突发的教学情境所表现的及时、准确、果断、恰当地处理问题的一种教学艺术。它是达成教学目标的重要因素，也是教师灵活选择教学方法与策略的基本前提。教学应变能力通常包括教师处理课堂偶发事件的能力以及教师灵活选择教学方法进行教学调控的能力。它要求教师要善于观察学生的情绪反应，灵活调控教学，要求教师能够灵活调控教学手段及教学内容，要求教师能够运用教育机智有效处理课堂教学突发事件。

现代教育技术应用能力是指教师运用现代教育理论和现代信息科技，通过对教与学过程和教学资源的开发、设计、利用、评价、管理，以实现教学的最优化。现代教育技术应用能力能够提高课堂教学效率与质量，能够促进学生的信息科技能力发展。运用现代教育技术要求能够熟练操作计算机和使用网络，并能够将它们应用于自己的教学与科研活动中，要求能够对各信息进行甄别、评价和选择，要求能够将现代教育技术与中学语文教学进行有机整合。

三、班级管理与教育活动能力

参与班级管理与教育活动是山区中学语文教师的工作内容之一。班级管理是一种有目的、有计划、有步骤的社会活动，它的根本目标在于实现教育目标，使学生得到充分的、全面的发展。班级管理的主要对象是学生，班级管理活动主要包括计划、组织、协调和控制等。班级管理是一种组织活动过程，它体现了教师和学生之间的双向活动。进行有效的班级管理是稳定学校管理的基础和关键所在，同时也是学生学习生活的可靠保障。开展班级管理要求能够科学设计班级的教育教学环境，要求通过有效的选拔、培养学生干部来建立班级管理组织。要求能够科学地确定活动内容，体现教育性、知识性、娱乐性、实践性等活动主题，能够周密安排活动计划，能够有效指导活动实施，能够有效地评价活动结果并及时反馈给学生。

教育活动能力主要是指教师开展课堂教学活动之外的一些专项教育活动

的能力。教育活动能力主要包括：对学生进行青春期教育和心理健康教育的能力，学生安全教育的能力，咨询辅导的能力，引导学生进行生涯规划的能力，组织学生开展社会实践活动的能力，开展主题道德教育活动的能力。山区中学语文教师具备教育活动能力，有利于培养学生的科学精神和获得科学的经验，有利于发展学生的自我意识，有利于培养学生的社会性。

四、教育教学评价能力

教育教学评价能力是指通过运用科学可行的方法，系统地搜集、分析、整理信息资料，根据一定的教育目标，对中学语文教育要素、过程和结果进行价值判断，从而为不断自我完善和教育决策提供依据过程的能力。教育教学评价能力是山区中学语文教师必须具备的专业能力之一。教育教学评价能力主要包括教师综合评价学生的能力和教师自我评价与改进的能力。

教师综合评价学生的能力是指教师对学生的学习现状的诊断评价能力及对学生的学习与发展结果进行全面、科学评价的能力。教师综合评价学生的能力是教学活动顺利进行的条件和保障，是有效提升教学质量的重要保证，也是教师专业发展的重要支撑。教师综合评价学生的能力要求教师能够利用多种手段多种渠道收集评价信息，例如能够从学生作业、课堂表现、交谈、课外活动、集体劳动、考试成绩等方面来全面认识和了解学生在知识、品德、能力等方面的发展信息，然后对学生的发展状况和问题进行合理评价，再采取适当的形式反馈给学生，并帮助学生寻找解决问题的方案。教师综合评价学生的能力要求教师能够客观、公正地评价学生，发挥评价的诊断功能，能够落实学生评价的导向和激励作用，同时要求教师能够利用教学档案袋等多种评价工具以及定量评价、定性评价等多元评价方法，把学生自评和他评相结合，关注学生的学习过程，对学生发展进行多视角、全过程评价。

教师自我评价与改进的能力是指教师对自己的思想、愿望、行为和个性特点的判断和评价的能力。它是一种教师通过认识自我，分析自我，从而达到自我素质提高和专业自主发展的内在机制。自我评价作为一种自我发展的动力机制，是教师专业提高的根本动力，教师自我评价与改进的能力有利于教师专业成长，有利于教师创新精神的培养，有利于学生积极的自我意识的形成。教师自我评价与改进的能力要求能够循序渐进地对自我进行评价，要求树立正确的自我评价观，把自我评价服务于自己的教学改进和专业发展，能够在自我评价中不断求得专业发展，要求能够制定出可操作的自我评价指标体系，要将自评的指标集中在影响教学效果的因素上，要求能够通过多种途径收集信息，并能够对它们进行综合分析，同时要求能够正确地利用评价结果来改进自己的教学。

五、沟通与合作能力

沟通与合作能力是山区中学语文教师的专业能力之一。依据教师进行沟通与合作活动的不同对象，这种能力通常包括三个方面的内容，即师生对话能力、同事合作能力以及家校合作能力。

师生对话能力是指教师运用适当的语言媒介与学生进行平等交流与沟通，从而实现师生共同建构知识、分享情感体验、共同发展的能力。平等地与中学生进行沟通交流是对教师沟通与合作能力的第一项要求。教育的本质是要求教师的教育观念应当是民主、自由的；师生关系应该是平等交往的；教育教学方式应该具有交流与对话的成分。现代教学理论强调教学过程不仅是一种学生自我建构知识的过程，而且也是一个学生与教师、同伴、环境等互动的过程。可见，师生对话能力是教育本质对教师的必然要求，是高质量课堂教学对教师的要求，是学生健康成长对教师的要求，也是实现教学相长、促进教师自身专业发展的需要。师生对话涉及教师和学生两个主体的双向交流与互动。要确保师生对话顺利进行，从教师的角度看，需要教师树立民主、平等的观念，将学生看成学习的主体，充分了解学生的个性差异，赋予每一位学生平等的对话权利和机会。同时，需要教师创设轻松、愉悦、包容、活跃的对话氛围，让师生对话具有建设性和创造性。对话是一门非常讲究技巧的艺术，需要教师学会利用一些辅助性的实用技巧，如提问的技巧、倾听的技巧、回应的技巧、换位思考等。

同事合作能力是指教师为了追求专业发展和改善学校教育实践，就共同感兴趣的问题，共同探讨解决的办法，从而形成一种批判性互动关系的能力。每一个学生的德智体美劳等方面全面发展，需要教师多方面的劳动，也是若干教师在目标一致的前提下集体劳动的成果，同事之间的合作有助于学生的全面发展。同事之间的合作可以使教师在相互研讨、碰撞交流的过程中，认识自己与他人在教学、管理学生、专业知识、专业能力等方面存在的差距，从而可以激发专业发展意愿与动机；同事之间的积极互动与经验交流，可以使教师的经验条理化、明晰化、结构化和概括化；同事之间通过听课、观摩、讨论、交流等合作活动，有助于减少教师独立反思的偏差，教师个体的反思走向深化，有利于促进教师自身专业发展。教师是学校发展的第一资源，同事之间的合作有利于学校整体发展。同事合作能力，要求教师要善于倾听和交流，通过同事合作来取长补短，获得自我发展，要求能够积极主动地帮助同事，带动他人发展，要求通过合作研究、同伴教学指导、相互观摩教学、工作坊、集体备课、同行评价、师徒结对、教师博客电子邮件、公众号、工作群等多种方式与同事展开合作。

家校合作能力是指为了促进学生的健康和谐发展，教师与家长、学校与家庭进行互动互惠的双向活动，教师给家长提供反馈信息并提供相关指导，家长积极配合学校和教师共同发挥双主导作用以做好学生的教育工作的能力。教师的家校合作能力是顺利开展教育教学工作的重要前提，也是赢得家长信任和支持的基本保证，它有助于学校与社区建立互助的良好关系。家校合作能力要求教师必须首先能够正确定位自己和学生家长在教育活动中应当承担平等的合作者的角色，教师和家长在各自的教育空间领域发挥自己独特的职能，相互交流和协调，凭借教育合力共同完成对学生的教育工作。教师应当充分了解每一位家长的想法，尊重每一位家长的意见，并善于运用求同存异的思维方式对家长的不同想法和意见进行综合处理，然后通过平等交流与家长达成体现大部分家长想法和利益的、科学合理的教育方案。教师不能以众口难调为理由而对学生家长的想法和意见置之不理。教师应当利用家长会、家访、公开课、手机短信平台、电子邮件、网络平台等多种方式和渠道，与家长进行积极沟通。教师还应当对家校合作的每一次活动的目标、主题、程序等进行科学设计和精心安排，避免盲目性和形式主义。

六、反思与发展能力

反思与发展能力包括反思能力和职业生涯规划能力。教师的反思能力是指教师在教学过程中，不断地对自我及教学进行积极主动的计划、检查、评价、反馈、控制和调节的过程的能力。反思能力是教师专业发展的重要保证。教师的实践性知识的形成过程实际上是一个实践—反思—再实践—再反思的过程，反思有助于教师获得实践性知识。教师的实践性知识是指教师真正信奉的，并在教育教学实践中实际使用和（或）表现出来的对教育教学的认识，它主要包括教师的教育信念、教师的自我知识、教师的人际知识、教师的情境知识、教师的策略性知识、教师的批判反思知识等。反思有助于教师培养终身发展所需要的各种能力，包括教师的一般能力（智力或认知能力）、批判性思维能力、科学研究能力、组织管理能力、自我意识和自我教育能力、人际交往能力等。反思有助于教师形成自主发展的意识和态度。教师通过反思成为自我发展的主人，实现了教学合理化的目的，重新塑造了教师角色，反思能力有助于改善教师形象、提升教师地位和扩大专业自主权。教师的专业发展根本目的在于提高教学质量，促进学生的发展，反思是实现教师发展与学生发展有机整合的有效途径。反思能力要求教师能够对自己的教育教学活动进行自我诊断，能够广泛地收集和深入分析关于自己教育教学活动的信息，以批判的眼光审视自己，包括自己的思想、行为、信念、价值观、目的、态度和情感等。检查自己所运用的理论与所倡导的理论之间是否存在不相符的地方，检查自己的教学行为和技巧是否产生了预期的结果等。收集信息的方式可以自述与回忆、他人的观摩、角色扮演，也可以进行微格教学，借助录音、录像、档案等进行信息收集。对信息进行分析时可以独自进行，也可以采取合作的方式与其他教师相互观摩。教师能够自我提出教学改进策略，并能够在实践中加以验证，同时能够综合运用多种反思方法，例如：通过反思日记法记录并分析一天的教学；相互观摩教学；详细描述所观察的教学情境，并进行交流；与来自不同学校的教师一起，就课堂上发生的问题，通过讨论共同寻找解决方法；对课堂上所遇到的问题进行调查研究等。

教师职业生涯规划能力是指教师从自身的特点和优势出发，考虑时代、社会的要求及所在学校的发展目标，对自己的专业发展进行预期性、系统性的设计与安排的能力。它的内涵比较丰富，主要包括：能够理性地进行自我分析、外部环境分析和专业发展重点；能够制定出个人的近期、中期和长期专业发展目标；能够制订出周密的专业发展计划；能够选择合适的专业发展路径将专业发展计划付诸实践；能够收集和分析专业发展的反馈信息；能够对自己的专业发展结果进行合理评价，并由此对专业发展计划进行不断调整和完善。教师职业生涯规划能力是教师自主专业发展、终身学习、不断迈向专业成熟的保证，也是促进学生发展和学校发展的保证。教师的专业发展是以教师自主发展为主，同时也是一个持续的、终身的过程，它需要教师穷尽一生地孜孜追求，才有可能达到专业成熟的境地。教师职业生涯规划能力要求教师能够根据专业按照规律准确地判断自己所处的专业发展阶段及其发展重点。教师需要清楚地了解和掌握教师专业发展阶段规律，并据其确定自己在每个发展阶段中的发展重点，例如：新手教师的专业发展着重解决如何适应和生存的问题，并努力提升自己的教学技能和教学策略，处于专业发展中期的教师要关注教学理念、科研能力的发展，使教学迈向思想化、科学化，拒绝平庸，防止“职业高原”，逐步形成自己的教学特色和教学风格；处于专业发展后期的教师要关注自己的教学创新能力、专业引领能力的发展，同时要注意心理调适，缓解焦虑和压力；要求教师能够制订适切的个人专业发展规划，包括专业发展的目标、专业发展的行动路线与策略等，同时要求教师能够利用攻读学位、校外培训与进修、校本培训、与同事或专家进行合作等多种途径，来提高自身专业素质。

第三章

山区中学语文教师专业发展的主要策略（上）

第一节　制订规划

“凡事预则立，不预则废。”山区中学语文教师专业发展也如此，只有制订好教师个人专业发展规划，才能有效地促进山区中学语文教师个人专业发展。

一、教师个人专业发展规划的含义

教师个人专业发展是教师个人通过持续的教育、培训、学习和支持活动，逐渐符合教师专业人员标准的动态成长过程。

规划，指筹划或计划，尤指为了完成某一任务而做的比较全面的长远的发展计划，它是对未来整体性、长期性、基本性问题的思考、考量和设计未来整套行动的方案。它由“规”（法则、章程、标准、谋划，即战略层面）和“划”（合算、刻画，即战术层面）两部分组成，“规”是起，“划”是落；与计划相比较，从时间尺度来说它侧重于长远，从内容角度来说它侧重于战略层面，重指导性或原则性。

教师专业发展受多种因素影响，一方面是国家根据需要通过职前培养和职后培训促进教师专业成长与发展，提高教师的专业素养和专业化水平，这些手段和措施只能起到一种外部强制和促进的作用。对于即将从事或已从事山区中学语文教师的个体而言，自身专业发展不能只是一个被动地达到社会要求的过程，更应该是一个自觉追求、主动发展、终身学习、不断更新的动态过程。在这个过程中，有众多的因素在发挥着不同的作用。其中制订教师个人专业发展规划是一个重要的因素。

可见，教师个人专业发展规划，主要是指教师个体根据国家需要和个人实际状况，对教师自身未来的专业发展在整体性、长期性、基本性问题进行长远计划，通过持续的教育、培训、学习和支持活动，促进自身在教育专业知识、专业技能、专业态度和教育科研能力等方面不断更新、丰富，以便逐渐符合特定阶段的教师专业人员标准。

二、制订教师个人专业发展规划的意义

教师个人专业发展很大程度上取决于教师个人专业发展意识。教师个人专业发展意识是教师个体对照教师专业标准，根据社会对教师的特定要求而形成的对自己未来发展目标的系统化、理性化的认识，是教师未来实现自身专业发展而不断自觉调整职业生涯规划、完善自我教育理念与行为的意识。它是教师对自身发展的反省和认知，是教师的自我认知、职业认同、自我效能感和成就动机等多方面因素综合化的结果。教师个人专业发展意识在教师个人专业发展中具有重要的意义。

（一）教师个人专业发展意识是教师专业发展的内在推动力量

教师个人专业发展意识主要包括四个方面的内涵：一是具有自我专业发展需要，对自己的专业发展有强烈的责任感；二是把自己的专业发展过程作为自我反思的对象，不断对自己的专业发展过程进行批判性反思，并将它作为继续专业发展行动的依据；三是拥有个人专业发展的自主管理能力，能够自觉地在日常专业实践活动中不断提升自己；四是具有明确的自我专业发展目标，能在自我规划的职业生涯中不断思考和回答改进教育教学的系列问题，如思考关注："我是谁"——自己所扮演的角色与自己的特征，"我在哪里"——思考自己在职业生涯中的当前位置，"我将走向哪里"——明确自己到底需要什么，今后朝着什么方向发展以及如何发展。把教师看成教育活动的反思者和研究者，并以终身自我教育作为职业生涯的推动力，从而使自己始终处于持续发展和不断完善的状态与境界中。只有具备自我专业发展意识的教师，才能在完全意义上成为自己专业成长与发展的主宰，才能把主体自身对专业发展的影响提高到自觉的水平。如果教师成为具有强烈的自我专业发展意识的人，他们就不会将教育和教学活动视为缺乏趣味、机械、单调的工作，就不会被教育活动表面的平静蒙蔽，就会在看似琐碎的工作中积极发掘自己的潜能和兴趣，迎接教育和时代变迁中的种种挑战，在充满生机的教育实践活动中不断地发展与完善自我。

（二）教师个人专业发展意识是提升教师从教能力和教学成效的重要保障

新手型教师成为专家型教师、一般教师成为优秀教师的一个重要条件，就是对于自我专业发展的反思，即对自己的教育教学行为进行评价、对自己的教育教学经验进行整理的过程。一般的新手型教师通过对日常教学活动的自觉反思，可以不断丰富自己的教学经验，把专家型教师有价值的教学经验与自己的教学经验融合，产生同化或顺化，形成自己在教学情境中的个人专业技能。相反地，低成效的一般教师往往缺乏自我专业发展的意识，难以体会自己在教育教学实践过程中的不足之处。而高成效的优秀教师，则往往对教育教学具有高度的自我调节和管控能力，能在自我专业发展意识的推动下，不断地进行自我完善，在日常教育教学中能够敏锐地发现其中存在的问题，能够以批判的眼光剖析问题，积极寻找新思路与新策略来解决所面临的困境，同时在教学实践中加以检验，促使自己在整个教师专业发展过程中，不断习得教育专业知识技能、实施专业自主、表现专业道德，逐步提高自身的从教素质，成为一名优秀的教育专业工作者。

（三）教师个人专业发展意识有助于教师职业生涯规划的调整和完善

教师个人专业发展的不同阶段，分别会有不同的发展目标，面临不同的困难与问题，教师要摆脱专业发展困境，追求进一步的成长与发展，除了要寻求学校及社会的支持与帮助外，更需要教师具备清晰的自我专业发展意识和自我认知，只有这样，才能深刻地了解和反思自己的专业成长过程，并制订出具有前瞻性的、科学的职业生涯规划，找到自己今后努力前进的方向和目标，而且，还要根据自身专业发展过程中不断出现的新情况和新问题，及时地对自己的职业生涯规划予以调整和完善，从而使其对自身的专业发展始终具有正确的引导和促进作用。

可见，制订教师个人专业发展规划，能够有助于增强教师个人专业发展意识。

三、做好教师个人专业发展规划

教师个人专业发展规划是教师本人为自己的专业发展设计的一个蓝图，它可以为教师的专业发展提供引导和监控，也能为教师对自身专业发展的反思提供一个参照。教师个人专业发展规划是教师分析思考的结果，主要包括以下三个方面的内容。

（一）分析现状，发现问题

制订教师个人专业发展规划，需要教师个人对自己的现状进行分析，认识到优势和不足是什么，在多次反复思考中对自己有一个清晰的认识。具体可从自我和环境两个维度进行分析。

首先，进行自我分析。全面充分地认识自己。对自己的能力、兴趣、需要等个性因素进行全面的分析，充分认识自己的优势与劣势；诊断自己所存在的问题，如问题发生的领域、难度；寻找自己最擅长的领域和专业发展方向，在最适合自己的领域或空间谋求个人的最大发展；列出自己的成长领域，并确定优先领域。核心内容是分析自己的专业发展需求，同时考虑自己的优势与劣势。但是，不能将这种分析与专业发展需求的背景隔离开来，必须同时考虑自己的需求、学校的愿景与发展规划、教育的发展及教师专业的发展趋势；了解专业发展的起点。教师制订个人专业发展规划必须了解自己现有的发展水平，最重要的是内在专业结构和自我专业发展意识两个方面的状况。前者着重确定自身内在专业结构所存在的不足，从而有针对性地确定发展目标；后者着重了解自己所具备的专业发展准备程度和自我发展能力。值得注意的是，专业发展是持续的，因而对专业发展水平起点的了解也不是一次性的。

其次，进行环境分析。把握专业发展的方向要收集专业发展的信息，把握专业发展的方向，抓住专业发展的机会。具体做法是分析学校的目标和改进计划以及对教师的要求；分析学生的需求及其成长对教师的要求；平衡自身需求、学校需求和学生需求三者的关系；认识自己与学校相互配合的情况，学校的发展方向与自己专业发展设计所制订的专业发展规划是否冲突；分析专业发展的资源条件，包括环境提供了哪些条件？从自己的需要出发，还需要哪些条件或资源？如何获得这些资源？获得这些资源需要付出多大代价或成本？这些成本与可能的收益是什么关系？等等。

（二）审视机会，确立目标

教师在教育教学工作方面的发展机会很多。首先要明确自己的发展旨趣、发展的方向和路径，是走教学路径还是走学术路径或行政路径？路径一旦确定，就要明确期望达到的结果，综合考虑自己的个人特点和环境因素，确定现实的发展目标。如，对教学方法的改善，从事教学研究、开发新的课程，提高学生的学习效果，增进师生间关系的融洽等。此外，在行政工作方面，教师可以审视自己兼任行政职务如教研组长、年级主任、教导主任乃至校长等职位的可能与机会，在全面审视各种发展机会的基础上，确立自己的发展目标。这种发展目标应该既包括长期的、总体的目标，也包括短期、中期的详细、具体的目标。例如有位山区中学语文青年教师根据自己目前所处的发展时期，制定了如下的个人专业发展目标：

1. 近期目标

（1）提高基本专业素质。学习先进的教学理念，引进新型教学模式，正确理解本学期教学目标，系统掌握初中语文学科知识体系，提高板书和语言表达能力。

（2）解决工作中的问题。在实际教学中，存在几个主要问题，如：师生关系问题、教学主体问题、课堂效率问题等，需要重视并解决。

2. 中期目标

形成自己的教学风格，发挥自己在教学中的特长，并长期坚持、优化，使发展为课堂特色，成为有一定个性的知名教师。

3. 长期目标

树立终身学习观，坚持教育反思不断学习各种教育教学理论知识，提升综合实力，最终成为一名优秀的语文教师和班主任。

（三）拟订策略，设计方案

目标一旦确定，就要考虑实现目标所要采取的策略，即由具体的措施和活动构成的行动方案。根据自己的发展目标和各方面的条件，分析达成目标所需的资源，确定达成目标所需的特定的专业发展内容，进而确定完成专业发展任务所要开展的活动，具体包括听课、研讨、检查学生作业，实施行动研究；辅导专业阅读；做教学札记；写自己的教学故事或案例；加入专业组织；学习运用新技术；等等。策略部分还必须包括实现目标或完成具体活动所采取的步骤或阶段，相应的时间界限，所需要的条件和资源，以及获得这些条件、资源的方式和途径等。同时，关注学校和当地教育机构的教师专业发展活动计划；设计并安排自己的专业发展内容和活动，形成合理的可行的行动方案；对可能存在的多种行动方案做全面的评估，以确定最佳的行动方案。

第二节　勤于学习

学习是通过阅读、听讲、研究、观察、理解、探索、实验、实践等手段获得知识或技能的过程，是一种使一个人可以得到持续变化（知识和技能、方法与过程、情感与价值的改善和升华）的行为方式。

学习作为一种获取知识与交流情感的方式，已经成为人们日常生活中不可缺少的一项重要内容，尤其是在21世纪这个知识经济时代，自主学习已是人们不断满足自身需要、充实原有知识结构，获取有价值信息，并最终取得成功的法宝。

学习从不同的角度可分为不同的种类。美国著名学习与教学心理学家加涅根据学习情境由简单到复杂，把学习分为信号学习、刺激—反应学习、连锁学习、言语联结学习、辨别学习、概念学习、规则学习和解决问题学习八类。他进一步提出了五种学习结果，并把它们看作五种学习类型，分别是智力技能、认知策略、言语信息、动作技能和态度。

我国教育心理学家冯忠良教授认为学生是通过接受学校所传授的经验学习的，可根据教育系统中传递内容的不同，将学生的学习分为知识学习、技能学习和行为规范的学习三类。学习知识、技能可以培养学生的能力，使学生学会做事；学习行为规范可以培养学生的品德，使学生学会做人，学校教育的最终目的也就是教学生学会做事和学会做人，促进学生德、智、体、美、劳全面发展。

作为促进专业发展的中学语文教师，学习主要包括语文教学专业的学习和跨界学习。

一、语文教学专业学习

叶圣陶先生曾说，“口头为语，书面为文。文本于语。二者不可偏指，因合而言之”。根据叶圣陶先生对语文的定义，我们可以认为，语文包括语言和文学两部分。语言是人类最重要的交际工具，文学是人类文化的重要组成部分，语文的重要性可想而知。从1904年语文独立设科以来，在百余年的发展过程中，语文逐渐成为一门基础而又重要的学科，几乎贯穿于一个人所受教育的始终。语文的教学内容主要是语言和文学，在生活中的实际运用也以语言和文学为主要形式。在不同的教育阶段，语文学科的知识结构都具有一定的共性，但不同阶段的侧重点不同。

（一）语文教学专业学习的内容

专业素养是语文教师的立身之本。当前，核心素养作为面向学生提出的必备品格与关键能力的概括性描述，从语文学科的角度来看，就是要让学生形成语言建构与运用、思维发展与提升、审美鉴赏与创造、文化传承与理解等能力，并在此过程中形成相应的品格。作为中学语文教师，自身必须具有这些能力，而且要在日常教学及文本解读中让自己形成这种能力，这样教师的专业素养提升就与学生的核心素养得到培育的过程有了一定的重合度，教师也就能在自身的学习中感受到学生的学习脉搏，从而实现师生的“智慧共生”。

语文教学内容主要包括读、写、听、说、综合性学习五大范畴。其中，“读”即阅读教学，“写”既包括识字和写字教学，也包括建立在识字和写字基础上的写作教学，“听”和“说”即我们所说的口语教学。识字与写字主要是小学语文教学的主要内容。阅读方面，初中阶段强调学生对课文的理解，而高中注重学生阅读文本时的独特体验和感悟，阅读教学在语文教学中占据着大量的教学时间，引导学生对文本的解读是阅读教学的重要内容；写作方面，初中阶段力求学生语言规范，高中阶段鼓励学生在规范的基础上展现自己的写作才能，高中阶段的口语交际教学注重交际艺术，在会说的基础上追求说好，强调交际的艺术性和变通性。九年义务教育阶段的综合性学习侧重于集体性的社会实践活动，高中阶段更强调学生自主的研究性学习。简而言之，小学、初中阶段的语文教育主要是传授基础性的语文知识，高中阶段的语文教育则侧重于学生个性的发展和语文能力的提高。

（二）语文教学专业学习的策略

根据中学语文学科教学特点和教学内容实际，中学语文教师在专业学习能力内容主要包括语言能力、知识积累、阅读能力和写作能力等。中学语文教师要注重语言能力的训练和提高，除了能说一口流利标准的普通话外，还要注意与人沟通时要有亲和力，能引起听者的共鸣和参与欲望。具有较高的朗读能力是语文教师的一项基本素养。教师的朗读要做到语速适中、吐字清晰，停顿正确、适当，重音与文章表达一致，富有感染力，给听者一种美的享受。

语文教师要养成及时积累基础知识的习惯。语文知识琐碎、繁杂，需要人们一点一滴去积累，即使教师本科甚至研究生毕业，在中学教学中有时仍然会遇到“拦路虎”。尤其是多音字、一词多义等复杂的情况，很容易让教师犯一些不能忽视的小错误。因此，教师不能将“毕业”作为学习的结束，而是作为学习的新阶段。教师要养成在生活、娱乐、阅读过程中随时积累的习惯，遇到读不准的字音、含义不明确的词语、自己不能理解的语句，随时进行查找或者记录，在最短时间内进行解决。面对一些陌生的词语，不但要查读音，还要查词义，彻底解决；对于类似“空穴来风”这样古今词义正好相反的成语，更要不但知其然，而且知其所以然，并搞清楚其意义的变迁。教师还要注重积累古今诗词，能够正确背诵、默写大量的诗词，并通过鉴赏诗歌，理解诗词的意境和思想，体会诗人丰富的生活感受，理解诗句所表达的思想、情感或哲理。将这些积累作为课堂教学中的引用材料，丰富课堂教学语言，增加课堂的文学性与艺术性。

阅读是最好的开始学习的姿势，朱永新教授曾说，“改变，从阅读开始”。阅读可以让语文教师开阔眼界，从而让语文教学在自己的阅读视野中变得“渺小”一些，眼界变得开阔，视角得到延伸。语文教师要博览群书，阅读古今中外的文学名著、名家散文以及当今各种文学期刊上富有时代和生活气息的散文、杂文。同时，教师还要关注网络上各种流行的作品，体会其写作风格、文学特点与传统文学的异同。丰富的阅读、丰厚的积累，对教师快速、正确解读课本文章有积极的促进作用。语文教师要熟悉掌握文本解读的相关理论知识和方法策略。

语文教师要养成写“下水文”的习惯，即每次学生作文，教师要做一遍同题目、同体裁的作文，以自己的写作感受、用时，来体会学生写作中可能遇到的问题，并进行针对性的疏导。语文教师还要具有文学创作的爱好，将自己的所见所闻、生活感受、对当下社会问题的看法，作为自己写作的素材，丰富自己的写作，提高自己的语文素养。

语文教师要不断接受先进的教育理论，进行新的教学实践尝试。语文教师不但要学习名师、名家的教育思想和教育理论，阅读他们的教育专著从中吸收思想精髓，还要接受近年来产生的尚未形成系统理论的教育思想，从而充实自己的教育理论，提高自身的思想认识。

语文教师要主动学习运用现代教育技术。信息技术是以计算机为核心，将文字、图形、声音、动画、影像等多种媒介综合起来进行辅助教学的计算机教学程序。对于传统教学手段难于解决的问题，使用信息技术教学可以化难为易，帮助学生理解有关的概念或原理。信息技术对活跃课堂气氛，激发学生兴趣，突破教学难点，培养学生创新能力，提高教学效率等都有着极为重要的作用。语文教师要学会利用网络获取最新的信息，掌握新兴的现代教学技术，同时要会运用多媒体教学，丰富教学辅助手段，用先进的现代教育技术为语文教学一线服务。

二、跨界学习

跨界学习是指学习者跨出自己的专业界限，与外界主体进行沟通互动的过程。具体到教师跨界学习，主要是指教师立足自身的学科课程教学之界，与自身课程教学以外的其他领域知识沟通互动交流的过程。

跨界学习的“界”有着多重形态，可以是行业边界，也可以是区域边界，甚至是文化之界、时空之界。也就是说跨界学习的“界”非常宽泛。教师跨界学习不同于专业学习，并不要求教师重新掌握一门或者几门专业知识技能，而是希望通过跨界学习开阔视野、升级思维，实现创新性教学。如学科课程融合设计、学段一体化整体教学，大概念、大单元课程设计教学等教学方式的创新都需要教师具备跨界课程整合能力。因此，教师跨界学习形态主要是指跨学科、跨学段、跨专业、跨文化。跨学科之界，主要是指超越学科边界与其他教师实现跨学科课程沟通交流，取长补短，实现学科课程融合。跨学段界限，主要是指跨越年级学段的界限，实现超越年级的课程学习，站在更长远的时段内，从整体上了解、掌握课程内容，建构课程教学一体化设计，分段实施“学科课程一体化格局”。跨越专业课程边界即与不同学科课程的教育者实现沟通对话，通过了解其他课程领域的知识背景、思维方式、方法视角等，实现更有效的学科课程学习。跨文化主要是指超越自身文化，打破教师学习仅仅局限于本国文化影响的局限，走向多种文化间的比较学习，开阔师生的视野，用国际视野进行教学设计，激发学习活动的内生活力。教师的跨界学习主要致力于课程知识的拓展与延伸、交叉与融合。

（一）教师跨界学习的意义

中学语文教师开展跨界学习具有创新教学实践，帮助学生理解知识、升华素养，提供新研究视角以及转变教学方式四个方面的重要的意义。

跨界学习有利于创新教学实践。教师作为学习者在学习其他领域知识的过程中，不仅能够学习其他领域的知识，拓宽知识面，而且能够借鉴其他领域的思维方式，跳出固有的学科思维模式，拓展思考问题的宽度，从而实现教学创新。跨界意味着融合，融合其实蕴含着一种创造性思维方式。教师在跨界学习过程中会自觉或不自觉地带着课堂教学中出现的问题去思考，因此，跨界学习能够帮助教师打破原有认知方式局限，运用跨界思维创造性地解决问题，提高教师教学实践的创新能力。

跨界学习有助于学生理解知识、升华素养。学科专业知识具有片面性特征，容易造成对知识整体性的忽视，不利于学生对知识的整体理解和整体素养的发展。因此，如何更有效地帮助学生实现学科知识的整合学习，也是教师最重要的职责之一。这既需要教师熟练掌握所教学科的知识，又要求教师跨越学科壁垒，结合学生学习实际（学生的已有经验水平）有选择地去学习相关学科知识，使教学更科学有效。教师要具有开放学习心态，突破知识的专业局限。通过跨学科知识的学习，教师不仅能够学习其他领域的知识，还可以打破分科课程壁垒，联通分科课程之间的关节点，实现学科知识间的融合，加深学生对知识的理解。教师跨界学习并不是搞学习花样，而是扎根于培养学生素养目标基础上的知识互涉、融通手段。素养表现于问题解决的过程中，问题解决能力是素养表现的核心。国际学生评估项目（PISA）2003年将问题解决定义为个人运用认知过程来面对并解决一个真实的、跨情境问题中的能力，在此情境中解决问题的办法并不是一目了然的，并且解决问题所用到的知识技能也不局限于某个单一领域。跨界学习使教师在教学中常常不自觉地做一些“融合”的工作，把知识与生活相融合、新知与旧知相融合、不同学科课程相融合。通过多学科知识的呈现，帮助学生从学科多角度深刻理解知识。提升能力、升华素养是教师跨界学习的作用之一。

跨界学习有助于提供新研究视角。教师的劳动往往带有研究的性质。遗憾的是，许多教师每天穿梭于课堂之中，对于课堂生活中发生的事往往视而不见。教师在教学中存在的认知局限和常规思维模式是课程改革的重要阻碍因素之一，需要进行克服和改进。美国著名教育家玛克辛·格林认为："使我们保持原状的惯性，是阻碍我们成长的因素。"跨界学习有助于教师突破习惯性认知局限，进入更加广阔的知识版图。跨界学习有助于教师走出自身舒适区，接受新的挑战，克服思维定式的消极影响。思维定式在教学中尤其教学研究中是一把双刃剑。教师既要善于运用跨界学习，帮助自己克服思维定式对自身认知结构的影响，还要正确合理地运用思维定式对教学研究产生的正迁移，有效地提高对知识和教学学术的理解。实践表明，教师在跨界学习中有意识地培养良好的思维品质，如角度变换、有机整合、思维升降等，可以有效地打破思维定式可能引起的思维惰性和呆板性。教师跨界学习可以制造多样性交流的机会，从交流中去发现、感受、探寻自己所做事情的意义和价值，看到这个世界的丰富性和复杂性。跨界学习意味着走出自己的舒适区，向其他学科知识领域学习，与拥有不同技能、背景和视角的人展开合作。

跨界学习有利于转变教学方式。教师跨界学习能够为教师提供一个多角度、多学科思考、探究的环境，使教师有充分的时间思考和讨论学科知识的呈现方式，建立知识的意义与联系，即关注学生学习的意义感，而不仅仅注意知识本身，从而促成了教师教学方式的转变。现在的学生处于信息爆炸时代，通过多媒体等电子工具可以与任何地方的人和事相联系，学习方式发生了变化，思维模式容易被随意关联的信息驱动。当学习不能与学生的兴趣、需求关联时，他们就不会主动参与到学习中。教师通过跨界学习把所学成果运用到课堂教学中，增加了将学生的需求与兴趣连接起来的可能性，容易激发学生的好奇心和求知欲，使得学生愿意参与到学习中来。因此，将这种跨界学习取向的课程整合观运用到教学实践中，有利于促进教学方式的转变。

（二）促进语文教师跨界学习的主要策略

中学语文教师开展跨界学习，主要包括教师主动学习、教师间互动学习、学校推动学习及课题带动学习四个方面的策略。

教师主动学习。教师的学习意愿是进行跨界学习的根本动力之因。只有基于自身发展的内在期望主动寻求发展机会，教师才会在自我发展目标引领下主动向外界学习，才能实现真正的学习。这需要教师转变身份观念，把自己视为学生中的一员，成为学习者，也需要教师勇于跳出“舒适区”，主动投入学习中。教师通过跨界学习，将其他领域的知识融合到自身原有的知识结构中，不仅能拓展知识的宽度，也能在理解的基础上增强对知识的体验深度。教师要主动选择性吸收其他领域中对自身学科知识理解有用的知识，把从其他领域学习的新经验与自身所从事的学科教学进行重新再理解。也就是说，教师的跨界学习应该是教师的主动行为。

教师间互动学习。一个人走得快，一群人走得远。教师间组成学习共同体，会带来一股学习动力。共同体对教师学习的积极影响是毋庸置疑的。研究表明，通过参与专业学习共同体，教师的教学实践和学生成绩均有明显的改善。学习本质上不仅是个体性的，而且是社会性的。新信息、新理念和反馈的获得，不仅来自个体性学习，而且在很大程度上来自教师间的对话互动。因为学习金字塔理论认为，采用教授给他人的方法是最好的学习方法，平均学习内容留存率高达百分之九十。组建教师学习共同体，可以促进教师学习。

学校推动学习。教师队伍建设是学校的主要任务。学校作为一个学习组织、一个学习共同体，应该在技术、管理和外部关系方面发挥应有的作用，给予教师大力支持。首先，在技术方面，学校要为教师提供充分信任和相互支持的学习氛围，同时还要提供物质条件、组织条件和人力资源条件，为教师创设一个促进跨界学习的技术支持系统，比如制定学习激励机制、组建学习共同体、跨区域学习、跨行业学习机制建设、信息化学习平台的建设等。其次，在管理层面，要为教师的学习实行柔性管理、人性化管理。学校支持系统为教师跨界学习提供资源、保障机制支持，让教师的跨界学习无后顾之忧。例如，学校可以成立教师发展中心，定期不定时组织跨学科教研活动、跨学科听课观摩活动，聘请课程与教学论专家讲座活动，也可以安排教师混合办公，有条件的学校还可以安排教师跨区域、跨领域体验跨界学习等。最后，在外部关系方面，学校要积极为教师的跨界学习与外界取得联系。例如，建立区域内合作校、打通与国内外教育机构的联系通道，为教师的跨区域、跨文化学习建立渠道。

课题带动学习。教师跨界学习往往是为了解决一个问题或完成一个项目。教学课题项目可以反映不同教师的专业旨趣，满足不同教师的需求，带动课题组成员为解决课题项目积极共享各自的智慧。课题研究的过程就是跨界学习的过程。研究发现，当一些活动目标可以反映不同主体的声音，且所使用的边界物尽可能满足不同成员的需求时，小组协作更易成功。因此，可以以教学实践中的问题、项目带动教师学习。要注重以课题为载体，组织和吸纳教师共同参与课题研究，使教师逐步从经验型向研究型转化，这就是课题带动学习。教师的学习带有很强的目的性，即为解决教学实践中的课题而学习，为提升课堂教学质量而学习。课题带动学习的程序是：

（1）选定课题主持人，选定不同学科教师组成课题组员；

（2）选定不仅适用于某一学科，而且适用于所有学科教师都可以参与的教学研究课题，如学科语言与生活语言的相互转化研究、学生研究、作业设计研究、学情分析研究、多媒体的使用研究等适合所有不同专业背景的教师参与的课题；

（3）根据课题任务进行合作研究。

跨界学习是促进教师专业成长的新选择。跨界学习包括为问题解决而学、为专业成长而学、为美好生活而学三大核心理念。一次完整的跨界学习主要由跨界学习的设计、组织实施和转化应用三个环节构成。学校可通过共创愿景、变革组织、赋权增能、激活文化形成推进教师跨界学习的组织文化。在实践中教师跨界学习主要有主题派对式、问题研讨式、项目开发式、游戏体验式等研修模式。教师要在跨界学习中把自己放进去、把教学实践中的问题放进去、把职责放进去，做到学思用贯通，知行信统一。教师的跨界学习不仅关注教师的成长发展，而且关注学生的成长发展，从而实现更高品质的教学相长。

第三节 勇于实践

实践是人们能动地改造和探索现实世界一切客观物质的社会性活动。它具有客观性、能动性和社会历史性的基本特征。实践具有重要的作用。中学语文教师需要积极参与教学实践，努力尝试不同的教学实践方式。

一、实践及其作用

实践是改造社会和自然的有意识的活动。毛泽东在《实践论》中指出："马克思主义者认为人类的生产活动是最基本的实践活动，是决定其他一切活动的东西。"实践出真知，实践具有十分重要的作用。在现代，实践的发展促使科学成果层出不穷，以至促成新科学的诞生。人类实践发展的无止境，决定了认识发展的无止境。同时，实践是认识的目的。认识必须满足实践的需要，为实践服务。实践提供了认识的可能。只有实践才能提供认识所必需的信息。同时，也只有实践才能使人们获得并不断发展对信息加工的能力即思维的能力。实践是检验认识真理的唯一标准。

实践能反映客观事物及其发展规律的意识。只有反映客观事物及其发展规律的意识，才能够指导人们有效地开展实践活动，促进客观事物的发展。

实践是检验真理的唯一标准。这是由真理的本性和实践的特点决定的。真理是主观符合客观的认识。若要判定主观是否符合客观，必须对主观和客观进行比较，也就是说，作为真理的标准，必须具有把主观和客观联结起来的特点。在人的主观认识范围内不可能找到真理的标准，我们不能用主观检验主观，用认识检验认识，这是由于主观无法实践主观。客观事物本身也不可能成为检验真理的标准，客观事物也不能把主观认识和其自身加以对照。实践是精神见之于物质、主观见之于客观的东西。实践除具有普遍性的优点外，还具有直接现实性的优点。所谓“直接现实性”，是指实践可把正确的认识变成直接的现实。这样，实践就成为沟通主观和客观之关系的桥梁。

二、教学实践的方式

教师的教学实践方式概括起来，主要有积极实践、大胆尝试和注重校本教研三种。

一是积极实践。教师的综合实力主要通过教学实践体现出来，教学实践是展现教师风采和魅力的主阵地。教师要注重教学实践，在实践中实现执教能力的不断提高。这就要求教师课前做好充分研读课本、研究学生的准备，制定出切实可行的教学目标和教学任务，选择恰当的教学方法。在组织教学过程中，教师要践行新课程理念，突出学生的学习主体地位，采用自主、合作、探究等多种方式实施目标和重难点突破。教师的课堂调控能力是保证教学任务顺利完成的重要能力。这就要求教师细致地观察学生的学习反应、学习进度、目标达成、知识生成等各方面的表现，及时进行课堂调控，保证课堂学习活动的顺利和高效。课后，教师还要根据本课的学生、教师的表现，教学进程，重难点突破甚至教学目标的设置，进行深刻的反思，总结本课的“得”与“失”，并提出有针对性的改进措施。教学反思，从近期看可以避免课堂再犯类似的错误；从远期看，可以促进教师再次进行这个内容的教学有针对性地进行优化和完善。教师还要善于向周围的同人学习，主动听取各位同课教师的推门课，从中发现优点，并借为己用。还要积极参与学校和同年级组织的听评课活动，吸取别人的优点和长处，弥补自己教学的不足，提高自己的实践能力。

二是大胆尝试。如今，时代发展、知识更新、创新要求，也不允许教师固守课堂旧模，永走教学老路，而是要根植于自身的课堂实践，主动寻求教育教学的创新，为教学改进和超越寻找突破口。比如，在平常的教学中，即使面对同一个教学内容，我们都要尝试挖掘出有意义的、新的或独特的观点；要勇于超越套路化的教学，对习以为常的思维模式、教学方式提出质疑；要根据不同的教学内容，基于自身的教育理解，去创设不同的课堂环境，变换课堂组织形式及板书内容等。在新课程改革中，我们会遇到很多新的教学理念、新的辅助教学内容以及新的教学方式等，这就需要我们时刻关注教学改革前沿的动态，关注相关学科的课程结构、知识内容的改变、评价方式的变化，了解什么是核心素养，了解相关科目的核心素养有哪些，如何在教学中培养学生的核心素养……随着信息技术的发展，微课、慕课、翻转课堂等教学辅助内容及方式正在不断兴起，我们应当主动尝试在教学中应用信息技术手段或新的教学理念提升自己的教学效率，要在尝试过程中，迫使自己学习、应用、验证、总结。不断体验教育的理念、理论、方法，去改造自己的行为，提升自己的教育生活质量，升华自己的教育精神和教育理想。这样，既能提升自己的信息技术水平，又能使自己走在教育实践的前沿，同时，又有助于消除重复性教学的审美疲劳，增强不断进取的动力。

三是注重校本教研。教师专业发展应以校本教研为重要支撑。校本教研是依托学校自身的资源优势和特色进行的教育教学研究。语文是最具人文性的学科，是文化传承的使者，学习语文也就是学习文化。语文教师可以结合本地的文化特色，开发出具有自己地方特色的校本课程。进行校本课程的学习，语文才能更鲜活有趣，更具生命力和吸引力。如果只是一味地学习国家统一的课程，不知道利用当地的文化资源，那校本教研就无法落实，宝贵文化资源也会被浪费。开发出一套科学合理的优质课程，需要寻求专业研究人员的引领和教师集体甚至是学校集体的帮助。

第四节　及时反思

反思是指思考过去的事情，从中总结经验教训。教师及时进行教学反思，有助于教师专业成长。

一、教学反思及其作用

教学反思是教师为了拓展教育经验、提高教学水平、促进自身专业成长和学生全面发展，将教育实践中的活动和事件作为反思对象，结合当代教育教学理论，对自身在教学实践中采取的教学行为不断进行审视、分析和总结的过程。

在教育理论领域，波斯纳曾提出著名的“教师成长公式”：经验+反思=教师成长。他认为，如果教师只满足于获得经验，不能对经验进行深入思考，那么即使有多年的工作经验，也可能只是一年工作经验的重复，很难从经验和教训中获益。叶澜教授也曾经说过：“一个教师写一辈子教案难以成为名师，但写三年反思则有可能成为名师。”在教育实践领域，很多优秀的教师也都有勤于反思的习惯。教学反思是促进教师专业成长、提高教师教育教学水平的重要方式。教学反思在促进教师专业成长中具有如下四个方面的作用。

（一）提高教师理论素养，提升教育教学实践合理性

教学反思有助于教师提高理论素养，增强教学实践的合理性。理论素养是教师专业素质的核心内容，可以分为显性和隐性两种，二者的关系是显性的倡导理论—教学反思—隐性的应用理论。可见，教学反思是两者之间的桥梁，即教师积极有效的教学实践和反思活动可以促进“理论的实践化”，提升教育教学实践的合理性。此外，教学反思是教师对自身教育实践的反思，通过教师的实践反思，同样可以促使教师把自己的经验升华为理论，即“实践的理论化”。不难发现，“理论的实践化”和“实践的理论化”可以相互依存、相互

转化，而二者相互转化的机制就是教学反思。许多优秀教师就是通过课堂反思不断提高自己的理论素养，他们认为，正是通过对日常教学琐事的梳理和反思才得以让理论和实践结合起来，实现“理论的实践化”和“实践的理论化”。

（二）丰富教师实践性知识，开辟改进教学质量新途径

反思是丰富和提高教师实践知识的基本途径。陈向明教授认为：“教师的实践知识是隐性的，通常深藏在知识的冰山之下，蕴含在教师的日常教学情境和行动中，通过对自己的教学经验的反思而形成，并通过自己的行动而完善。”这强调了教师实践知识产生的反思和行动的两个关键条件，即当教师不能用往常的习惯回应教学活动中的问题时，通过反思，审视问题情境，制订并实施行动策略，如果问题被顺利解决，则证明行动策略是有效的，进而形成实践性知识。显然，反思是教师实践知识形成的必要条件，教师可以将课堂行为与结果联系起来。一系列的反思、回顾、分析和总结，可以极大地提高教师自我教育的能力，促使教师今后对教学活动中的种种问题和事件进行深入研究和思考，这对提高课堂教学的质量、探索课堂教学新思路、开辟教学新路径会有极大的帮助。

（三）促进教师改进教学方式，形成教师个人独特风格

每个教师都有自己的个性特点，有自己独特的思维方式，有自己独特的创造意识，有自己独特的解决问题的能力，如果我们能自觉地把课堂教学实践中发现的问题，进行深入冷静的思考和总结，并最终能够有意识地、谨慎地将研究结果和理论知识应用于下一堂教学实践中，我们就能够在较短时间内针对我们教学中存在的问题，改进我们的教学方式，使自己得到最大的发展。正因为课后反思具有别人不可替代的个性特征，教师就能形成个性化的教学模式，从而形成自己独特的风格。教师由教学新手到骨干教师，再到专家型教师，是一个由量变到质变的渐变过程。在这一过程中，教学反思起着重要的作用。反思教学，能使教学更理性、更自觉，教学过程更优化，从而形成自己的教学风格和教学特点，尽快成长为“专家型”教师。

（四）促进教师关注问题，增强教师教学科研意识

通过教学反思，提高教师的教学科研意识。良好的教学素质要求教师必须参加教学改革和教学研究，对教学中发生的诸多事件能予以关注，并把它们作为自己的教学研究对象，是当代教师应具备的素质。一个经常自觉对自己教学进行反思的教师，就有可能发现许多教学中的问题，越是发现问题，就越是有强烈的愿望想去解决这些问题。

二、教学反思的内容

教学反思活动主要涉及四个方面的内容，即教学实践活动、个人经验、教学关系与教学理论，这四个方面的问题构成了教学反思的基本内容。

（一）对教学实践活动的反思

教师在教学实践历程中，要及时捕捉能够引起反思的事件或现象，通过理性检查与加工，逐渐形成系统的认识，形成更为合理的实践方案。对教学实践活动的反思包括实践内容、实践技术与实践效果三个方面。实践内容的反思是指教师在教学活动展开前，需要对活动所关涉的内容本身进行反省，因为任何内容都是在抽象了具体现象和对象的基础上编制的，在不同时间、对象、场景面前，或多或少都需要进行重组、改造、增添或删减，这是教师课程能力的体现，也是教师的责任和权利。实践技术的反思是指教师对活动展开过程中所使用的工具、方法、时机等的适切程度的总结检讨，其目的在于对自己的行动轨迹进行回溯，发现问题和不足，探寻更佳的方案。实践效果的反思是指，在教学活动结束后，教师对整个实践所取得的成效的价值判断，包括学生角度的需要满足程度与教师自己角度的价值感受两个方面。前者主要考查学生在知识与技能、过程与方法、情感态度与价值观三个方面的受益状况，后者要考察教师在确定价值取向、实施教学活动、进行价值判断过程中自己的教学活动对学生的影响状况、对个人经验的提升状况、对教学理念和理论的促进状况。

（二）对个人经验的反思

教师对个人经验的反思有两个层面：一是对个人日常教学经历进行反思使之沉淀成为真正的经验，二是对经验进行解释从而获得提升。如果教师不去挖掘和使用教学反思的判断、反省与批判的权限，教师的教龄再长，教学经历再丰富，也不一定与教师个人的独特经验成正比。如果不对其进行反思，那么这些经历将一直是懵懵懂懂的，就会出现这样的情况：教师不断地经历着，又不断地忘却这些经历，致使教师的经验系统中缺乏由自己反思所形成的、归属于自己个人所有的独特经验，从而使得教师那些具有极大潜在意义的经历失去了应有意义。可见，教学反思可以帮助教师把他的经历升华为真正的、富于个人气息的经验，并且不断使自己的经验体系得到拓展。每一个对艺术作品有经验的人无疑都把这种经验整个地纳入他自身中，纳入他的整个自我理解中，只有在这种自我理解中，这种经验才对他有某种意义。如果教师只对个人经验做出描述性的记录而不进行解释，那么这些经验就无法得到深层次的解读，只有对经验做出解释后，对经验的阅读才是有意义的。经验形成的过程同时应该是解释和理解的过程，重新阅读经验的过程也仍然是解释和理解的过程，这样才能常读常新，每一次的阅读过程就是一次重新理解和创造的过程。在教学反思实践中，人们经常使用的反思档案就应该有这样两种用途：一是描述记录并分析所发生的种种情况，使之成为文本形式的经验；二是对文本经验本身不断加工和再创造，使经验得到升华，改善教师的理念与操作体系，甚至可以自下而上地形成新的教学理论。

（三）对教学关系的反思

人们往往把注意力放到对具体事务的反思上，而不可见的关系在反思活动中经常被忽视。从关涉的人的角度，需要反思教师与学生的关系、教师当前的自我与过去的自我的关系、教师本人与其他教师的关系、教师与家长的关系等；从关涉的教学要素的角度，需要思考教师与教学目标、课程内容、教学方法、教学评价等的关系；从关涉的教学支持系统的角度，需要思考教师与社会文化、价值体系、课程与教学改革、时代精神与理念等的关系。对教学关系的反思在教学反思活动中是相当重要的。它向上可以为教学理论反思提供基础，向下可以使实践与经验反思得到升华。对于每种关系，都应该从认识、实践和价值三个角度进行反省。认识角度是对关系的客观描述，即现在关系的状态如何，为什么会这样；实践角度是对关系改善与发挥作用的思考，即如何改善现在的关系状态和怎样使关系发生作用；价值角度是对关系改变或发生作用的结果的思考，即这样的关系状态该朝什么方向改变，改变的效果如何。

（四）对教学理论的反思

任何教学理论都不是完美无缺、持续高效的，在不同的时代、价值取向、技术条件、人员素质面前，理论都需要重新认识和把握。同时，教学实践是教学理论的源泉，实践活动本身就是理论的前兆，蕴含着丰富的可能性理论。对教学理论进行反思有三种基本的样式。一是对实践的理论反思。对于教师个人经历与在此基础上形成的经验体系，应不断地从理论层面进行解释和建构，通过对教学实践与教学理论之间的不断观照、反省、联结，既可以完成对实践的理论提升，又有机会对先有理论进行审视、订正。二是对教学理论的实践反思。教师在学习和掌握某一教学理论后，在教学实践中的还原，该理论的各种元素得到实践的考验，使得教师能够进一步理解教学理论中的道理、价值、方案与技术，在此基础上进行原有理论的判断与选择。三是对教学理论的理论反思。在理解和学习教学理论时，教师是主人而不是理论的奴仆，教师有权利依据自己的知识背景与学术专长对教学理论进行反省，对理论进行修正与再创造，通过比较不同的教学理论发现某一理论的缺憾，从先有理论推演新理论，从其他学科不断更新的概念范畴中建构新理论，这种针对原有理论的修正、推演概括与建构就是对教学理论的理论反思。在对教学事务进行反思时，应力求从实践活动、个人经验、教学关系、教学理论四个方面的内容进行。这也是对教学现象或事件进行反思时的四个层次。如果一个反思对象能够在这样四个层面得到重新认识和理解、解释，那么这样的教学反思应该是深刻而周详的，也会获得丰硕而长久的反思效益。人们探索了多种反思方式。例如，在时间序列上，有日反思、周反思、月反思、期中反思、期末反思，就一堂课而言，有课前反思、课中反思、课后反思；在主体序列上，有个人反思、教师集体反思、教师与学生共同反思、教师与专家共同反思、教师与家长共同反思；在内容序列上，有个案反思、主题反思、学科反思、跨学科反思，具体到教师的日常工作内容，有讲课反思、作业反思、评价反思、活动组织反思；在教学发展序列上，有学生成长反思、教师成长反思、教学理念反思、教学改革反思；在表现形式序列上，有反思日记、反思档案、反思报告、反思竞赛、反思作业等。在进行教学反思时，除了可以采用上述方式外，教师要充分发挥自己的实践智慧，针对具体的条件与问题，创造更为适合的方式方法。因为没有哪一种方式方法是适合每个人、每件事的，创造本身就是教学反思所追求的境界。

三、教学反思的路径

教学反思是教师专业发展和个人成长的核心，是优秀教师成长过程中不可或缺的重要环节。反思是任何一个优秀教师的必备技能。为了提高教师对自己教学的反思能力，促进教师从经验型教师向反思型教师的转变，可以采取以下三个途径。

（一）增强自我反思意识，进行自我内部对话

增强自我反思意识，进行自我内部对话，即教师要有反思的自觉性和主动性，要愿反思、能反思、会反思。具体来讲，教师首先要有反思的意愿，这是一切工作得以开展的前提条件。教师要有能力反思，这取决于教师自身的理论水平和自我约束能力，要求教师要不停地阅读和写作。反思型教师应该是终身学习的身体力行者，把阅读当作自己生活的一部分。此外，教师要养成写作的习惯，从一定意义上说，写作和阅读一样，都是培养批判性思维、养成反思性习惯的重要路径。因此，教师可以通过撰写教育日记、教育故事、教育案例等，来记录专业生活。

（二）加强团队合作意识，积极开展合作交流

尼亚思曾说过："通过合作，个人可以坦然面对自己的失败和弱点，向他人公开表达自己消极和积极的情感。"因为在这种相互依存的环境中，教师可以有效地缓解负面情绪，增强对抗挫折的勇气和信心。同时，在团队合作中，教师的反思也会更加深入和全面，自身的学习和教学经验也会在交流与思维碰撞中得到进一步的澄清，并逐步条理化和结果化。此外，加强教师团队合作还应建立友好的同事关系，树立合作的专业发展观，站在共同提高的角度开展合作交流，以期共同提高。最后，教师应具有较强的团队合作能力，即具有优秀的合作素质，善于合作，主动合作。只有具备优良的合作品质，才能实现团队的良性发展，才能更加优秀。因此，教师要积极开展合作交流，在合作交流中发挥1+1＞2的作用。

（三）培养教学创新意识，发挥主体探究精神

教学创新是指教师在课堂教学中围绕"教什么、怎么教？学什么、怎么学？考什么、怎么考"等问题，在教学观念、教学内容、教学方法、教学手段、教学评价等方面探索和形成的独到见解。教学创新具有综合性、实践性和个体性的特点。综合性是指创新是一个跨学科的问题，因为教学本身就涉及专业、教育、心理等多个学科，而且有的课程也涉及多个学科知识，使得跨学科综合性的特点更加突出。实践性是指创新过程的可实现性和可操作性要与教学理论相符合。个体性指的是教师在教学中要针对学生的个体差异进行有针对性的教育，因为不同学生的素质、能力和知识存在一定的差异，如何处理这些差异将是教学创新需要面对的问题。教学创新的方式是多样化的，可以是教学内

容、教学方法的创新，也可以是教学理念、教学考核的创新，还可以是学生学习方式的创新，等等。例如，对于能力的评估，首先应该明确是哪种能力，是学生的基本能力，还是学生的综合能力，还是学生的特殊能力，就综合能力而言，应尽可能将其分解为相对基本的能力。对于基本能力，应研究和分析构成这些能力的因素，以及这些因素对能力的影响权重及其相互关系；对于特殊能力，在研究构成因素的基础上，对各种因素产生和发展的原因、条件和过程进行研究和分析，找出关键点，然后确定能力评估的内容和指标。对于一些难以量化的思维和素质，宜采用定性评价，其结果来自对学生知识和能力的综合分析，并进行高度概括和提炼。

第四章

山区中学语文教师专业发展的主要策略（下）

第一节　课题研究概况

开展课题研究是促进教师专业发展的重要方式。课题研究是一项有序的系统工程，开展课题研究首先需要了解其基本概况。

一、课题的概念

课的本义是考核。《说文》里说："课，试也。"课题就是要尝试、探索、研究或讨论的问题。《现代汉语词典》把"课题"解释为研究或讨论的主要问题或亟待解决的重大事项。

课题是指为解决一个相对独立而单一的问题而确定的最基本的研究单元。教育科研课题，是针对教育领域中具有研究价值的特定问题而确定的，具有明确而集中的研究范围、研究目的和任务的研究题目。

课题源于问题，问题是课题的基础，没有问题也就没有课题。但课题又不等于问题。课题是对需要研究的问题进行提炼、概括后形成的题目。课题包含着问题。没有课题，问题就难以得到很好的解决。课题是人们主观关注、主动探索问题的产物，课题研究是问题解决的方式。

二、课题的类型

了解和掌握课题的种类，有助于准确申报课题和有针对性地开展课题研究。根据不同的分类标准，可把课题分为不同的类型。通常有以下五种类型。

（一）规划课题与自选课题

根据受课题发布者约束的程度，可把课题分为规划课题和自选课题。规划课题是课题发布者发布课题时在课题指南里列出的课题。自选课题是申报者不在课题指南的范围内选择，而是根据自己的研究积累和研究兴趣选择的课题。

（二）一般课题与重点课题

从课题的重要性角度，可把课题划分为一般课题和重点课题。一般课题是指研究学科领域里一般性问题的课题。这些课题所涉及的问题具有日常性、局部性、非迫切性、影响面相对较小。重点课题是指研究当地或本领域改革与发展全局性、战略性、前瞻性、长远性，迫切需要解决的重大问题的课题。重点课题一般会在课题指南中给出研究要点，以满足发布者的需要。

（三）基础研究课题、应用研究课题和开发研究课题

从课题功能的角度，可把课题划分为基础研究课题、应用研究课题和开发研究课题。教育中的基础研究课题主要是关于教育教学基本规律的理论性课题，试图解决教育教学的根本问题，强调研究的深刻性和系统性，对教育科学的理论建设和教育事业的发展可能具有深远的意义。应用研究课题是指运用基础研究中得出的一般规律、原则等理论性知识解决实际工作中、生活中的具体问题的课题。中小学教师所做的课题以应用研究者居多。如“因材施教原则在小学差异性音乐教学中的运用研究”，又如“运用多媒体技术改进音乐课堂教学方法的研究”等。应用研究需要走“学习、借鉴、融合、创新”之路。开发研究课题是指在基础研究、应用研究成果的基础上开辟新的应用途径的课题。它的成果一般表现为具有实施价值的规划、对策、方案、程序等，可直接应用于教育实践。它的价值和意义在于将研究的成果与经验加以推广和普及。

（四）大型课题、中型课题、微型课题

从课题所涉及层次与研究内容的丰简程度，可把课题划分为大型课题、中型课题、微型课题。大型课题是指综合性研究课题，它所处的层次比较高，是对事物发展或学科建设具有统领性或全局性、整体性影响的课题，也称为宏观课题，或称为项目，一般含有子课题。它往往需要多学科的支持、跨学科研究、较大的资金投入、强有力的机构或部门组织、学养深厚的学术带头人带动、较大研究团队的合作以及较长周期（一般三年到五年）才能完成，难度相对较大。例如，“世界教育改革背景下的中国基础教育课程改革研究”。中型课题是指解决局部地区或学科研究中相关领域问题的课题，也称中观课题，它介于大型课题与微型课题之间，既具有相对较高的层次性，又具有较强的可把握性，也具有问题解决的挑战性，还需要较高的水平。可以团队合作，也可以个人独立完成，研究周期相对较短（一年到两年），所需研究经费多少不等，研究难度中等。常见的很多课题属于中型课题。课题太大不容易把握，太小了价值有限。微型课题是指研究具体问题的课题，也称为微观课题、小课题。它具有范围小、周期短、见效快的特点。一般研究者个体或较小的研究团队就能完成，所需研究时间较短，一般为一个学期或一个学年。

（五）纵向课题与横向课题

从课题来源及课题申报者与课题发布者关系的角度，可把课题划分为纵向课题与横向课题。纵向课题是指课题申报者或研究者从上级行政部门或课题管理部门获得的研究课题，这是自上而下发布的课题。研究者与发布者之间具有上下级、管理与被管理关系，两者之间的关系往往通过课题管理制度来约束。按照课题级别，从高到低可依次分为国家级课题、省部级课题、市级课题、县级课题、校级课题等。一般而言，纵向课题的层次越高，价值越大，影响也越大。横向课题是指课题承担者承担着从不具有上下级关系的单位获得的课题。横向课题中课题承担者与课题发布者之间是合作关系，而不是上下级或者管理与被管理关系，两者之间的关系往往通过约定、合同或契约来约束。

三、课题研究的特点

认识和把握中学课题研究的特点是开展课题研究的基础，它有助于我们全面正确地认识教育现象的本质和规律。课题研究主要具有以下四个方面的特点。

（一）教育性

中学课题研究的教育性是教育的本质属性和任务所决定的。教育就其本质而言是有目的、有计划地影响人的发展的社会活动。中学课题研究总是服务于一定的教育任务和教育目标的，以一定的教育任务和教育目标为导向。它是根据青少年接受教育的特点，研究和探索更科学、更合理的教育内容和方法及其规律，努力提高教育质量，促进青少年身心主动地、生动活泼地发展。中学课题研究必须把教育人、培养人、塑造人作为出发点和归宿，把教育性贯穿课题研究的全过程，体现在课题研究的各个环节之中，这是中学开展课题研究的重要特点之一。

（二）应用性

中学开展课题研究的主要目的和任务是研究教育工作中急需解决的现实问题，并找出解决问题的方法和规律，为中学教育实践、教育改革服务。实践、研究，再回到实践中去，是中学课题研究发展的轨迹。中学课题研究只有置身于教育、教学实践之中，面向实际，面向教育改革，着眼于应用，才会有强大的生命力。实践证明，一旦中学课题研究与日常教育、教学工作密切结合起来，这些研究就能受到广大中学教育工作者的欢迎和支持。只有当研究成果能在实践中应用并取得一定效果，中学课题研究活动才能进一步发展，并得以坚持。

中学教师参加课题研究，一方面是运用教育科研理论研究、解决中学教育教学工作中的实际问题，把学校教育工作建立在科学基础之上，实施科学、有效的管理，推进学校的教育改革，以实现教书育人、培养社会主义现代化的建设者和接班人的目标。广大教师通过开展课题研究，也是进一步端正教育教学思想，提高自身教育理论素养和教育科研能力，逐步成为教育行家的必由之路。注重研究应用性，将教育科研工作置于理论与实践的结合点上，是中学课题研究的一大特点，也是其优势之所在。

（三）群众性

开展中学课题研究，必须依靠三支队伍：一支是专业理论队伍，他们有坚实的理论基础和较高的学术造诣，有一定的教育科研能力，应当充分发挥他们的指导作用；一支是教育行政人员，他们有丰富的领导教育工作的经验，能掌握宏观、全局的教育情况，可以依靠他们的行政权威，发挥组织协调作用；还有一支是广大中小学校长和教师，他们人数最多，工作在教育实践第一线，有大量的实践经验，掌握丰富生动的第一手材料。他们是中学课题研究的主力军。

这里特别要强调的是中学教师这支数量庞大的队伍，在过去相当长一段时间里，广大教师只有教书的概念，没有科研的概念。认为只要把书教好了，搞不搞科研都没关系。在今天这种观念已经不适应新的变化了的形势了。对于今天的教师而言，必须要教学、科研双肩挑，才是一个优秀的教师，对这一点我们必须要有清楚的认识。事实上，广大的中学教师天天生活在教育工作的实践中，对于教育问题的反应比较敏锐；发现教育中的实际问题比较迅速；体会所发现的教育问题比较深刻，具有进行教育科学研究的有利条件。同时，只有教师不断提高教育科学水平，才能真正地提高教学的质量；才能更好地引导学生科学地观察和考虑问题；才能使学生也以创造性的态度对待科学和学习知识。

教师在科学研究上的刻苦钻研精神和所取得的教育科学成果，是鼓舞学生努力学习科学知识的一个强有力的因素。教师在学生中取得真正的威信，多是建立在他的教育科学研究的水平和教育科学研究取得的成绩上。

从教育科研的群众性来看，只有建立上述三支队伍结合的教育科研大军，才有可能在教育科研基础上建立中国特色社会主义教育体系；教育科学理论也只有在中学教育科研实践，才能接近教育实际需要，切合实际地指导教育工作，使教育科研更具生命力。

（四）迟效性

中学课题研究的迟效性，是指中学课题研究的成果的显现以及在实践中的推广运用，需要有一个过程。不是立竿见影，而是一个长期的显现和持续发挥作用的过程。

十年树木，百年树人。教育是面向未来的事业，要把受教育者转化成为一个社会所希望的人，必须日积月累地进行培育。中学不同年龄阶段、不同层次的教育，都有较长的、较稳定的周期，教育效果一般都呈现滞后性，中学课题研究与中学教育一样，也是面向未来的，面向社会发展的未来和个体发展的未来，具有超前性。因此，不能因为近期效应不显著就否定其价值。教育科学研究从课题的选择、提出并验证假设，形成成果，进而到实验、应用、推广，往往需要几年，十几年，甚至几十年时间。需要指出的是，尽管中学教育科研成果的显现具有迟效性，但是我们又必须看到，在从事中学课题研究的过程中，广大中学校长、教师的科研热情得到激发，科研积极性得到调动，从事教育工作的事业心、责任感得到提高，这种潜在的积极效应是影响久远、深刻的。

四、课题研究的意义

开展课题研究不仅能促进教师专业发展，同时还具有多重重要的意义，具体主要表现在以下四个方面。

第一，开展和加强课题研究是推动教育改革与发展的需要。教育改革牵涉的问题和方面十分广泛，诸如教育体制、教育结构、教育思想、教育内容和方法等。这些都亟须从理论与实践的结合上给予正确的回答和提出有效的解决措施。当今世界各国都把教育的发展和改革纳入教育科研的轨道，形成不间断的改革与创新的局面。因此，大力开展课题研究是为建设具有中国特色社会主义教育体系提出科学依据的源泉，是引导教育改革与实践深化的动力，必须认真抓好。

第二，开展和加强课题研究是全面提高教育教学质量的需要。学校的每一门学科，诸如语文、政治、历史、地理、数学、物理、化学等，都涉及教育科学的理论，每一门学科的教学都需要教育科学的理论去指导。教师在学科教学中，以紧迫需要解决的难题作为科研重点课题加以研究，积极地进行教改实验，用取得的优秀成果去解决教学问题，既优化教，又优化学。教育科研的成果是教育规律的表现，一旦被广大教育工作者掌握，就可以变为提高教育质量的巨大的现实力量。所以，国内外一些办得比较有名望的学校都十分重视学校科研组织及群众学术团体组织建设，十分重视教育科研活动。例如，北京市景山学校、上海市实验学校、成都四、七、九中等都很重视学校科研组织和科研活动，因此成为全国一流的学校。目前有不少学校成功地总结出“抓科普、促科研、以科研带教研”的全面提高教育质量的路子。不少学校的成功经验证明，教育科研能直接地、大面积地提高教育教学质量。

第三，开展和加强课题研究是提高教师素质的需要。教师结合教育教学中的实际问题，选择课题、开展科研、探讨规律、撰写论文，尤其是承担教育实验，由于专题学习，定向钻研，不断积累，不仅使一所学校、一个教师的教育特色得以显现，不断提高教学质量，而且也能培养锻炼教师的科研素质和实验能力，使之由一个“教书匠”成为“科研型”的教师。古今中外教育历史的发展证明，著名的教育家无不是从教育科研——教育实践中发展出来的。如我国著名的人民教育家陶行知所走过的教书育人的道路，所提出的“生活教育”的理论，都是在教育科研的实践中创立起来的。又如现代著名教育家黄炎培、陈鹤琴，当代著名的实验教师魏书生、刘京海、李镇西等，也是在自己的教学工作中边实验、边总结、边科研取得成果的。无数例子证明，与教育教学工作实际紧密结合的教育科研是造就有作为的教育家和提高广大教师的素质的熔炉。

应当指出的是，我们在从事教育科研的过程中，应当养成严肃认真的科学态度和严谨治学的习惯。一位优秀的中学教师，除掌握教育专业的科学理论知识外，还应当具有不断提高和充实自己教育专业知识的能力；应当具有进行教育科学研究工作的兴趣和技能；应当具有科学地解决教育实际工作中所发生的各种问题和独立工作的能力；应当具有分析各种教育理论和教育实践问题的独立思考能力。而教育科学研究则是达到上述要求的一个最重要的手段。

第四，开展和加强课题研究是发展和完善教育科学理论的需要。科学的教育理论对于教育的改革和发展具有先导作用，教育理论又源于教育实践。而教育科学研究是使大量丰富的教育实践——包括教育经验总结和教育科学实验——上升为教育科学理论的必由之路。从某种意义上说，没有教育科学研究就没有教育科学理论的发展。

我们要建设一个社会主义现代化国家，在大力发展经济的同时，必须办好教育，提高民族素质，培养社会主义现代化建设所需要的专门人才。因此，要重视课题研究，以指导教育的发展，这是我国教育战线上刻不容缓的一项重大任务。

总而言之，教育科学研究工作，对于教育改革与发展，对于提高教育科学研究工作者的科学研究水平，对于提高教育、教学质量，对于解决教育事业中所遇到的困难问题都有着十分重大的意义。

五、课题研究的过程

课题研究是一项有计划、有组织、有过程、有方法的科学探索过程。一个完整的课题研究过程可划分为三个阶段、九个步骤。第一阶段是前期准备阶段，包括“选择课题”“方案设计”“立项申请”“开题论证”四个步骤；第二阶段是中期研究探索阶段，包括“课题实施”“中期检查”两个步骤；第三阶段是后期成果处理阶段，包括“撰写报告”“课题结项”“成果推广”三个步骤。在整个课题研究的过程中都涉及资料的收集与处理工作，同时需要不断反馈与调节。

（一）选择课题

教育教学中有许多问题，要研究哪个问题呢？这就需要选择问题、确定课题。选择是课题研究很关键的一步，它决定了课题研究的方向、内容、价值、结果等，故选题不可不慎。选好题，起好步，课题研究就会顺利很多。

（二）方案设计

选题之后，不论是否申报课题，都需要设计研究方案。研究方案是对课题研究的整体规划，是课题研究的“施工蓝图”。研究方案主要回答三个问题——“为何做”“做什么”“如何做”，主要包括研究背景、课题依据、概念界定、研究现状、选题意义、研究目标、研究内容、研究假设、拟创新点、研究思路、研究方法、研究步骤等内容。研究方案设计的过程也是课题价值与意义、实施可行性等的论证过程。

（三）立项申请

这是课题负责人在课题方案设计或论证基础上，向科研主管部门申请认可课题，并获得相应支持或资助的过程。课题能够获得立项是课题研究价值获得科研主管部门认可的标志，也是课题负责人学术地位的标志，同时为课题研究的顺利实施获得了组织上、学术上、经济上等多方面的支持或帮助，有助于课题研究的顺利完成。

（四）开题论证

课题立项之后，需要对课题研究方案做进一步的深入论证，这被称为开题论证。

开题论证是为了使课题研究方案更加科学、合理、有效，从而保障研究的顺利实施。开题论证的过程需要相关研究专家的参与，以便借助专家的专业智慧与学术水平提高研究方案的科学性。

（五）课题实施

经过科学、严密的论证后，课题就可以进入实施阶段。课题实施的过程主要是通过多种研究方法获取科研资料并进行分析。课题实施是课题研究的核心环节，课题研究的好坏、成败都取决于这个环节。

（六）中期检查

在课题研究过程中，科研主管部门会对课题实施中期检查。中期检查是为了对课题研究加以督促、诊断、指导，保障和促进课题研究的顺利实施。中期检查是科研管理的一部分，也是课题组自我检查、自我反思的好机会。

（七）撰写报告

课题研究的结束阶段，需要对课题研究进行总结，形成课题研究的成果。结题报告有一般研究报告、教育调查报告、教育实验报告等文本形式。研究报告要将科研成果科学、严谨、确切地表达出来，以供他人学习、使用。

（八）课题结项

也称课题鉴定，是课题研究的收束。课题组将完成的课题研究成果按要求报送到批准立项的单位或部门，由其来认定该项课题是否完成了研究任务，达到了预期的研究目标。课题获得鉴定通过，才可以结项，才算结束。

（九）成果推广

课题结束后，不能让研究成果只是停留在研究报告中，停留在纸上，而要让其发挥更大、更广的作用，这就需要对研究成果加以推广。课题成果推广是课题研究者应做的工作。课题成果推广的过程是扩大课题研究影响的过程，也是让成果带来更大社会价值和贡献的过程，值得重视，值得实行。

第二节　课题选题与设计

教育科研课题的选题与设计是开展课题研究的前提和基础，它直接影响着课题的开展。课题选题需要遵循一些基本的原则，在这些原则的指引下，有助于选择到合适的、有价值的科研课题。

一、选题的基本原则

教育科研课题的选题具有以下三个基本原则。

（一）立足教学

教师课题研究的选题和实施应遵循立足教学的原则，主要原因在于教师从事课题研究的目的是解决教学实践中的问题，教师拥有大量的教学实践资源，教师对教学实践问题比较容易把握，而且可以在自己的教学实践中展开研究，教学过程与研究过程可以合二为一。在研究时间和研究精力等方面都更有保障，从而使研究更具可行性。

（二）大小适中

课题研究的大小适中是很重要的一项原则。课题的大与小，是指课题研究的内容和范围，而不是指课题研究的价值。课题的大与小是相对的，因研究者的身份、研究水平和课题的发展状况及客观环境而不同。做大小适中的课题，一是指选题适合教师，二是指选题适合的研究领域。

选题适合教师，是指教师选择的课题大小适合自己，是自己能够把握的。对于刚刚踏上教学科研之路的教师来说，建议从小课题做起；已经有些研究经验的教师可选择稍微大一点的、中观层面的课题进行研究。如果不是申报纵向课题，而只是自己研究解决校本问题或班本问题，则可做些小、精、实的选题。

选题适合的研究领域，是指所选择的题目在整个研究领域中属于中观层面的研究。微观层面的选题涉及面太小，普适的范围和价值有限；宏观层面的选题涉及的范围太大，需要的科研积累深厚，问题比较难以把握，不容易做出来。所以，都不甚合适。中观层面的选题，因其既有一定的辐射面，又能够在微观和宏观之间起到桥梁作用，而且比较容易把握，所以比较适合选择。在申报课题时，评审专家会看重选题在研究领域中价值的大小，所以选题适合的研究领域，对课题申报而言，更为重要一些。

（三）力求创新

创新是科学研究的源泉和动力，也是科学研究的目标与追求。没有创新，就不需要研究。课题选择的创新，可从研究领域、研究角度、研究方法、研究材料等方面考虑，只要有一项新内容加入，就可能带来创新。创新总是很难，但追求创新应该成为课题研究的一个目标。

二、选题的主要内容

选题的关键在于选择有价值的问题。问题解决是诱发教学科研的动机、激发教学科研兴趣的源泉，是教学科研的动力。没有问题，就没有研究，没有真问题，就没有真研究，没有有价值的真问题，就没有有价值的真研究。教师教学科研中存在的问题是对“问题”缺乏认识。要解决问题，首先需要发现问题。要很好地发现问题，需要树立问题意识。

（一）树立问题意识

教师做课题的一个困惑是感到没有什么可研究的。其实，并不是没有可研究的问题，而是缺乏发现问题的眼睛。要想拥有一双敏锐的发现问题的眼睛，需要树立起问题意识。

课题研究中的问题是指须要研究讨论并加以解决的矛盾、疑难。它分为修辞性问题、测试性问题和实在性问题三类。修辞性问题是指运用问题的形式来进行修辞性表达的问题。测试性问题是指已经知道问题的答案，为了测试而设计的问题。实在性问题是指提问者不知道或不能确知正确答案的问题。提问的目的是探索求知现象，寻求正确答案，获取有关的真知识。

问题意识薄弱是教学科研和课题研究的大忌。从事教学科研和课题研究必须具有良好的问题意识。问题意识是指人关注事物之间存在的矛盾及对其原因追究的心理品质。它表现为人对问题的关注与敏感两个基本特征。对问题的关注，即头脑中几乎时刻有留意问题的心理准备，遇到事情时会有“这里可能存在值得研究的问题”的想法。对问题的敏感，即一旦出现有价值的问题，便能够迅速地感知到它的存在。

具有良好问题意识主要表现为“发现问题”和“提出问题”两种能力。例如，瓦特看到沸腾的水可以掀起壶盖，萌发出问题，发明了蒸汽机；牛顿看到苹果落地，产生疑问，发现了万有引力定律。

问题意识不是与生俱来的，而是在后天的实践中逐步形成的。形成提问技能是问题意识形成的关键。为此，要对进入头脑中的事物和现象进行“为什么”的思考和追问，思考其存在的合理性，追问其所以然，经过持之以恒的“每事问”的锻炼，问题意识就会逐渐增强并形成。因此，要在日常生活和教学实践中时刻存有问题意识，以便从中发现有价值的问题，进而形成课题。

（二）把握问题来源

问题来源是指问题产生的地方。把握问题的来源，就可以从中发现问题，提出问题，进而可以确立课题。从不同的角度看，问题来源的路径不同。

1. 从相关领域发现问题

中学教师的课题研究，应以教学为中心，围绕与教学相关的领域，如教材使用、教学设计、课堂教学等方面寻找研究的问题。

（1）教材使用。教材是教师接触最多、最为熟悉的教学工具之一。对教材的研究和使用是教学必做的工作，因此也应该最能够从中发现问题、提出问题。比如，对教材编纂上存在的问题，可以找瑕指正；对教材分析中存在的问题，可以多元理解；对教材使用中存在的问题，可以提出策略以改进之；等等。教材研究是教学科研的一个重要领域，有宽广的研究空间和不少值得研究的问题。

（2）教学设计。教学设计是课堂教学的前提，教学设计的质量在一定程度上决定了课堂教学的质量。要做好教学设计工作，同样需要研究教学设计。在教学设计中存在的值得研究的问题，就是很好的课题来源。比如，如何进行目标设计，如何进行学情分析，如何进行教学环节的设置，如何选择使用教学方法，如何进行板书设计，如何进行作业设计，如何进行教学设计的创新，等等，都值得不断探讨。

（3）课堂教学。课堂教学是学校教育的主阵地，把这块阵地利用好了，教育教学就有了保障。然而，如何才能使课堂教学高质有效呢？这就需要研究。问题就存在于课堂教学过程之中。比如，课堂教学实施与教学设计之间总会有差距，差距在哪里，为什么会产生这样的差距，如何改变它？课堂教学实施过程中总会出现一些意想不到的事件，为什么会出现这样的事件，应该怎样预防或应对？课堂教学中总会有许多值得总结的经验，也总会存在这样那样的美中不足，这些经验是什么，如何承传它？这些不足又是什么，为什么会产生，怎么改正它？所有这些，都是需要研究的问题，也都是课题研究的对象。课堂教学中的问题，是课题研究中最贴近教师日常工作的，也是最值得教师关注的。

（4）学生教育。这里的学生教育是广义上的，不仅指学科教学中的知识传授、能力培养，也指学科教学之外对学生的教育改变和管理。比如，如何改变学业成绩落后的学生，如何管理不遵守纪律的学生，如何教育屡教不改的学生，如何树立良好的班风，如何搞好班级管理活动，等等。问题在学生教育中，就是把问题意识指向学生身上，指向学生的改变和成长，在探讨如何促进学生改变和成长上做研究。

（5）教学反思。在教育教学过程中，教师也需要关注自身的专业发展与成长，教师的专业发展与成长中存在的问题也可以成为课题研究的来源。教师对教育教学的反思和总结，都可以成为研究的题目。

（6）社会需求。社会发展不断对教育教学提出新的要求，教育教学也要对社会发展需求做出必要的回应。因此，可以从社会需求与教育教学的回应之中选择研究的问题。比如，各种新的教育思潮或理论的输入对教育教学的冲击，新的科学技术的发展对教育教学提出新的要求或提供新的支持等。

2. 从问题产生方式发现问题

问题的产生有不同的方式，把握这些方式也有助于发现有价值的研究问题。

（1）思维转向产出问题。常规思维往往不太容易看出问题，因为习以为常，就会视而不见，听而不闻。只有调整思维的方向，才可能从熟悉的事物中发现原来看不到的问题。发散思维、逆向思维、质疑思维等都可以产生新的问题。

发散思维是一种从不同方向、不同途径、不同角度去思考问题的思考方式，是从同一来源材料、从一个思维出发点探求多种不同答案的思维过程。发散思维要求人们打开思维向四面八方扩散、无拘无束、海阔天空，甚至异想天开。正确的答案并非只有一个，解决问题的途径也并非只有一条。通过思维发散，可以打破原有的思维格局，提供新结构、新思路、新发现、新创造。

逆向思维是实现某一创新或解决某一用常规思维难以解决的问题，而采用相反的方式求解问题的思考方式。有时答案或解决问题的路径就在事物的另一面，运用逆向思维可以取得意想不到的结果。

质疑思维是对平常事物存在合理性提出不同看法的思考方式。质疑思维也可称为批判思维，即用批判的眼光看待现存的事物，从而发现其中存在的问题。

（2）视角转换产出问题。同样的事物，因为看的角度不同，所呈现出来的样态也各异，所谓“横看成岭侧成峰，远近高低各不同”。转换看待事物的视角，往往可以发现新的问题。

相对于常规视角的查看，我们可以通过转换视角来发现日常事务之中未曾见到的一面。转换视角，也可以把事物放到一个更大的或新的参照系中进行思考，进行换位思维。比如，对教师的研究可以从教师的专业发展、教师的角色扮演、教师的技能发展、教师的教学风格等不同视角切入。在这些研究中教师一般是作为教育教学的主体出现的，现在转换一下视角，把教师看作课程资源，研究“作为课程资源的教师”“教师课程资源的开发与利用”“教师如何开发与利用自身资源”等课题，这就与以往的研究有些不同了。

（3）学科交叉产出问题。学科分化是学科发展的一种必然趋势，在学科分化的同时，学科整合也成为一种新的趋势。不同学科之间交叉会产生新的研究领域和研究问题，从学科交叉的角度思考看待事物，往往能够发现一些新的、有价值的问题。今天很多问题的解决需要借助其他学科的力量，而且需要多学科合力解决。这就为寻找和发现新的问题提供了可能的空间。比如，心理学与学科教学交叉，可以产生学科教学心理学，具体到不同的学科可以产生不同的学科教学心理学，如语文教学心理学、数学教学心理学、英语教学心理学、物理教学心理学等等。具体到不同学科的不同教学内容，又会产生具体内容教与学的心理问题。比如，具体到语文学科的教学内容，则分化出识字心理、阅读心理、作文心理等内容。其中再细化出一些具体的问题，如作文心理研究又可分化出学生作文心理障碍的研究、作文构思心理研究等等。

（4）两相比较产出问题。对事物进行比较可以看清事物的本质。在比较中，往往可以发现有价值的问题。比如，对传统教材内容与当前教材内容加以比较，可以发现编辑思想、教材内容选择、教材编排等很多方面的问题。通过对它们之间异同的比较分析可以更好地理解传统教材与当前教材，从而有助于教育教学的实施。

比较有异同比较、纵横比较等不同的方式，可以运用它们提出问题。

异同比较，就是比较事物之间的相同点、不同点、同中之异、异中之同。比如，对两位教师教学共同点和不同点的比较，就是异同比较，通过比较可以看出两位教师之间的差异，从而提出可资研究的问题，比如，“教师教学风格的比较研究”“教师课程理解对课堂教学的影响研究”。

纵横比较就是从事物发展的纵向方面进行比较，或同类事物的横向方面进行比较，或者纵横结合比较。比如，同一篇课文前后两次教学之间的比较，属于纵向比较；同一课文不同教法的比较，属于横向比较；对同一课文不同时期不同教法的比较，则是纵横比较。

（5）专题聚焦产出问题。当把具有相似性质的事物归为一类时，就会发现它们之间的很多共同之处，这时就可以从中提炼概括出一些具有普遍性的东西，问题就隐藏在其中，这些共同的东西是什么呢？怎样才能把它们提炼出来呢？当然，事物之间的差异仍存在，为什么在具有共同性质的同时，还具有这些差异呢？问题就出来了。

（6）理论运用产出问题。当把理论运用于具体的教育教学实践时，会产生一些理论运用的问题。比如，这个理论是否能够运用到学科教学中去？适切性怎样？如何把这个理论运用到学科教学中去呢？在理论运用于学科教学时，会遇到哪些困难、产生哪些问题，如何解决这些问题呢？什么样的策略有助于理论的实践运用？问题就这样伴随着理论运用而产生。选择其中有价值、需要迫切解决的，课题便产生了。

3. 从问题针对性发现问题

问题一般都有所针对，有的针对前人已有的研究，有的则针对前人未有的研究。这也可以构成问题的来源。

（1）循前人未竟之问题。任何研究都不是凭空而来的，都需要先学习和借鉴前人的研究成果。比如，课堂教学有效性的问题，学生课堂上不遵守纪律的问题，学困生成绩提高不大的问题，等等，虽然已经有很多研究，但仍然具有研究的价值和空间。研究就是在前人研究的基础上不断向前推进，有时即使比前人多走一小步也是很了不起的。所以，前人没有完全解决的问题，可以是我们继续研究的问题暨课题。

（2）驳他人未善之问题。对同一问题，会存在不同的认识，产生不同的观点，由此形成学术争论，这是科学发展的正常现象，也是科学发展的一条重要途径。正所谓“真理越辩越明”。通过辩论、辩驳，问题得到澄清，进而得到解决。因此，可以选择他人未完善、未讲清晰的问题进行研究。这往往需要走到问题的对立面、问题的反面、问题的后面展开研究。通过研究，进行辩驳，可以认识由不完善走向完善，由狭窄走向宽广，由浅薄走向深刻。例如，有人根据相关法律提出“教育拒绝惩罚”，有人同样根据相关法律分析后提出“教育，别放弃惩罚”。有人提出，“高考作文要诗歌除外”，有人针锋相对地提出“高考作文，不应诗歌除外”。双方各自给出理由，在两相对比中，人们对相关问题的认识深化了。

如果说循前人未竟之问题是“接着做”“继续做”，那么，驳他人未善之问题则是“对着做”“反着做”。研究有时就是在相反相成中使问题得到解决的。

（3）寻学界未涉之问题。虽然已经有了很多研究，但仍然会有一些研究的盲区，即前人没有涉及的研究领域和研究问题。为什么这些领域没有人关注到，为什么这些问题没有人去研究？这本身或许就是一个值得关注的问题。在对未曾开发的研究领域和研究问题进行价值判断后，可以选择有价值的问题作为课题来研究。

这类研究看上去是创新，没有已有成果累积的影响，其实困难也不少，正因前期研究基础薄弱或匮乏，所以无所借鉴与对照。研究这类问题需要有勇气，因为前人未曾涉猎过，所以没有什么可“接着做”或“对着做”的，只能是“试着做”“闯着做”。问题研究的困难与价值往往呈正相关，即问题研究的难度越大，其所具有的价值也越大。

（三）筛选研究问题

选题所选择的研究问题必须是一个真正的问题。首先判断问题的真假，然后再去寻找正确的解决方法。因此，在发现问题之后，还要对问题进行筛选。问题筛选主要是辨析问题与问题域、真问题与假问题。教学科研的课题所研究的应该是问题，而不是问题域；是真问题，而不是假问题。选择真问题是课题研究的前提。筛选问题就是为了把问题找准确，从而为后续研究提供正确的前提，打下坚实的基础。找准问题，才能对症下药，有利于问题的顺利解决，否则就会白费力气。

（四）选题注意事项

选题过程中存在一些常见的问题，避免这些问题可以使选题更有价值。这些需要注意的问题主要表现在以下五个方面。

1. 选题缺乏新意

题目新颖是选题上的一大亮点，而且往往能够带来新的研究成果。然而，有的人在选题时却无法跳出已有研究的窠臼，选来选去，还是在已有研究范围内，让人看到题目就提不起兴趣。比如，有效教学研究就是一个已经有很多在研究的老话题，如果再以此为话题就不容易出新。在中国学术期刊网上以“篇名”为检索项，输入“有效教学”，可以检索到上万个条目。可见，以“有效教学”为选题的方向，不太容易出新。但如果具体到谈有效教学的某方面的内容，比如转向“学情分析”方面，做“学情分析与教学效果之关系研究”的课题，则会比有效教学研究新颖一些，虽然这个课题仍然属于“有效教学”研究。输入“学情分析”，只能查到十多篇相关文献。

选题缺乏新意的另一个表现是选题出现撞车现象，即不止一个人对同一内容进行研究，并把它确定为课题。出现这种情况，可以通过调整切入角度或换题的方式来避免。当然，如果自己很有把握能够比别人做得更好，要竞争也可以。

选题要有新意，就要尽量避免常见的或已有很多人研究过的问题，多关注新鲜的事物，关注研究的前沿，或者变换研究的切入点，以新的视角进入。求新脱俗，应该是选题所追求的方向。

2. 选题缺乏价值

选题必须具有研究价值，而且有比较充分的研究价值，否则，研究了也没有什么意义。选题缺乏价值的表现有以下三种。

一是题目陈旧。题目内容陈旧主要是指所选题目已经不符合时代发展的趋势，或者已经是他人研究过的题目。比如，以“刺激—反应理论在教学中的运用”作为课题就不太合适，刺激—反应理论是行为主义心理学的理论，是一种已经被超越了的理论，再将这种理论运用于教学就不太合适。造成题目太旧的一个原因是选题时没有进行文献检索，没有广泛学习和阅读他人的研究成果。这会造成重复研究，即他人已经做过研究，已有很好的研究成果，但由于自己眼界不到，闭门造车，而认为是新的东西选来去做，自以为是，其实已非。

二是题目现实意义不大。所选题目不符合当前教育教学发展的需要，即使做出来也没有多大的现实意义。做课题不能只考虑个人的喜好与兴趣，必须与社会发展的需要、教育教学的需要结合起来。课题研究的价值就体现在能够满足这些需求，能够为这些需要服务。脱离了现实需求的题目是没有多大价值的。

三是题目实施起来容易。容易实施的题目，其价值也小。当然，并不是说实施起来越难的选题，价值就越大。但有价值的题目，一般实施起来都比较有难度。当选择很小、比较容易完成的题目时，题目的价值也就比较有限。

3. 选题缺乏兴趣

兴趣是一切有意义的活动的发源地，也是做好一件事情的关键。没有兴趣，做起来就没有意思。有的人为了做课题而做课题，看到课题指南上有的题目，自己虽然并不是很感兴趣，但为了能够申报成功，还是硬着头皮选择。选择自己不感兴趣的题目，在做的时候往往会感到比较痛苦，也不可能真正做出高质量的成果来。如果对题目没有兴趣，或兴趣不大，建议还是不要选择。

4. 选题大小失当

大小适中是课题研究的原则，同样是选题的原则，选题太大或太小，都是有问题的。其中，选题太大是比较容易出现的问题，也有的课题太小，比如“学生正确握笔姿势的研究”，这样的题目太细小，作为一般的日常研究可以，作为一个课题就显得小了。选题太大，无从下手；选题太小，研究意义不大。因此，选题要尽量做到大小适中。

5. 选题不切实际

选择课题一定要实事求是，切忌脱离实际。选题不切实际，主要有三种情况。一是选题脱离了自己的日常教育教学工作。如果所选的题目不是来自教育教学实践，脱离自己的日常工作范围，做起来需要另外一番精力，就会出现工作与课题研究相矛盾的情况，不利于课题研究的展开。因此，建议教师尽量选择与自己的教育教学工作相关的课题。二是选题不符合教师自己的实际水平和能力。比如，选择自己驾驭不了的课题。三是选题不具备实施的客观条件，比如缺乏做课题所需要的仪器设备、时间保障等。这三种情况，在选题时都是需要考虑的。

三、确定研究课题

选择了研究的问题并不等于确定了研究的课题。还需要对课题名称做进一步的明确和规范，对课题进行论证，最后才能确定研究课题。

（一）课题的表述

选择好了一个研究问题并不意味着它有了恰当的陈述，好的问题陈述可以为研究者提供从事该研究计划的方向、资料的搜集与分析方法等。因此，还要注意课题名称的准确表述。

课题名称在研究中有着十分重要的作用，它是课题研究方向具体化的表现，要结合自己在实践中必须解决的问题，反复推敲课题名称，注意选择明确、具体的语言来表达，使它准确地反映出课题研究的内容、研究范围和研究目标，以期取得理想的研究成果。

1. 课题名称表述的问题

课题名称表述时，存在以下七个方面的问题。

（1）表意不准确。有的课题名称表述不准确，含糊其词，让人费解。如“学生自我教育与自主发展模式途径方面的研究”，这个课题到底要研究“学生自我教育”与“自主发展模式途径”之间的关系，还是研究“学生自我教育与自主发展”的“模式途径”？问题还在于，到底是研究“模式”还是“途径”，到底是哪方面的研究，通过题目根本看不出来，让人一头雾水。

（2）表述不规范。表述不规范指课题名称中用词用语不符合常规。比如，使用自创的缩略语自造的词语等。课题名称一定要注意使用科学、通用、规范的语言来表达。如“‘两课’实践教育教学模式的创建与创新型人才的培养”“学科‘双主’教学模式的探索与构建”“小学艺术教育‘四性’的实践与探索”等。其中“两课”“双主”“四性”这样的词语都是不规范的。读者看了这样的题目不知道它们是什么意思。

（3）对象不明确。对象不明确是指从课题名称上看不出课题研究的对象。如，课题名称为“数学教学与科研活动相结合，提升学生科学素质”。这个课题的研究对象是什么呢？是以“数学教学与科研活动相结合”为研究对象，还是以它为手段、以“提升学生科学素质”为研究对象，不是很清楚。

（4）口号式标题。有人为了追求标题的工整对仗使用行政管理目标中常用的口号式语句作为课题名称。如课题名称为“唤醒主体意识，激发主体参与，发展学生主体性”，这种的口号式标题不能反映课题要研究的内容、对象和目标，显得大而空，不应使用。

（5）文学色彩重。课题名称应以科学、严谨、实用为目标，不以辞采斐然为追求，不在课题名称中使用比喻、拟人、夸张等修辞手法。如课题名称为“小学自由练笔，书写自由心灵的家园”。这类标题看上会更像教育随笔而不像研究课题。

（6）主副双标题。有的人喜欢使用主标题加副标题的方式表达课题名称。按说，这不算什么很大的问题，但这也说明研究者提炼概括能力的不足。如果能够用一个标题表达清楚，为什么一定要用两个标题呢？主副标题的情况中，往往主标题是个“花头”，用以吸引人的眼球，而副标题才是真正贴近课题研究的内容。我们不主张课题名称使用主标题加副标题的双标题形式，课题标题最好只用一个。

（7）题目字数多。课题名称的字数过多，也是常见的一个问题，标题名称字数过多，有时反而会分散注意力，让主题不明确。如“中华经典诗文诵读与民族优秀传统文化传承、民族精神培育研究”，仅从字数上看，这个题目就有28个字，太长了。再者，这个课题要研究的主要内容是什么呢？是中华经典诗文诵读与民族优秀传统文化的传承，还是中华经典诗文诵读与民族精神的培育？民族优秀传统文化的传承与民族精神培育之间是什么关系？这个题目给人抓不住重点的感觉。

课题名称既要充分表达课题研究的对象，又要简明扼要，让人一看就能够抓住核心。

2. 课题名称的准确表述

课题名称的表述往往不是一下就可以达到清晰准确的程度的，有时需要一个不断调整修正的过程，才能确定下来。可以先对问题进行粗略的陈述，然后通过查阅文献，系统地加以限制，最后完成课题名称的表述。

要准确表述课题名称，需要准确地使用概念，并且清楚地表述自变量与因变量的逻辑关系。

一是准确表达课题名称中的概念。要使课题成为一个有确定含义的具体问题，就要对课题名称中核心概念的内涵和外延加以限定。否则，研究过程中就会出现目标的变更或研究方向的偏移、研究范围的扩大或缩小，甚至概念的混淆。为了准确地表达课题名称，使用一些术语或特定概念是必要的。有的课题名称中用一些特定的概念和术语对研究内容进行限定。如“图式理论在语文教学中的运用研究”中的“图式理论”是特定概念，特定概念对研究内容进行限定，可以使课题研究具体而明确，便于操作。

二是清楚表达自变量与因变量的逻辑关系。自变量是研究者掌握并主动操作，能够促使研究对象变化的变量，在教育研究过程中具体表现为研究人员所采用的改革措施。因变量是自变量的变化引起的研究对象在行为或有关因素特征方面相应变化的变量。它是研究的结果，是研究者在科学研究中需要观测的指标。在表述有关研究问题和整体研究方向的具体信息时，课题名称中涉及的自变量与因变量的逻辑关系一定要表述清楚。这类课题名称的表述，一般由两部分组成：一部分是表明研究手段，是自变量；另一部分表明研究目的，是因变量，即通过什么手段达到什么目的，或通过什么方法完成什么任务之类。如课题名称“通过教学反思促进小学音乐教师专业水平提升的研究”前半部分表明手段，后半部分是目的，是因变量。

3. 课题名称的结构模式

合理的课题名称应能够反映出所研究问题的最主要的信息，包括研究对象、研究内容、研究方法、研究手段、研究目的、研究背景等。当然，一个名称要反映所有这些信息不太现实，应根据课题的侧重点突出最想突出、最应突出的内容。根据需要对课题信息进行择取与组合，可形成课题名称的以下6种结构模式。

模式1：研究对象+研究内容+研究方法。一个好的课题名称应指明总体的中心议题和问题的前后背景。一般情况下，课题名称表明课题的研究对象、研究内容和研究方法。如“初中代数自学辅导程序教学的实验研究”，研究对象是初中代数教学，研究内容是初中代数自学辅导程序教学法，研究方法是实验研究。又如“农村地区小学生就近入学情况调查研究”，研究对象是农村地区小学生，研究内容是就近入学情况，研究方法是调查研究。

模式2：理论依据+研究目的+研究方法。这种模式表明课题研究所使用或依据的理论、理论运用目的及研究方法。如“运用多元智能理论激发学生学习兴趣的实证研究”，理论依据是多元智能理论，研究目的是激发学生学习兴趣，研究方法是实证研究。

模式3：理论依据+具体手段+研究目的。该结构表明课题根据什么理论或条件，通过什么方式，达到什么目的。如“运用多元智力理论通过多元评价促进学生个性化发展研究”，理论依据是多元智力理论，具体手段是通过多元评价，研究目标是促进学生个性化发展。

模式4：理论依据+研究对象+研究内容。如“基于建构主义的小学音乐课堂教学模式变革研究”，理论依据是建构主义，研究对象是小学音乐课堂教学，研究内容是课堂教学模式变革。

模式5：研究对象+具体做法+研究目的。如“初中数学教学中运用变式练习巩固学习效果研究”，研究对象是初中数学教学，具体做法是运用变式练习，研究目的是巩固学生学习效果。

模式6：研究背景+研究对象+研究内容。如“新课程背景下农村小学音乐教学设计研究”，研究背景是新课程改革，研究对象是农村课程资源的开发，研究内容是农村课程资源开发的策略。

（二）选题的论证

题目初步选好后，还要做适当的论证，才能确定课题。选题论证的目的是确认所选题目是否合适。选题论证的内容主要集中在课题研究的价值、所选题目的大小、课题研究的现状、课题研究可行性等方面。

1. 课题研究的价值

课题研究必须具有一定的价值，没有价值或价值很小的课题不值得花费时间、精力、财力等去研究。

判断选题价值主要看它是否具有重要性、时效性、代表性、创新性等。重要性，主要表现在所选课题对于问题的解决有帮助，很必要，甚至很迫切，不解决就不行。时效性，主要表现在所选课题的研究成果能够帮助解决当下的实践问题和困难，能够带来实际的利益和效果。代表性，主要表现为所选课题不是个别的、孤立的现象或问题，课题的研究可以帮助解决同类型或其他类似的问题。创新性，主要表现为这一课题运用了新的研究视角、研究方法、研究材料等能够带来新的认识、新的成果。

如果能够满足上面的一项或多项价值判断的标准，那么这个课题就值得做，满足上述标准越多，课题研究的价值越大。

2. 所选题目的大小

大小适中，是选题的基本原则。在确定课题之前，必须对选题的大小进行确认。确认选题大小一般要看两个方面：一是课题研究内容和范围是否适中，二是课题研究者能否驾驭课题。要在二者之间寻找最佳的结合点。课题研究范围属于中观层面，课题研究者通过努力能够驾驭是比较理想的状态。

3. 课题研究的现状

课题研究现状是指目前国内外对该选题内容研究的深度、广度等情况。确定课题前，必须了解并把握国内外研究现状。这就需要查阅大量的国内外研究资料，从而把握前人或他人已经在该领域该选题方向上做了哪些工作，取得了哪些成果，有哪些可资借鉴的地方，还存在哪些不足，我们将要做的课题会有什么发展与推进等。这部分内容表现为课题申报书中的国内外研究现状的综述。虽然在选题论证时，不一定要写成文字性的文献综述，但广泛地查阅已有研究资料，并进行分析，从而确认自己是否有必要继续研究，是必须的。如果认为自己所选的题目很有价值，大小也适中，结果查阅文献资料后发现他人早已研究过，而且研究得很好，那么，再研究就没有多大的价值和意义了，除非能够另辟蹊径，寻找新的研究视角、方法与路径。

4. 课题研究可行性

课题论证必须考虑课题研究的可行性。可行性指的是研究该问题存在现实可能性，包括客观条件、主观条件和研究时机三方面的条件。

客观条件，主要包括必要的资料、设备、时间、经费、技术、人力、理论准备等。主观条件，主要指研究者本人原有的知识、能力、基础、经验、专长，所掌握的有关课题的材料以及对课题的兴趣。要结合自己的条件寻找结合点，选择能发挥自己优势、特长的课题。研究时机，主要指选题须抓好时机，什么时候提出该研究课题要看有关理论、研究工具及条件的发展成熟程度。提出过早，问题攻不下来；提出过晚，又会变得毫无新意。

课题研究的相关条件决定着课题的选择。经过论证，证明条件合适，或经过努力改变可能合适，就可以最终选定课题。

四、课题设计分析

课题设计是课题申报书和课题研究中的重要内容，课题成败的关键，在很大程度上取决于此。课题设计主要包括课题价值分析、课题内容分析和课题操作分析三个方面内容。课题价值分析属于课题的外围论证，是与课题相关联的部分，主要回答“为什么做该课题”的问题。课题内容分析是与课题直接相关的内容，主要回答“该课题做什么”的问题。课题操作分析，主要回答“该课题如何做”的问题。

（一）课题价值分析

课题价值分析主要回答“为什么做该课题”的问题，主要从研究背景、课题依据、核心概念界定、研究现状述评、选题意义等方面阐述。

1. 研究背景

研究背景，也称“选题背景”“课题的提出”“问题的提出”“选题缘由”“选题缘起”等，主要回答“为什么要进行该课题的研究”。一般可从三个方面来回答这一问题，即时代背景、理论背景和实践背景。

（1）时代背景。时代背景是指课题选择所处的时代对课题选择的影响因素或条件。时代背景主要阐述随着社会、政治、经济、文化、科学技术等的发展变化所带来的新问题、新要求、新挑战及其与所研究课题之间的关系。某方面的新问题、新要求、新挑战需要通过研究来解决，而本课题的研究是适应这种新变化、解决新问题、满足新要求、应对新挑战的一种途径。

（2）理论背景。理论背景是指影响课题选择的理论或理论因素。课题的选择有时是对理论发展或影响的一种回应。这种回应包括对理论的使用、检验、推动与发展等。

（3）实践背景。实践背景是指实践对课题选择产生影响的因素或条件。实践背景主要阐释实践中需要解释的现象、需要解决的问题等对实践发展的影响，以及解决它们的必要性、重要性和迫切性等。

选题的背景要把问题的来源和表现写清楚，同时写清楚对此进行研究的必要性和重要性。上述三方面的背景，应该在同一个课题中有所兼顾，但如果研究的侧重点不同，或课题产生的来源不同，也可选择性重点使用。

2. 课题依据

课题依据主要解决“依据什么进行课题研究”的问题。研究依据通常包括政策依据（指导思想）、理论依据、实践依据三个方面。

（1）政策依据。政策依据就是依据国家的某种法律、法规证明课题研究的合理性与现实性。有些课题的研究要依据国家的一些法律、法规，这些法律、法规就成了课题研究的依据。

（2）理论依据。理论依据是研究者对所研究问题预先赋予某种假设的理论或赖以指导研究过程的理论。中学教师所做的课题基本上是应用研究和发展研究，这就要求我们有一些基本的理论依据来保证研究的科学性。任何课题的研究都不是孤立存在的，而是从属于一定研究领域的科学体系。课题研究所必需的科学体系中的概念、定理等即课题的理论依据。研究者对相关的理论知识掌握得越扎实，在课题研究中运用得越好，这些理论知识就越能够促进课题的研究。所以，掌握一定的理论知识对课题的研究是非常必要的。理论一般具有很强的时代性和现实针对性，有的还存在较大的局限性，所以，运用时不能拈来便用，要考虑课题与理论之间的适切性，即理论与课题之间有十分密切的关系，能够给予课题以恰当支撑。所选取理论的科学性、先进性、针对性和对其理解的深刻性直接关系到课题研究的水平。选取理论依据要防止以下几种情况：一是无“论”可“依”，二是有“论”难“依”，三是大“论”小“依”，四是有“论”不“依”。在写作理论依据时，要揭示所依据的理论与所研究的课题之间的关系。两者之间的关系越密切，理论对课题的指导性就越强。两者之间关系揭示得越清楚，说明研究者对两者之间适切性的把握越好。

（3）实践依据。实践依据有两个层面的意思。一是指课题是否反映了教育改革和发展实践中迫切需要解决的问题，对实践的反映越深刻，课题的实践依据就越充分，其指导意义就越强。二是指某种实践活动可以证明课题研究的合理性、可行性，这种实践活动就是该课题研究的实践基础和实践依据。两个层面中的任何一个，都可以成为课题研究的实践依据，既可以只用一个，也可以两者兼用。

3. 概念界定

人类的思维通过概念、判断、推理等形式抽象地反映客观世界。其中，概念是反映事物特有属性的思考形式，是进行判断和推理的基础。我们思考任何问题都离不开概念，没有概念我们就无法思考。概念可以分为一般性的描述和定义。一般性的描述比较宽泛，往往适用于多个事物；定义则把一个事物和其他事物区别开来。

（1）什么是核心概念。核心概念是能够集中反映课题研究主题或主要内容的概念。课题的研究往往是围绕核心概念展开的，读者可以通过核心概念大致把握课题的研究主题内容。核心概念可以来自课题的题目。例如，“农村学生就近入学政策研究”，其中有“农村学生”“就近入学”“就近入学政策”几个核心概念，这几个概念都来自题目。

（2）为什么界定核心概念。运用概念思考时，需要有合适的概念层次与范围。概念太狭窄，会限制我们思考的范围；概念太宽泛，则会让思考失去着力点。要想找到最有用的概念层次，需要通过向上或向下扩展对概念进行多层次的定义来寻找最为合适的描述。

第一，概念界定决定研究的方向。有些概念具有多重含义，这些含义之间具有方向性的差异。如果不清晰地界定，就会出现你这么理解、他那么理解，最后无法确定进行真正的沟通的问题。对概念加以界定后，可以避免认识上的游离。

第二，概念界定决定研究的范围。有些概念所涉及的范围是模糊的、内涵边界不清晰，界定核心概念是为使课题研究有清晰的边界，防止研究范围的随意扩大或缩小。如果概念界定清晰，那么研究者可以在界定的范围内工作，不至于研究起来漫无边际。比如对“就近入学”做以下界定：就近入学是指小学生在距家3公里以内到学校就读。研究中要严格按照“距家3公里”的范围来展开，而不必顾及3公里之外的其他入学情况。

第三，概念界定防止研究被误读。同一个概念，在不同的人那里，其内涵和外延可能是不同的。如果不搞清楚，那么看上去大家是在用同一个概念交流，但说的并不是一回事，或者不完全是一回事。界定核心概念是为了让读者清晰地明白核心概念的内涵与外延，防止出现误读。概念界定清晰了，研究成果的使用者也可以在界定的范围内来理解和使用成果，防止成果被曲解、误解、滥用。

（3）怎样界定核心概念。“界”是“边界”“界线”，“定”是划定，“界定”就是划定边界或界线。概念界定就是给概念划定界线。越具体、明确的概念，越容易把握。因此，概念界定的过程往往是一个不断缩小研究概念的内涵、不断缩小研究范围的过程。界定核心概念时，一般需要介绍概念的一般义和特指义。概念的一般义是指一般情况下这个概念是什么意思。这个意思可以来自词典，也可以是其他研究者对此概念的界定。概念的特指义是指在本课题研究中，我们使用的该概念的含义是什么，对于概念的适用对象、适用范围等做出清晰的说明。

4. 研究现状

课题申报书中的一项内容是“国内外研究现状”或“文献综述”。这项内容很重要，但往往不被重视，而且往往不容易写好。

“研究现状”不同于“文献综述”。文献综述，是对“文献”的综合述评，其对象是“文献”。研究现状，则不仅仅根据已有的“文献”，还包括一些虽然没有形成“文献”，却正在进行的研究，现在的“研究状态”“研究进展”，甚至“研究困境”等也都是研究现状。如果课题申报书要求写“文献综述”，则不涉及“非文献”的正在进行的研究状态。它既包括自己所做研究的现状，也包括他人所做的同专题研究的现状，特别注重的是他人研究的现状。

（1）研究现状的重要性

研究现状之所以重要，是因为通过它可以反映出申报者对所研究课题资料的掌握情况和对研究现状的把握程度。

第一，反映申报者资料掌握的情况。研究现状的写作需要申报者掌握大量与课题直接、间接相关的，国内、国外的研究资料，特别需要掌握与课题相关的最直接、最基本、最权威的资料。如果研究现状中缺乏一些必要的文献和观点，就说明申报者掌握的研究资料不全，没有把握最基本、最全面的研究资料，申报者收集文献的能力有限，由此也可以看出他的研究视野还不够宽广，研究的局限性还比较大。

第二，反映申报者文献梳理的能力。仅仅掌握大量的研究资料是不够的，申报者还必须对研究资料进行分门别类的梳理，按照一定的逻辑结构把最主要、最基本的研究发展状态呈现出来。如果收集的资料很多，但不能恰当地选择资料，什么资料都往里面放，或者只是把一些观点罗列或堆砌在那里，缺乏必要的分类梳理、提炼概括和恰当的评价，就说明申报者的文献梳理能力很有限。

第三，反映申报者课题研究的能力。研究现状的写作，不仅仅是文献资料的梳理，还需要申报者对已有的研究成果做出恰当的评价。从这些研究评价中，可以看出申报者的水平和能力。研究现状写不好，在很大程度上可以判断申报者是没有能力完成所申请的课题的。

（2）研究现状写作的三个层次

根据写作的水平，可以把研究现状的写作分为三个层次。

第一，综而述之。也可以称为“述而不评”，即客观地把他人的研究情况综合起来，呈现出来，而不加入自己的分析和评论。这个看起来好像很简单，只要把他人观点摆放起来就可以了，其实真正做好也不容易。好的“综而述之”，不是材料或观点的罗列，而是要在充分占有材料的基础上，对它们进行提炼概括、分类梳理。写作时，要站在一定的高度上，分门别类地把研究的现状写出来。

第二，述而评之。好的研究现状的写作，不仅要“述”，而且要对他人的研究做出分析，评判。述评的写作有三种类型。一是分类述之，边述边评。这是根据研究现状的分类，一一介绍每种类型的情况并及时做出分析评论，即“边述边评”，每一种类型述评结束，现状的述评也就结束了。这样的好处是可以使读者及时知道研究现状，并知道作者的态度；不足是难以形成对研究的整体性、全局性认识。二是分类述之，最后总评。这是根据分类，先把每一种类型的研究现状一一列出来，最后对研究现状做一个整体性的评价。这样的好处是可以使读者从整体上把握研究现状；不足是缺乏对局部，即每一类研究情况的理性分析和深入评论。三是边述边评，最后总评。这是根据研究状况的分类，一一呈现每种类型的研究状况，并及时对其分析评价，最后再对上述研究现状做出总的评价。这种做法汲取了前两种做法的长处，比较能够取得良好的效果；不足是可能会增加分析评论的难度和评论的字数。

第三，评而论之。还有一种研究述评，在述评时，对研究进行深入的分析，同时提出自己的观点，并论证自己的观点。这种研究述评揭示研究背后所隐含的问题，提出自己的解决思路与观点，最终解决问题，即结束对问题的探索与争鸣。这是最高层次的综述，需要很深厚的知识、经验积累和很强的研究功力才能做到。

对于研究或课题申报，仅做到第一个层次是不够的，第三个层次是一种研究性综述，也不适于课题申报。课题申报所需要的是第二个层次，即述而评之的综述。

（3）研究现状的写作

一个好的研究现状的写作必须具备以下几个方面的基本条件。

第一，全面地占有材料。研究现状的写作是以他人的研究材料为基础的。没有研究材料就无所谓综述。全面地占有材料，即要尽可能穷尽地占有所要综述问题或对象的所有材料。这需要长期的积累或花费大量的时间与精力才能够做到。材料的全面性要求，既要有书籍资料，也要有期刊资料；既要有国内资料，也要有国外资料；既要有直接相关的资料，也要有间接相关的资料；既要有一手的资料，也要有二手的资料；既要有公开出版的资料，也要有内部资料。

第二，审慎地选择材料。审慎地选择材料，即选择那些有代表性、典型性、权威性的观点加以综述。这需要深厚的学术积累、独到的眼光和精确的辨识材料的能力。需要注意以下几点：有一手资料，不选用二手资料。引述资料尽量用原文，而非转引、转述。有名家权威资料，不用一般资料。有正式出版资料，不用内部资料。有直接相关的资料，不用间接相关的资料。在选择材料时，要防止选择性失明，即只选择那些对课题研究有利的材料，故意忽视或放弃那些于课题研究不利的材料。这样写出来的研究现状，是不全面、不客观的，也不利于问题的真正解决。因此，必须正视所有对课题存在利弊的材料。

第三，建设合理的框架。要建立合理的综述框架。综述框架的构建是建立在合理分类的基础之上的。不仅需要合理分类，还需要有内在的逻辑关系。比较好的做法是，根据研究的问题或领域来写研究现状，在此基础上对研究者的观点进行分类，在每一类中，把具有代表性的观点呈现出来。边呈现边评价或者集中呈现后集中评价，即汇评。

第四，分门别类地述评。在分门别类呈现时，可以直接呈现代表性的人物和代表性的著作。比如，某某人在某某文章中认为怎样怎样。有时为了节省篇幅不出现代表作的名称，只出现代表人物与代表性观点，为了表明言之有据，可采用夹注的方式，注明代表人物的名字与观点发表的时间，比如［李润洲，2011（2）］。

第五，恰当地评价成果。写国内外研究现状，不仅仅是把现状写清楚，还须对研究现状做出恰当评价。评价的原则是客观、公正、准确。对于已有成果应该是批判地继承，以中肯地指出问题和不足，但注意不要走极端，不要为了突出自己课题的重要性，把他人的研究说得一无是处。

第六，揭示研究间的关系。在评价已有研究成果时，还要注意，不是为评价而评价，评价它们是为我们所做课题服务的，评价时要揭示这些研究成果与我们所做课题之间的关系。

5. 选题意义

选题的意义，也称选题的价值，一般可从理论意义和实践意义两方面来处理。

（1）理论意义。选题的理论意义，也称理论价值，指课题研究对该领域研究在学理上的积极影响，包括对理论发展的推动、创新等。

（2）实践意义。选题的实践意义，也称应用价值，指课题研究对实践状态的积极影响，包括对实践的改进、推动或启示等。

有的人写选题意义时会不加区分地把两者混在一起写，这样写不利于凸显课题研究的理论意义与实践意义，而且层次也不清楚。因此，理论意义与实践意义应该分开写作。

理论意义的写作侧重课题研究给已有理论研究带来的新内容、对已有理论研究进行丰富、发展与创新。实践意义的写作侧重课题研究对实践中问题的改进、对现有状态的改变或推动等。在写作时，两方面的背景都兼顾会更好，但也可根据实践情况有选择地写作。

（二）课题内容分析

课题内容分析，主要回答“课题做什么”的问题，主要包括课题的研究目标、研究内容、研究假设、拟创新点等几个方面的内容。

1. 研究目标

研究目标是课题研究预期要达到的结果。明确的研究目标，对课题研究有定向作用和指导作用。课题研究目标描述的要求是具体、清晰、有条理、适度。目标要具体，就是要针对具体要解决的问题描述目标。目标要清晰，就是用恰当的语言把研究目标准确地表达出来，不能用语含糊、意思不清。目标要有条理，就是条分缕析地呈现目标，体现出目标的层次性、条理性。有些比较大的课题还存在许多子课题，大课题的目标与子课题的目标都要列出来，这时就更需要体现整体目标与子目标之间的层次关系与条理性，由此构成目标系统。目标要适度，就是目标不能定得太高，也不能定得太低。研究目标要写最主要的。不能写得太多。研究目标的写作，宜简洁明了，直接揭示课题所追求的结果。

2. 研究内容

研究内容主要是课题所涉及的研究问题，一般要根据研究目标确定。课题研究在主问题下会分出一些相关问题，这些相关问题的研究就构成了研究的主要内容。课题申报书里所写的研究内容是指主要内容，一般需要根据研究内容之间的逻辑关系，一一呈现出来，并对其做简明扼要的介绍。

相对于研究目标来说，研究内容要更具体、明确，并且一个目标可能要通过几方面的研究内容来实现。在确定研究内容时，容易出现的问题是描述不具体，写出来的研究内容特别笼统、模糊，甚至把研究的目的、意义当作研究内容，这对整个课题研究十分不利。要学会把课题进行分解，一点一点地去做。

很多人在写研究内容时，只是把内容一条条地罗列出来，而对每条的内容没有做简明扼要的介绍，这是不妥当的。只是根据研究内容条目的罗列，评审者还不一定能够准确地把握具体的研究内容，所以，需要对研究内容做出必要的介绍。

内容介绍的文字要把握适度，不能太多也不能太少。太少不能具体反映内容的情况，太多则显得冗长，不能突出重点。

3. 研究假设

所有的研究都应该是有假设的。研究的过程就是验证假设的过程，研究是在假设的指引下进行的。

（1）什么是研究假设。研究假设是研究者在选定课题后，根据事实和已有资料对研究课题设想出的一种或几种可能的答案、结论，是对研究结果的预测，是对课题涉及的主要变量之间的相互关系的设想。研究假设在一定程度上确定了研究可能的路径、可能的结果等。

（2）研究假设的四条标准。一是能说明两个或两个以上变量间的期望关系。二是研究者应有该假设是否值得检验的明确理由。三是假设应是可检验的。四是假设应尽可能简洁明了。一个课题研究里，可以有几条研究假设，每条研究假设都应该同时具备这四个方面的标准。

（3）研究假设的形成。研究假设形成有五个基本步骤：一是提炼问题；二是寻求理论支持，形成初步假设；三是推演出理论性陈述，使假设结构化；四是形成基本观点；五是对基本观点再提炼，形成假设的核心。研究假设形成有三个基本条件：一是以科学观察和经验归纳为基础；二是以科学的思想方法为指导，通过类比、归纳、演绎等方法，得出合乎逻辑的某种命题；三是研究者有丰富的知识、经验。

（4）研究假设的表述。研究假设的表述应有倾向性，可以是肯定式或否定式，所举变量与变量之间的关系应能够操作、能够观察和验证。教学科研中的研究假设，虽然不像自然科学中的假设程序那样严密、严格，但至少有一个假设。这个假设可能很明确地表述出来，也可能没有明确地表述出来，是一个隐含的假设，但研究一定是有假设的，而且这个假设应该是可以验证的。写作课题方案或填写课题申报书时，研究假设必须明确地、清晰地表述出来。

4. 拟创新点

课题研究的重要价值在于创新。拟创新点是课题研究可能带来的创新之处。

课题研究的创新点主要表现为四点。一是发展创新，即课题研究在前人研究的基础上，进一步把研究向前推进，突破已有研究困境，解决已有研究没有解决的问题等。二是开拓创新，即课题研究另辟新径，从新的角度对研究领域做出探索，开辟了新的研究领域。三是认识创新，即课题研究运用新的视角看待旧的问题，从而带来对旧问题的新认识。四是手段创新，即课题研究采用了新的研究方式、方法、工具，从而给研究问题带来新的解决方式。当然，一项研究不可能包括全部创新，也不可能有太多创新，能够有一两项创新就可以了，有两三项创新就非常不错了。

（三）课题操作分析

课题操作分析主要回答“该课题如何做”的问题，主要包括本课题的研究思路、研究方法和研究步骤。

1. 研究思路

研究思路是就整个课题的研究实施而言的，是课题申报者对研究的整体规划。这部分要写清楚这项研究打算怎么做。研究思路要明确清晰，有条理性。

2. 研究方法

研究方法是课题研究的必要手段。课题研究往往要采用多种研究方法。常用的研究方法有文献资料法、行动研究法、调查研究法、个案研究法、经验总结法、实验研究法、数理统计法、检测分析法、跟踪比较法等。

研究方法的写作，一般列出将采用的科研方法，稍加说明，就可以了，花费的笔墨不必很多。研究方法部分要说明在课题研究中准备怎么运用这些方法，或这些方法将运用于课题的哪些方面。要揭示所采用的研究方法与课题内容之间的内在关系。这样评审者可以看出课题内容与研究方法之间是否适切。

有的课题只是简单地罗列出研究方法，或者对研究方法本身的含义进行解释，而不对研究方法在课题中怎么运用加以说明，这就让人无法知道，这些方法在课题中是怎么运用的，是否合适。因此，对研究方法在课题中的运用情况必须简明扼要地加以阐述。

3. 研究步骤

研究步骤，也称为研究阶段，是课题研究具体实施的活动安排。研究步骤要写得详细一些，把每一次重大活动作为一个研究步骤，活动时间、活动地点、活动目的、活动内容、负责人、参加者等内容尽量写清楚。重大活动，包括举办专题讲座、组织专题理论学习、参观、进行教育调查、开展教育实验、组织现场观摩、听课评课、专题研讨等。

研究步骤一般分为准备阶段、实施阶段和总结阶段三个阶段。也有课题根据自己的情况，把研究步骤分为四五个阶段的。

研究准备阶段，一般包括课题选择、资料查阅、理论准备、方案论证、团队组织、人员分工等工作。

研究实施阶段，即研究的展开阶段，一般要围绕课题目标和研究假设，针对所设计的研究内容做调查研究或实验研究等活动。该阶段往往要经过中期总结或中期检查，即对课题实践过程中的情况进行比较系统的反思。

研究总结阶段，主要工作是进行研究成果的整理、撰写结题报告、准备结题成果鉴定等。

研究阶段的拟定要科学合理、详细具体，可操作性强。每个阶段都要标明起讫时间（一般标注到年、月），各阶段要完成的研究目标、任务，主要研究步骤等。研究阶段的写作要求简明扼要，不必详细陈述，但必须把与本课题有关的重要活动讲清楚。例如：

第三阶段：总结阶段（2022年7—12月）

（1）完成“信息时代中学生道德教育研究”研究报告。

（2）成果提交鉴定。

第三节　课题申报与实施

课题申报与课题实施都是课题研究的重要内容，两者涉及的内容非常广泛，需要课题主持人深入了解和熟悉掌握相关的内容、要求、程序和方法等。

一、课题申报

课题申报是课题研究的一项重要内容。要想申报成功，需要熟悉掌握课题申报过程中需要进行的程序、要求及提交的材料。

（一）熟悉课题申报程序

申报课题要熟悉课题申报的基本类型与基本程序，根据类型和程序进行申报。

1. 课题申报的类型

课题申报一般分为两种情况。一是自选课题向上申报。自选课题向上申报是课题组拟定某一研究课题，提出研究方案，向相关机构申请课题立项，获取批准和资助。这种情况往往是机构内部的资助性课题，例如学校的某课题组提出研究方案提交学校课题主管部门申请立项。这种课题资助金额一般不会很大，研究问题也不会很宏观。二是上发课题自下申报。上发课题自下申报是课题主管部门发布大致的课题研究范围，申报者从中自主选择课题，提出申请，被批准后，获得立项与资助。这种课题一般称为外部资助课题，包括国家级、省部级、地市级课题等。

2. 课题申报的程序

外部资助课题的申请程序一般包括：获取课题申请信息、确定申报的课题、填写课题申报书、提交课题申报书。

一是获取课题申报信息。课题主管部门会定期或不定期地通过下发纸质通知和网络通知的方式公布课题申请信息。公布的课题申请信息主要包括课题申请指南、课题申请要求、课题申请表格等。这些信息往往从网络上能够看到，并可下载。课题申报者要关注和留意这样的信息。如果所在单位下发这样的课题申报信息，要及时关注，并按时、按要求申报。

二是确定申报的课题。课题主管部门公布的课题申请信息中一般都有课题指南，申报者可根据自己研究团队的专业结构与能力水平、已有研究基础等，选择某一适合的课题进行申报，也可以根据自己的研究积累和研究兴趣自选课题进行申报。从申报命中率的角度，建议尽量从课题指南中选择相关的课题进行申报，这样的命中率相对自选课题要高一些。

三是填写课题申报书。课题申报书是课题申请的通行证。填写课题申报书是课题申请中的关键环节。课题能否申请成功，关键就看课题申报书填写得如何。课题申报书包含课题名称、课题研究可行性论证、已有研究基础等内容。课题申报书的写作要做到逻辑严密、思路清晰、方法独特，能够说服课题评审专家，让他们确认申请人完全有能力完成这一课题。课题申报书的填写有两种方式：一种是直接在纸上填写，最后提交。另一种是先在网上填写、提交，然后下载填写表格，打印后提交。

四是提交课题申报书。提交课题申报书的途径有两种：①通过邮递的方式把纸质申报书送达课题管理机构；②通过网络提交申报书。现在的课题申报大多通过课题管理机构提供的申请软件，在网上提交课题申报书，同时寄送纸质申报书。

（二）把握课题申报要求

申报课题要熟悉课题申报的要求，这样才能少走弯路，为准确填写申报书打下良好的基础，为申报成功提供必要的条件。

1. 研读相关要求

申请人填表前应仔细阅读有关申报须知、课题指南和填表说明。对这些内容的准确把握，可以达到事半功倍的效果。

一是认真阅读“申报须知”。申报须知是对整个课题申请过程中“必须”注意事项的说明，一般比较详细地列举课题申报“必须”注意的事项。不注意这些事项，不遵循“申报须知”的要求，可能会直接导致申报不成功。

二是认真阅读“课题指南”。课题指南主要是发布课题的范围或题目。虽然许多课题发布机构允许申报者自选课题，但从申报成功概率的角度看，从课题指南的范围内选报更易胜出。课题指南表达了课题发布机构的需求，能够适应并满足其需求的申报当然更易被选中。因此，要认真研究课题指南，并尽量从中选择课题。即使所选课题与课题指南不一致，也应尽可能地贴近课题指南所指出的方向。

三是认真阅读“填写说明”。填写说明，是对课题申报者填写申报书注意事项的说明，一般比较详细、具体、明确地说明了填写时应该怎么操作，具有非常强的可操作性和指导性，也是在填写时必须遵循的，需要准确无误地掌握。

2. 注意申报限制

课题申报对申报者的资格、申报填写等有一些条件限制，必须加以注意。

一是年龄限制。有些课题，特别是青年课题，对申报者的年龄有要求，必须是一定年龄段的人才有资格申报。比如，要求申报者须在40周岁以下。

二是职称限制。有些课题对申报者的职称有要求。比如，重大课题、重点课题要求申报者须具有正高级职称。有些课题要求非高级职称的申报者申报时要有两名或以上具有正高级职称者写推荐信等。职称限制的目的是设置一定的门槛，使申报者具备一定的申报资质，从而保证课题研究的质量。

三是字数限制。有的课题对申报填写的字数没有限制，大部分课题对申报填写的字数都有限制。字数限制，主要表现在两个方面：一是标题字数限制。即限制标题的字数，以防止标题过长。不同课题对标题字数的限定不同，须严格按照要求来填写。一般规定，标题不得超过15个汉字或20个汉字。标题字数，包括副标题的字数。能够不用副标题的，尽量不用。二是论证字数限制，即在论证过程中，对论证文字数量的限制。这又分为两种情况。

一种情况是对整体的论证文字做出限制，对论证过程中每一部分的文字不做限制。比如，论证部分不超过4000字。另一种情况是对论证过程中每一部分都有明确的字数限制。比如，课题意义不超过800字，主要内容不超过1000字，参考文献不超过400字，等等。论证字数的限制是为了防止过于膨胀的论证。限制字数，在一定程度上也可以看出申报者在有限文字里充分表达思想观点的能力。

四是日期限制。申报课题还要特别注意申报的开始与截止日期。申报日期未到，无法正常申报；超过申报日期，一般不予受理。因此，要在正常的申报期限内申报。为了应对中间可能出现的问题，如需要修改等，应该比最后截止日期提前一段时间申报，以留出缓冲或回旋的时间。如无特殊情况，最好不要拖延到最后一天才开始申报或提交申报材料。

五是信息限制。信息限制是指在“论证活页”或其他须匿名评审的材料上，不得出现相关信息。这些信息包括作者的身份信息、作品的发表信息等。身份信息，比如不能泄露申请人及成员的姓名、工作单位、师承关系等。作品的发表信息，主要是不能泄漏自己作品的发表刊物、发表时间（数）等。信息限制是为了保证评审的客观公正，防止评审者从中获取申报者信息从而给予照顾或打压，防止不良评审结果的出现。

（三）课题申报书的写作

课题申报的核心在于填写好课题申报书。课题申报书的内容，因课题发布机构的不同而有所差异。课题申报书主要包括课题基本信息、相关研究成果、相关研究课题、课题设计论证、课题保障分析等内容。

1. 课题基本信息

基本信息主要包括申报者的个人信息和课题基本信息。

一是申报者个人信息。主要包括课题主持者的个人信息和课题参与者的个人信息。课题主持者指真正承担课题研究和负责课题组织、指导的研究者。不能承担实质性研究工作的，不得填写。

课题主持者的个人信息，一般要求比较详细，主要包括姓名、性别、民族、出生日期、行政职务、专业职称、研究专长、最后学历、最后学位、担任导师情况、所在省市、所属系统、工作单位（按单位和部门公章全称填写）、联系地址、电子邮箱、联系电话（家庭电话、办公电话，手机、座机）、身份证号等内容。

课题参与者指真正参加课题并承担部分研究工作的研究者。课题参与者，不含课题负责人，不包括单位领导，科研管理、财务管理、后勤服务等人员。课题参与者的个人信息，一般要求比较简略，主要包括姓名、出生年月、专业职称、学历、学位、研究专业、所属单位（按单位和部门公章全称填写）等。

申报者个人信息一般是比较固定的，申报者只需如实填写即可。

二是课题的基本信息。大致包括课题名称、关键词、选题依据、课题类别、学科分类、研究类型、申请经费额度、预期最终成果和预计完成时间等基本信息。

课题名称：应准确、简明反映研究内容。课题名称的字数一般有限制，注意不要超过字数限制。有些课题名称的限制中标点符号算字数。

关键词：按研究内容设立。注意关键词的个数限制，不要超过。词与词之间的间隔要注意，有的要求空一格，有的要求用分号隔开，有的要求用顿号隔开，需按照要求填写。

选题依据：指根据课题指南中的第几项第几条来选择所申报的课题。可以把课题指南中的项数与条目写上，比如“指南题号：二，（四），36”。这说明本课题是根据“课题指南”中“第二项第四部分中的第36条”选择的。如果是自选课题则填写“自选”，或根据填写说明中的自选代码填写。选题依据可以使课题评审者知道，选择是否根据课题指南，是根据课题指南的哪一部分哪一条来选择的，或者是申报者自选的。

课题类别：指课题的级别及类型。不同的课题发布机构所列的课题类型不同。比如，有的列“A.重点课题、B.一般课题、C.规划课题”。一般课题填写说明上会列出课题类别，可据此填写。

学科分类：指课题研究所属学科范围。一般课题填写说明上会列出学科的分类及代码。

研究类型：指课题研究的类型。一般分为四种类型：A.基础研究、B.应用研究、C.综合研究、D.其他研究。需选项填写，限报一项。

申请经费额度：指课题申请的经费额度。注意经费额度的单位，多以元、千元或万元为单位。填写阿拉伯数字，注意小数点位置。如需填写中文大写数字，则注意不要写错别字。

预期最终成果：指课题最终完成的成果形式，如论文、著作、研究报告、案例等。

预计完成时间：指课题预计最后完成的时间，写明年月。

2. 相关研究成果

相关研究成果指负责人和课题组成员近年来取得的与本课题有关的研究成果。相关研究成果可以分为直接相关研究成果与间接相关研究成果。

直接相关研究成果，是可以为本课题研究打下基础或构成本课题研究部分内容的研究成果。

间接相关研究成果，是虽然不能直接为课题研究服务，但可以为课题研究带来启发或其他帮助的研究成果。

比如，申报的是教学风格方面的课题，所研究或发表的一般教学风格的成果，或教师个体教学风格的成果，都属于直接相关研究成果，而所研究或发表的教师专业发展方面的研究成果、教师个人素养方面的成果，都可属于间接相关研究成果。

既然是研究“成果”，就是经过“研究”所得的可以确定的研究结果。那些正在研究中还没有成形的资料等不能称为成果。

从是否发表的角度看，有已发表的研究成果和未发表的研究成果。所要填写的研究成果是正式、公开发表的成果。所谓正式、公开发表是指在具有国内和（或）国际刊号的刊物上公开的研究成果。

相关研究成果的年限要求，有的未予明确，有的则明确要求为近五年来或近三年来的研究成果。如果有具体的年限要求，应严格按照要求填写；如果没有具体年限，可根据课题成果的发表或出版时间，由近及远或由远及近地按序填写，也可根据成果的相关性或重要性填写，即把相关性强、重要性大的靠前写，反之向后写。

课题负责人和课题组成员的相关研究成果都可以写进来。

相关研究成果的填写内容，一般包括：成果名称、著作者、成果形式、发表刊物或出版单位、发表或出版时间。其中，成果形式是指论文、著作、光盘、录音等。发表出版时间的填写有以下三种情况。

一是论文发表时间的填写。以论文形式发表的成果，以发表期刊所标明的期数或出版日期为准。发表期数的填写，可以写为2021年第10期，也可以写为2021（10）。发表日期的填写，以期刊或报纸所标明的出版日期为准，例如，期刊发表的，可写为2021年10月；报纸发表的可写为2021年10月18日，或2021-10-18。其中，1—9月或日，不足两位数的，前加零（0）添为两位数，例如，2021-06-08，表明是在2021年6月8日的报纸上发表的。

二是著作出版时间的填写。以著作形式发表的作品，以版权页所标明的出版日期为准。有的书籍出版后会不断重印，注意不以重印日期填写，而以初版的日期为准填写。有的著作出版后会不断再版，再版的著作的日期则以最新一版的日期填写。总之，是写最近版次的日期，而不是写印次的日期。

三是光盘、录音发表或出版时间的填写。光盘或录音等成果形式，以制作完成或公开发行、播放的时间为准。如果是公开课的录像，也可以上公开课的时间为准填写。因为公开课也是一种公开发表。

3. 相关研究课题

相关研究课题，指负责人和课题组成员近年来主持的相关重要研究课题。近年来的时限，有的未做明确限制，有的则是明确要求为近五年或近三年来的研究课题。

这部分一般要求填写主持人、课题名称、课题类别、批准时间、批准单位、课题编号、课题金额、完成情况等内容。申报者根据实际情况，如实填写即可。具体内容需根据提供的表格项目填写。

有些课题要求申报者没有承担其他课题。此时，则需要申报者所承担的课题全部处于结题状态。如已结题，需提供课题结题相关证书、证明复印件。这一项内容有助于课题评审者了解课题申报者及课题组成员的课题研究经历、所做课题的级别等，据此推断课题申报者及其团队的研究能力、研究水平、研究时间等，从而判断他们能否胜任现在申请的课题。

如果这一项是空白，就可以判断申报者近年来没有过从事课题研究的经历。如果申报成功，这可能是他第一次正式担任课题负责人。如果课题负责人同时还担任着好几项课题研究，而且都还没有结题，这说明课题申报者具有很强的课题申报能力，甚至具有很强的科研能力，但可能没有更多时间从事本课题的研究。这些信息将在一定程度上影响评审者最后做出决定。

4. 课题设计论证

课题设计论证是课题申报书中的核心内容。这部分内容往往会要求以论证活页的方式专门打印，以供专家匿名评审时使用。课题设计论证的相关内容已在第二节中详述，此不赘言。

5. 课题保障分析

课题保障分析，也称为完成课题的可行性分析，主要包括已取得的相关研究成果及其社会评价（引用、转载、获奖及被采纳情况）、主要参考文献、课题负责人的研究经历、课题组成员的构成与分工、完成课题的保障条件等。

已取得的相关研究成果。在申报书中，已取得的相关研究成果可以按照作者、成果名称、发表刊物、发表时间等信息比较详细地填写。但是，在评审书（“课题设计论证”活页），即匿名评审部分，则需要隐匿相关信息。填写时，不得出现课题申请人和课题组成员的姓名、单位名称等信息，统一用×××代表。否则，会一律不得进入评审程序，或以故意泄露个人信息论处。

研究成果的社会评价。主要是已有研究成果的社会反响。一般可从研究成果的影响面、影响度等方面写，具体而言，可以写读者的评论、成果的获奖情况、成果被采用的情况、成果的实际运用及效果等。为了突出成果的社会评价。可以把上述内容分类、分条目写作。

主要参考文献。指写课题申报书时所参考的主要的文献。主要参考文献的写作看似不重要，其实很重要。如前所述，评审专家可以从有限的参考文献里判断课题申报者的水平。主要参考文献的写作要注意以下几点。

一是注意文献的排序。参考文献的排序有不同的标准：以文献发表先后排序，以作者姓氏拼音排序，以发表刊物的音序排序，以在使用中出现的顺序排序，以与课题研究的相关度排序等。参考文献最好以与课题的相关度来排序，即把与课题研究最直接相关的排在最前面，根据相关度递减原则排列文献。这样写的好处是可以让评审专家一眼就看出所列参考文献与课题的相关度，增加参考文献对课题申报的支持力度。

二是突出代表性文献。参考文献的列举一般是有限制的，比如最多只列10条；即使没有限制，也没有必要把所有参考文献都列上。因此，需要精选有代表性的文献。如果与课题研究直接相关的有代表性、典型性的文献缺失得比较严重，可以直接判断作者视野有限，没有能力完成本项课题。代表性、典型性文献的出现则可以增加评审者对申报人的信赖感。

三是兼顾文献的类型。参考文献的类型，指期刊文献、书籍文献，国内文献、国外文献等，最好能够兼顾。不同类型文献的兼顾，可以反映出申报者宽阔的研究视野和深厚的文献积累。如果文献类型单一，则可能申报者的思路也比较单一。当然，有的课题可能会因研究进展的原因，存在文献单一的情况，比如还没有出版过专著，只有零星的论文等。可以把相接近的、有参考价值的相关、相近学科的文献写进来。

课题负责人研究经历。课题负责人的研究经历或学术经历，主要介绍课题负责人的研究领域或方向，做过哪些项目、课题，有哪些研究成果，有何学术兼职等。这部分内容可以帮助评审者判断课题负责人是否有能力承担并完成所申请的课题。课题负责人的简介，在“课题论证设计”部分，是不能出现课题负责人和课题组成员的姓名、单位名称等信息的。如果出现可以被认为是故意泄漏信息，有作弊的嫌疑，可能会因此而被取消评审资格。因此，在涉及敏感信息时，一般都采取回避出现、模糊处理或代替出现的方式。

回避出现，就是在写申报书时，不直接出现自己或课题组成员的姓名单位信息等。

模糊处理，就是用比较模糊的信息代替比较明确的信息。比如，毕业于北京某985、211大学。北京的985、211大学有多所，到底是哪所是不知道的，具体信息是模糊的，但985、211大学，可以帮助评审专家判断其有较好的学院教育背景。模糊处理的目的是向评审专家透露诸如毕业于985、211大学这样的背景信息，增加评审专家对课题申报者资格的认识。

代替出现，就是用字母、符号、数字等代替需要回避的信息。比如课题组成员A、成员B，用A或B代替具体的人名。

课题负责人研究经历，主要是写“研究经历”，即与研究有关的经历，那些非研究的经历都不用写。这部分的写作要求简明扼要、突出重点，把有代表性的研究经历写出来即可。

课题组成员的构成与分工。课题组成员的构成主要包括成员的学历构成、专业构成、年龄构成、职称构成、经验构成等。

学历构成。主要是课题组成员的学历情况，比如研究生、本科、专科之类以及各学历之间的比例。

专业构成。主要是课题组成员所学或所从事的专业情况。专业性研究需要以同专业的人员为主，而跨学科研究则需要跨专业的人员构成。

年龄构成。指课题组成员的年龄情况。成员的年龄情况，可以10年为一个单位来统计。比如，20—30岁的有几人，30—40岁的有几人，40—50岁的有几人，其平均年龄是多少，比例构成怎样。比较理想的年龄构成是老中青结合。

职称构成。主要是课题组成员低、中、高级职称的构成人数。

经验构成。主要是课题组成员从事研究的经历、经验情况。

这部分内容可以帮助评审者判断课题负责人所组建的研究团队在结构上是否合理，是否有能力完成课题研究。

课题组成员的分工。主要是课题负责人和各成员之间在课题研究和管理等工作上不同职责的分配。课题分工中，一般由课题负责人担任组长，负责课题的整体构思、课题申请、课题动态管理等。其他具有专业特长或管理特长的人任副组长，全面负责课题的实施或阶段性指导。主要成员则根据个人兴趣与专长，选择具体的任务。有的课题组还配备有学术顾问，也可以写在人员分工栏目里。

完成课题的保障条件。主要包括研究资料、实验仪器设备、配套经费、研究时间、所在单位条件等，可划分为资料保障、物质保障、经费保障、时间保障、管理保障等几个方面。

资料保障。这部分要写清楚课题研究是否已经积累了一定的研究资料，是否能够获得研究所需的其他资料，是否能够保障研究资料的充分拥有和充分运用等。

物质保障。课题研究所需要的场所、实验仪器设备等物质条件，是否能够保障课题研究的实施。

经费保障。所申请的研究经费是否能够保证运用于所申请的课题而不作他用，除此之外单位是否有配套经费，自己是否还能自筹部分经费等。

时间保障。课题负责人和课题组成员是否有足够的时间用于本课题的研究。

管理保障。负责人所在单位是否支持本课题的研究、是否能进行课题实施和课题经费的管理等。

（四）其他需注意的事项

申报书的填写还要注意以下事项。

1. 提早准备

虽然课题申报书的填写是在课题申报指南发布之后才做的事情，但就报课题来说，仅仅靠这一点时间是不够的。课题的成功申报，一方面取决于对课题的论证，另一方面取决于申报者前期的研究积累和精心准备。因此，要早选题，早研究，多积累一些前期成果。当需要申报课题时，根据课题指南发布的课题信息，对照自己此前的研究基础，选择相应的选题。

如果前期没有任何准备和积累，等课题指南发布之后，再从中选择自己感兴趣的题目去申报，那么成功的可能性极小。退一步讲，即使申报成功了，后面做起来也会非常困难，即使勉强做完了，也很难有很好的质量。课题的申报一定是建立在前期积累基础之上的，这就需要提早着手，尽早准备。

2. 前后一致

课题申报论证中的很多内容其实是前后联系，交相呼应的。课题申报书写完之后，一定要检查一下相关内容与表述是否前后一致。

研究内容与研究目标是否一致。研究内容是否围绕研究目标展开，能否实现研究目标。申报者的前期研究成果是否与本课题具有相关性。参考文献是否与研究内容具有相关性。研究成果类型的一致性。如果在前面写的最终成果是“研究报告”，后面却写为“论文”，到底最终成果是“研究报告”，还是“论文”？预计完成时间与实施阶段中的截止时间应该一致。申请经费的总额度与分项计算的额度总和要一致。

一个好的课题评审者，一定会注意前后内容之间的内在关系，前后内容不一致，会影响课题申报的质量。

3. 注意细节

做研究需要秉持严谨的态度，申报书的填写亦是如此，不能有半点马虎。课题申报中的一些细节也需要注意。不注意细节，可以反映出作者不严谨的科研态度。申报书的填写都不严谨，做研究怎么可能会严谨呢？课题申报中的主要细节包括注意数字、注意装订、注意签章和注意校对等。

二、课题开题

课题在申报并获得立项之后，还需要做开题论证。开题论证，也称课题论证，是有组织地、系统地鉴别研究的价值，分析研究条件，完善研究方案的评价活动是课题研究必不可少的环节。开题论证是一项严肃认真的工作，应以实事求是的科学态度进行，要认真准备论证材料，详细介绍课题情况，虚心听取论证意见和修改意见，并根据论证结论处理研究方案。

（一）开题论证的价值

开题论证对保证教育研究工作的顺利进行，提高研究质量等有着重要意义。

1. 有效鉴定课题的价值

开题论证通过对课题研究的问题所涉及的对象、内容等的考察，对研究背景的分析，与他人同类研究的比较等，揭示课题研究的实践价值或理论价值，进而决定课题研究是否可行。课题组与专家要共同就课题实施展开论证。课题组要论证的是课题可行性，如果不可行，就不用做了。专家的论证则既涉及课题的可行性，也涉及课题的不可行性，如果经过论证，认为课题研究是不可行的，那么就不需要做了。当然，这种情况极少。从理论上来说，开题论证就是要论证课题可行不可行，只有经过论证认为有价值、可行的课题才能继续做，否则就只能放弃。

2. 促进研究方案的完善

开题论证的目的是论证课题的价值与意义、可行性等，以帮助课题组进一步调整、完善研究方案，以利于研究的顺利开展，开题论证是一个交流沟通的过程，课题组成员可以向专家提出需要解决的疑问，专家会给予解决、指导；专家们的指导往往会给课题设计者以启发，从而促进课题方案的调整、更新、完善。开题论证会也是一个提出意见和建议，对方案品头论足的过程。通过开题论证，可以发现课题研究方案中的不足与缺陷，进而指出修改或应对的措施，促进研究方案的完善。

3. 研究质量的可靠保证

经过开题论证，课题设计者根据同行、专家的意见或建议，对研究方案进行优化、完善，为研究的顺利实施奠定了基础。严格的开题论证对研究过程可能出现的问题做出预测，使整个研究的方向更加明确；开题论证还对研究的各项前期工作做了充分论证，可以使之得到更加充分的准备。这些都为课题研究质量提供了可靠的保证。

（二）开题论证的方式

开题论证的方式一般有两种：个别咨询与集体讨论。课题负责人把填写好的开题论证报告复印若干份，分送到被邀请的论证专家手中，请他们事先审阅，然后约定时间和地点，个别交换意见或举行开题论证会。

1. 个别咨询

个别咨询就是课题负责人单独向个别专家进行课题重要性、可行性等方面的咨询。个别咨询又可分为当面咨询和书面咨询。

当面咨询是课题负责人与所咨询的专家面对面地交流。这种方式比较直接，可以使交流的内容更加深入。

书面咨询是课题负责人把开题报告发送给所咨询的专家，请他提供书面的建议。这种方法实施起来比较方便，而且不太受具体时间和空间的限制，但由于书面交流毕竟不如当面交流更自由、更具有生成性，所以不太建议使用这种方式。

不论是当面咨询，还是书面咨询，一般都需要咨询多个专家，然后汇总专家们的意见，在此基础上对研究方案进行调整或修改。

2. 集体讨论

集体讨论就是在论证专家事先审阅开题报告后，课题负责人或课题组成员与论证专家聚在一起进行讨论。

多个专家集体讨论可以发挥各自的专长与智慧，克服个人条件的局限，形成互补效应。专家组与课题组集体讨论，还可以形成“头脑风暴”，在思想碰撞中产生新的认识，通过交换意见、沟通信息、思想碰撞，问题具体化、明晰化、完整化，有助于课题组改进研究方案。聘请若干专家，采用集体讨论的方式进行开题论证效果较个别咨询要好。

除上述两种方式外，如果可能，课题组还可以将开题论证报告公开发表，以便在更广泛的范围内征求意见。这一步一般是在开题报告比较成熟的情况下进行的。

（三）开题报告与课题申报书

开题报告，就是在课题立项确定之后，课题负责人在课题立项和调查研究的基础上撰写的报请上级批准的课题研究计划。

有的人会以课题申报书的内容来代替开题报告，这是不合适的。因为两者功能、所面对的对象等都是不同的。

课题申报书主要用于课题评审，所面对的是评审专家。它的功能是获得评审专家的认同。课题评审主要是对课题做出评判。

开题报告主要用于开题论证，所面对的是论证专家。它的功能是获得课题研究的支持。开题论证主要是对课题进行诊断。

开题论证是在课题申报基础上对课题可行性的进一步论证。课题立项后，需要对与课题相关的文献重新进行梳理，并查证新的资料，并据此写作开题报告。

课题申报书侧重于课题的价值阐述和可行性分析。课题已获立项，说明其研究价值已经得到认同，其可行性也已得到基本认可。但课题申报书中对课题实施即可行性的论证还是比较粗线条、比较宏观的，还缺乏细致、具体、可直接操作的论证。因此，需要进一步通过开题论证来改进和推动。开题论证报告是将研究假设具体化，将研究内容和方法结合起来通盘考虑和设计，侧重于对课题研究实施可行性的分析。

因此，为切实做好开题论证，必须重新撰写开题报告。当然，开题报告可以在课题申报书的基础上撰写。

（四）开题论证会的准备

开题论证会一般由课题主持人来主持操办。为开好开题论证会，需要做一些准备。

1. 撰写开题论证报告

开题论证报告一般应具体阐述选题目的、课题价值、研究条件、研究方案、过程分析和结果预测等方面的内容。

选题目的。选题目的部分要说明为什么选择这个题目，通过这项研究要达到什么目的。

课题价值。课题价值是选题的依据，要回答所选课题对解决教育实际问题（包括对本校、本地区的教育工作实际存在的问题）或回答教育理论问题有什么意义，与教育的改革和发展会有什么贡献，选择这一课题的依据是什么等问题。

研究条件。这部分要说明课题的前期准备情况，课题研究涉及哪些客观条件，看是否能满足，从研究者自身看是否有足够的知识、能力、信心、时间等。

研究方案。涉及研究假设、研究步骤、经费开支计划、课题组成员的分工内容等。如果是大的课题，还要拟定相应的课题管理办法，明确课题组成员职责、课题经费管理以及课题档案管理等内容。研究方案部分要说明方案的总体思路是什么、方案是否完备、方案中各部分的联系等。

过程分析。分析研究过程可能出现哪些问题、有哪些对策。

结果预测。就是预测研究结果可能出现哪些情况，是否会带来不良后果。为了更好地呈现课题内容，往往还需要在开题论证报告的基础上，制作PPT等课件以便于在开题时简明清晰地呈现论证内容。

2. 确定开题时间地点

在准备好开题论证报告后，要确定开题论证的时间与地点。会要求在一定的时间内开题，比如获得立项后一个月或两个月内必须开题。这就需要在规定的时间内选择合适的时间开题。会议地点一般选在课题负责人所在单位。

3. 聘请开题论证专家

开题论证会需要联系、聘请论证专家。开题论证专家的聘请一般需要由课题管理部门和课题组协商确定。因为课题管理部门会对开题专家的人数、资格、构成等提出要求。课题组需要按照要求去做。当然，课题组也可以根据自己的实际情况或课题的实际情况，向课题管理部门提出自己的要求或建议。在双方的协商沟通下，确定开题专家的人数、资格、构成等。

开题论证专家的人数，一般需要3人以上。参加开题论证的人数太少，有些问题不能够被发现，而且也不足以确认一些问题；人数太多，则会增加开题论证各方面的成本，涉及课题经费的使用等问题。因此，一般以三五人为宜。

开题论证专家的资格，一般需要有高级职称或副高级职称，或者其他要求，比如需是学科带头人、骨干教师、名师等。

开题论证专家的构成，一般需要有教育实践工作者、教育管理者、教育理论工作者。

教育实践工作者能够从教育实践一线的视角为课题提供具有实践性、可操作性的经验。教育课题的研究来自实践，最终要回归实践，教育实践工作者的经验能够为课题提供实践支持，开拓研究思路，保证课题研究的可行性。

教育管理者可以为课题研究进行思想与方向上的把关，从宏观与微观结合的角度分析课题的实践意义，在人力、物力、财力、时间等主客观条件方面做出切实的考察。让与课题研究相关的教育管理者参与开题论证，还可以加强课题组与他们的联系，取得他们对今后课题研究的指导与支持。

教育理论工作者可以为开题论证提供理论指导和智力支持。他们所提供的理论指导往往能够提升课题的层次，使课题研究站在更高的位置上，更加顺利地进行。

专家的聘请要考虑专家的专业结构、知识结构、经验、职称等因素，还要考虑专家对课题的熟悉情况，聘请熟悉本课题的专家，他们才能提出专业的、有价值的问题，并对课题给予有力的指导。

4. 布置开题论证会场

为了便于展开交流和讨论，会场的座位布置一般呈圆形或椭圆形。为表示重视和尊重，同时有利于不熟悉的人之间互相熟悉，还有必要在座位上设置席卡写上每个人的名字。为了便于大家及时入座，并区分专家组和课题组成员，还可以把专家组成员和课题组成员分在相互面对的两边，在席卡上写有课题组和专家组。

比较正式的开题论证会，会场一般布置开题论证的标语。标语可以是横幅，也可以写在黑板上，还可以运用多媒体呈现。制作横幅比较费事，也不经济，后面两种方式比较容易。

如果需要多媒体呈现开题论证的内容，还需要对多媒体的设备等进行检查和试用。如需音响、话筒等设备，应提前准备或检查、试用。有些讲究的开题论证会，还会在会桌上置放鲜花，或者摆放一些水果。

（五）开题论证会的召开

开题论证会的召开一般由以下几个方面构成。

1. 介绍出席会议人员

开题论证需要主持人介绍参加论证的专家、课题组人员以及出席论证会的其他人员。

开题论证会的主持人，有的就是课题主持人，有的为了显示开题论证的公正性，会请课题组和专家组之外的第三方做主持人。第三方主持人一般是单位领导或在相关学科有一定学术地位的人。

对专家的介绍相对比较详细，如单位、职称、姓名等。如果是第三方主持对课题的主持人的介绍也可较详细。对来参加开题论证的课题组成员可介绍也可不介绍。如果课题组成员人数少可以提一下；如果人数多，则说一下来参加开题论证会的还有课题组成员等，就可以了。如果参与开题论证的人员相互都比较熟悉，不做介绍也是可以的。

2. 课题组作开题论证

在简要介绍完论证会与会人员后，课题组负责人或课题组成员代表需要向专家组介绍课题的基本情况，这个过程也就是课题组对课题进行论证的过程。汇报课题情况时，不需要重复开题报告的所有内容，应该抓住重点问题，对课题研究的理由和依据等进行说明，使专家知道课题提出的思路和背景条件。

3. 专家组评议与研讨

在课题组论证结束后，专家组会针对课题的情况做出评价、提出问题。专家组成员须详细审查论证报告，向研究者提出建设性意见。专家组成员的主要任务是帮助课题组完善研究方案，提出意见和建议，修改补充完善方案，专家一般会从课题的必要性、科学性、可行性和优越性四个方面对课题展开论证。对一些重大课题，一般要进行综合评价，做具体的价值分析、可行性论证和效益分析，以确保研究的质量。

课题组成员需要对专家组提出的问题做解释性回应，主要是解释相关疑问、补充相关背景等。解释不是辩护，有些人针对专家的疑问或质疑进行辩护，不论自己这边是否有问题，都想力证自己的正确，这是没有必要的。如果自己的内容正确，而专家质疑，说明专家对课题的相关背景或内容了解不够，我们需要做出的是解释而不是辩护。要记住的是，专家是来帮助我们论证课题以使之成立的，而不是来推翻课题的。如果自己的内容确实存在问题，则需要如实交代，并借机请教专家。既然专家能够提出这个问题，那么说明他对此有所思考。一般也能够提出一些解决问题的思路。

开题论证是一次交流研讨的过程。大家本着开明开放、科学严谨、求真务实的态度，针对课题中的问题展开研讨。课题组成员可以借开题论证的机会，向专家组提出自己在撰写开题报告、做开题论证时的问题并进行请教。这是一个很好的请教的机会。当然，如果有些问题不适合在开题论证会上当众讨论，可以私下讨教。

既然开题论证是一次交流研讨，那么参与开题论证的人都应该有发言权，都可以发表自己的看法。所以，不要忽视专家组和课题组之外的旁听人员，既然来旁听，一般是对本课题有研究兴趣，甚至有想法、有研究的。他们的观点和看法，往往可以从另一些角度为课题研究开阔思路。因此，应该允许、欢迎旁听人员发表自己的看法。如果他们对所论证的课题有疑惑、问题或建议，也应该允许提出或发表。这有助于课题组认识课题存在的问题，并改进研究方案。

总之，开题论证的过程是一次课题组、专家组、旁听者共同交流、研讨的过程，是一个使课题方案不断科学、合理、完善的过程。

4. 论证会资料的收集

课题组应树立较强的材料意识，时刻注意收集与课题研究相关的资料。开题论证会可以为课题提供很多有价值的思想和资料，课题组要重视论证会资料的收集。课题负责人和课题组成员要认真听取专家和与会人员的意见和建议，并做好会议记录。如果条件允许，课题组可充分利用多媒体技术，对论证会的全过程进行录音、录像，作为课题研究档案的一部分加以保存。有的地方，设有专门的开题论证活动记录表，可以使用这样的表来记录开题论证活动。

为做好开题论证的会议记录，开题论证会前，课题负责人应把记录任务的准备工作分配下去，请相关成员做好准备，比如谁负责照相、谁负责录像、谁负责录音、谁负责记录等。课题负责人，还可以对会议记录的质量提出一定的要求。比如，照片要有会场的全景、要有开题论证会标的背景等；录音要保证每个人的发言都清晰地被录到，如有必要可使用多台录音设备；录像要尽量使每个专家都正面出镜，防止镜头抖动、画面模糊、声音不清等问题。只有精心准备才能获得全面、高质量的资料，为后续使用打下基础。

（六）开题论证报告的修改

在课题开题会后，还有一些工作需要做。

1. 整理开题论证会资料

开题论证会后，课题组成员要及时对会议记录或多媒体资料进行整理，音像资料的，要把它们转化为文字材料。文字资料的使用有时比音像资料更方便。音像资料的文字化，一般采用“文字实录”的方式，可以进行必要的加工，比如把无意义的“嗯啊”、没有必要的重复等删掉。

除音像资料的整理，还应对现场笔录的文字资料进行整理，比如拿几个人的记录进行比对，查实、查准当时每个人发言的内容。这样做可以避免因个别记录失误而造成信息失真。课题组成员还应该写自己的感想与认识。这些感想与认识也是对课题研究的感想与认识，也是宝贵的课题研究资料，同时这种方式可以促进课题组成员科研素养的提升。

2. 分析专家与听众意见

在资料整理的基础上，课题组应该召开讨论会，对开题论证会中专家组或其他人员（听众）提出的问题、建议等，进行分析讨论，消化吸收、采纳其中有价值的意见，在此基础上推动课题研究的进展。

3. 对研究方案做出修改

在资料整理、专门讨论的基础上，课题组要进一步修改完善开题论证报告，使之更加完善、科学、可行，并在此基础上确定课题研究实施方案。如果有必要，可以再次进行开题论证。在二次论证的基础上，进一步完成开题论证报告和研究方案。

以上所述，只是开题论证的一般程序，课题类型、大小不同，课题管理者的要求、课题负责人的意图不同等，都可能会使开题论证的过程有所差异。不论怎样的开题论证，都是以提高课题研究质量为目的的。经过严格的、科学的论证，课题组会有比较明确的研究方向、比较清晰的研究思路，获得比较得当的研究措施，从而保证课题研究的顺利开展。

当然，课题研究是一个长期的、反复的过程，研究方案往往需要不断的修改才能形成，因此，课题的论证工作不是一次两次就能完成的，还需要在研究实施过程中适当进行修改完善。

总之，开题论证是一项严肃、科学的工作，不能弄虚作假，也不允许蒙混过关。只有以科学的精神、严谨的态度、实事求是的要求，认真组织好论证，才能保证课题研究的顺利实施，保证高质量研究成果的获得。

三、课题实施

在课题实施方案中表述了各种方法，但在课题研究的实施过程中，许多人却不知道如何运用这些方法，在研究结论中也见不到使用科学方法的痕迹。结果是使研究方法成为一种文字游戏，在课题申报书或研究方案上堂而皇之地亮相，最终却变成一纸空文。这样的情况，更谈不上高质量研究成果的出现了。落实研究方法，是课题研究的一个非常重要的任务。

（一）课题研究常用方法

中学教师课题研究中常用到的研究方法有观察研究法、调查研究法、实验研究法、行动研究法、文献研究法等。

1. 观察研究法

观察研究法是在比较自然的条件下，研究者通过感官或借助一定的设备在一定时间和空间内进行有目的、有计划的考察并描述教育现象的方法。观察研究法要求在自然状态下进行，对观察对象不加任何干扰与控制，使之处于完全自然的状态下，以便于得到自然条件下的真实情况。

根据不同标准，观察法可分为不同类型，如根据是否借助仪器分为直接观察与间接观察，根据观察者是否直接参与活动分为参与观察与非参与观察，根据观察结果分为量的观察与质的观察等。

2. 调查研究法

调查研究法是课题研究中最常用的研究方法之一，它是通过对原始素材观察，有目的、有计划地搜集研究对象的资料，从而形成科学认识的一种研究方法。

这种研究方法，包括问卷、访谈、测验等具体方式。调查研究一般应循以下步骤：①调查前的准备工作，包括确定调查课题、选取调查对象、写调查提纲、制订调查计划等；②展开实际调查，搜集研究的书面资料或口述资料；③整理所收集的资料，口述材料要用文字加以整理，数据材料要用数学统计法加以整理；④撰写调查报告。

3. 实验研究法

实验研究法是根据课题研究需要，利用一定的设备和材料，通过控制条件的操作过程，引起实验对象的某些变化，从观察这些现象的变化中验证课题内容或获取新知识的一种研究方法。

实验研究法一般分为准备、实施、总结三个阶段。各阶段的具体步骤如下。

实验的准备阶段：选定实验课题，形成研究假说—明确实验目的，确定推导实验的理论框架—确定实验的自变量—选择合适的测量工具并决定采用什么样的统计方法—选择实验设计的类型。

实验的实施阶段：按实验设计进行实验—采取一定的实验措施观测实验的效应—记录实验所获得的数据、资料等。

实验的总结阶段：对实验中取得的数据、资料进行处理分析—确定误差的范围—对研究假设进行检验—得出科学的结论。

4. 行动研究法

行动研究法是教师把自身的教育教学实践活动作为研究对象，边研究边实践，边实践边研究的一种研究方法。教育行动研究的特点是为行动而研究、在行动中研究、由行动者研究、对行动的研究。

行动研究是20世纪40年代由美国学者勒温（Kurt Lewin）提出的，他还提出了行动研究的四个环节：计划、行动、观察、反思。行动研究是这样四个环节的螺旋式循环操作。后来，人们又提出了一些不同的步骤，如确立课题、制订计划、行动实施、分析与评价、总结评价的五个步骤，也有人分出更多的步骤，但大都强调行动研究是一种螺旋式循环步骤。

5. 文献研究法

文献研究法是通过搜集、鉴别、整理文献资料，并通过对文献的研究形成对事实的科学认识的一种研究方法。文献研究法属于非接触性的研究方法，因为这种方法只研究文献，并不与文献中记载的人与事实直接接触。

文献研究的具体方法包括文献资料的查阅、文献资料的积累和文献资料的整理分析，它是思想研究领域采用得最多的一种研究方法。

（二）方法与内容的匹配

在选择研究方法时要考虑研究方法与研究内容之间是否匹配，这是研究方法选择的一项重要内容。只有研究方法与研究内容匹配才能够在课题研究中把研究方法真正落实下去，才能够获取有用的资料和高质量的研究效果。

研究方法没有好坏之分，只有与研究内容匹配与否。如果一定要判断方法的好坏，只能说与研究内容匹配的就是好方法，不匹配的就是不好的方法。判断方法好坏的实质是与内容匹配与否。不是选好的方法，而是选对的方法。选对方法可以使课题研究事半功倍。

研究方法与内容的匹配，其实是由方法与内容两方面双向选择的结果。任何方法都有一定的适用对象和适用范围，只有用当其所才能够发挥出方法最好的作用。以观察研究方法为例，观察研究方法适用于以下几种情况：第一，研究目的是描述研究对象在自然状态下的具体表现，或者需要对正在进行的教育教学活动的过程做出描述；第二，研究需要获得研究对象或事态变化过程第一手资料；第三，对运用调查、实验等其他方法进行教育研究获得的研究结果加以检验。观察研究方法不太适用于以下情况：第一，不宜用于对问题的内在核心事物之间内在联系方面的研究，要证实内在联系的存在，还需用实验等其他方法进行研究；第二，由于观察手段的限制以及常需要花较多或持续较长的时间，在大规模、大范围研究中，如人口问题研究、学龄人口比例研究，一般不以观察法为主要方法。

其他研究方法，也各有自己的适用与不适用范围。观察研究法适用于自然条件下对事物或现象原始状态、真实状态的获取，而不适用于施加影响的研究。调查研究法适用于研究者从被调查者那里获取他们的观点和态度，而不太适用于对他们实际行为的了解。实验研究法适用于验证假设，而不太适用于对自然状态下事物或现象的把握，不太适用于对人们观点和态度的把握。行动研究法适用于教育实际问题而不是理论问题的研究，适用于发展性活动的研究而不适用于非发展性或已终结的活动的研究。文献研究法适用于对已有事物记载的研究，即历史的研究，而不适用于现场操作的研究。明确各种研究方法的适用范围，才能更好地、有针对性地选择和使用它们。

同样，不同的研究内容，也要求使用不同的研究方法。如果想要了解自然状态下的教育现象，最好是用观察法；如果想通过施加影响使研究对象发生变化，最好用实验研究法；如果想了解某人或某些人的想法，最好用访谈法或问卷法；如果想改变自己的教育行为，最好用行动研究法；如果想了解事物的发展历史，最好用文献研究法。

内容决定方法，方法制约内容，只有求法得当，才能使方法得到最好的发挥，才能把内容研究得更好更透。而要做到这一点，就要选对方法，寻求内容与方法的匹配。

（三）处理研究资料

课题研究的过程中，相当一部分内容是获取研究资料，并在此基础上对资料进行整理、分析等。

1. 获取研究资料

课题研究中运用各种研究方法主要是为了获取研究资料。研究资料获取主要有以下途径。

（1）观察。观察是搜集资料的基本方式。教师要做有心人，善于从日常教育教学现象中进行观察，获取有用的资料。日常的教育教学中存在很多现象、矛盾、问题等，通过仔细观察会发现值得研究的问题，进而形成研究课题；带着研究问题再仔细观察就会获取与研究有关的、有价值的资料。

（2）问卷。问卷调查是课题研究的基本方法，也是获取资料的基本途径。通过设计好的问卷调查可以获得研究所需要的多种资料。问卷调查可以进行大范围的资料获取，是一种比较有效的资料获取方式。

（3）访谈。访谈调查也是获取研究资料的一种重要方式与途径。对研究对象或相关人员进行访谈，可以直接观察对象的个性心理特征、思想倾向、仪表情态、身体状况等。

（4）听课。除了在自己的课堂教学过程中获取资料外，通过听课获取研究资料也是一条重要途径。听课的目的是了解课堂上教师教与学生学的情况、师生的交往状态等，可以直接收集到课堂教学的资料，了解教师的教学思想与技能，了解学生的学习活动与状态。通过听课也可以在一定程度上了解教师的备课情况、教学设计情况等。

（5）实验。实验研究也是获取资料的重要方式。在实验过程中要注意观测被试的变化及教育效果，收集各种数据和信息，以对比实验前后的变化、实验组与控制组之间的差异等。

（6）研讨。在各种教育教学的研讨中，如校本研究、学术会议等，也可以获得大量的研究资料，特别是他人对某些事物或现象的看法、态度、认识等。这些观点可以直接成为研究的资料，也可能为研究带来启发。

（7）查阅。对已有文献资料的获取可通过检索、查阅等方式进行。研究者可以到图书馆或图书室检索、查阅相关图书、杂志、报纸等文献，也可以到网络上检索、查阅文献。

2. 梳理研究资料

获取研究资料后的一项重要任务是对研究资料进行梳理。研究资料的梳理主要包括资料整理、资料审核、资料统计和资料归类等内容。

（1）研究资料的整理

资料整理是课题研究过程中非常基础的一个环节，主要包括音像资料的整理、文字资料的整理、数据资料的整理等。

音像资料的整理，如访谈、课堂教学的录音、录像等的整理，包括两个方面的内容：一是进行音像的编辑整理，比如去除一些无关的声音、画面等；二是进行文字转化的整理，即把录音、录像的内容转化为文字。转化为文字后，还需要进行文字资料的整理。

文字资料的整理，或补充，或删除，或合并，最后形成简洁明了、清晰有条理的文字稿。如果是多人合作观察或记录同一个内容，还要在交流、讨论的基础上对各自的信息进行必要的核实、合并，最后形成统一的文字稿。

数据资料的整理，要根据当时记录的情况、他人提供的信息，或者录音录像的信息等进行核实，务求准确无误、真实可信。

资料整理是一件比较费时费力的事情，但对保证研究的真实性、客观性等非常重要，因此，应该扎扎实实地做好这项工作。

（2）研究资料的审核

资料审核就是对获取的原始课题研究资料进行检查，以使其符合资料的要求，保证研究资料的正确有效。所获取的资料应该具备以下特征：真实、准确、完整、权威、合理。

审核资料的真实性。只有真实的资料才具有说服力，否则就无法用于课题研究。然而，在收集资料过程中，可能收集到一些不真实的信息，比如，访谈对象或问卷对象做出虚假回答、隐瞒回答等。对于从这类回答中所获取的信息，必须作无效处理。有一些文献资料，比如他人的观点、数据等也可能存在不真实的情况，也要认真比对、核实后才能使用。资料审核通常用比对法、验证法等。比对法，即通过两个以上信息之间的比对来确认某一信息的真实性、可靠性。验证法，即把相关信息还原到现场或相关情境中验证其是否真实、可靠。

审核资料的准确性。课题研究所获取的资料必须准确无误，为此要审核资料的准确性，那些“大概”“可能”“估计”的资料，是不能使用的。对于引用的一些文献资料，必须反复与原文核对，不添加，不省略，不漏删，以保证与原文一致。

审核资料的完整性。从资料整体来看，所获取的资料应该是完整的，审核时要查看资料是否齐全、完备，如果资料不完整，则要想办法补充完整；如果无法补充完整，则该资料不能使用。

审核资料的权威性。对文献资料而言，还有一个审核资料权威性的问题。文献资料的选取一般使用名家名作，即代表性人物的代表性观点。还要注意所使用资料的版本情况，一般使用权威出版社版本、名家注评本、好的译本等，辨别版本，选择善本。

审核资料的合理性。对数据资料，要审核各个指标的界定范围是否一致、计算公式是否适用、计量单位是否一致等；对文献资料，要审核概念内涵是否统一、时间是否统一、表述是否统一等。

资料审核是一个非常严格的过程，也是一个非常耗时费力的过程，同时还是一个必须加以重视和实施的过程。因为资料是研究的前提，前提可靠研究才可靠；前提出了问题，整个研究也就出了问题。资料只有经过严格的审核才能使用。

（3）研究资料的统计

在对资料进行整理、审核后，还需要对一些资料进行统计。比如，调查问卷所获取的资料就需要对发放的问卷数、收回的问卷数、审核剔除无效问卷后的数量即有效问卷数、每个题每个选项的回答数等进行统计。在此基础上，还要制作成统计表或统计图，以便于更直接地表达或查看。

（4）研究资料的归类

资料归类是指根据研究资料的性质、内容和特征将相异的资料区别开来，将相同或相近的资料合并为一类的过程。对研究资料进行归类是为了更好地管理和使用资料。归类前首先需要进行分类，分类前先要确定好分类的标准。从不同的角度可以将资料划分出不同的类型，然后把同类型的资料归结到一起完成归类。比如，按资料的载体可分为文字资料、光盘资料、网络资料等，按照资料发表时间或获取时间把资料归类，按照获取场地把资料归类，按照专题把资料归类。

对数据资料的分类，需要确定分组标志。研究对象（个体）的某种属性特征，可以是数量性的，也可以是属性的。数量性的，叫数量标志；属性的，叫品质标志。例如，学生的“性别”“民族”是品质标志，学生的“身高”“体重”是数量标志。数量标志的取值可以形成定类或定序的数据资料。数量标志和品质标志都可以作为分组的标准。在选择分组标志时，要注意以下三点：一是按照研究目的选择分组标志；二是突出事物的本质特征；三是可以选择多个分组标志对数据进行多维交叉分组，对研究资料进行归类便于对资料进行分析。

3. 分析研究资料

分析资料就是分析研究资料所反映的问题，对资料背后的原因及意义等做出解释，并提供改进建议。分析资料有定量分析与定性分析两种。

定量分析。定量分析是指研究者借助于数学分析手段，对所收集到的数据资料进行统计分析，揭示事物数量特征的过程。定量分析主要用于实验、观察、测量和调查所得的数据资料的处理，所分析的对象是数据资料。定量分析的优点是具有简约性、客观性和可操作性，其局限性在于统计分析手段具有一定的条件性，统计推断具有概率特征，教育现象的复杂性导致数量分析的模糊。定量分析常分为描述统计分析和推断统计分析两种类型。

定量分析需要借助一定的分析工具。目前，研究者采用较多的是SPSS软件（社会科学统计软件包），它是世界著名的统计分析软件之一，也是社会科学领域最常用的统计分析软件，基本功能包括数据管理、统计分析、图表分析输出管理等。

定性分析。定性分析是研究者对所获取的文字、声音、图片等描述性资料在系统审核归类基础上进行逻辑和意义分析，从而揭示事物内在特征的研究过程。定性分析是对研究对象进行“质”的方面的分析，分析的对象是描述性资料。定性分析是课题研究中重要的分析方法之一，能克服定量分析的局限性。

（四）注意研究伦理

课题研究并不是一个人的事情，涉及调查研究的对象、相关课题研究者以及其他利益相关人员。在研究过程中，在处理人与人之间的关系、人与成果之间的关系时，要注意研究的伦理，不能做僭越研究伦理的事情。

（五）发表阶段成果

在课题研究的过程中，要注意把研究的相关成果及时加以整理，并把它们转化成文字成果及时发表。这样做不仅有助于课题成果的积累。有助于把研究成果及时奉献给社会供他人借鉴使用，而且有助于为课题的结题做好充分的成果准备。

1. 阶段成果的写作

课题研究过程中阶段性的文字成果主要有研究综述、研究论文、教育案例、教学课例、经验总结等。要掌握这些成果写作的要点，并根据实际的研究成果选择合宜的类型进行写作。

（1）研究综述

研究综述是对与课题相关的已有研究文献、研究成果或状态的综合述评。研究综述也是课题研究的阶段性成果，而且是课题研究中产出比较早的一种阶段性成果，课题方案设计或申报课题时都需要做研究综述。

研究综述的基本结构是综述背景介绍、研究情况概述、研究情况评析、研究方向预测。

综述背景介绍，主要是介绍所要综述的课题研究的基本情况。有的会写明自己是如何查阅资料的、查阅了哪些类型的资料、查阅资料的数量、对资料的处理等，对内容展开综述。

研究现状概述，一般选择最有代表性的研究成果对它们加以分门别类、概括性的叙述或介绍。通过这部分内容，人们可以看到在这一研究领域，人们做了哪些研究，有哪些代表性成果，研究到什么程度了，从而整体上把握课题研究的状态。

研究情况评析，就是在研究现状概述的基础上，对已有研究的情况进行评价、分析。评析时，既要分析已有研究成果的价值、贡献，也要分析存在的问题、不足。评析时，要做到客观公正，有理有据。这部分是研究综述中最见研究者水平和功力的地方。

在课题方案设计或申报时，写研究现状或研究综述要揭示已有研究与自己所做课题之间的关系，当把研究综述作为阶段性成果，特别是还准备发表时，可以不涉及这一块内容。这有两方面的原因：一是研究综述属于专题性研究，可以单独存在；二是读者并不熟悉你所要做的课题的情况，没有必要谈研究综述与课题之间的关系。

研究方向预测，也有的写为思考与建议、问题与讨论等，主要内容是在已有研究评析的基础上，提出一些解决问题的对策、建议、措施等，或者对本专题的研究方向做出一些预测。问题与讨论、思考与建议等内容一般写得比较深入，研究方向的预测则相对简单些，有的甚至没有这部分。

（2）研究论文

研究论文是教师在课题研究基础上，经过分析论证的深化认识过程，把研究成果文字化。研究论文是课题研究中一种重要而常用的成果形式。

研究论文对研究者有较高的要求，如能够自觉运用规范的科学方法、理性的学术思维和严密的逻辑论证等。研究论文要求既具有一定的理论性，又具有一定的科学性，能够理性地认识问题、分析问题，揭示具有普适性的规律。同时具有一定的创造性。高质量的研究论文是教育科研智慧的结晶，是课题研究高水平高质量的标志。

研究论文的结构一般由以下几点构成：标题、作者单位和署名、内容摘要、关键词、正文、注释或参考文献、附录（必要时）。

研究论文的本论部分一般由引言、本论、结语三部分构成。引言部分，一般介绍研究的背景、选题的缘由、选题的意义等内容，以引出论题。本论部分，主要是提出问题、分析问题、解决问题。正文内容的结构安排有并列式、递进式、混合式等。结语部分，主要是总结提升、做些余论、做出展望等，它不是对前文内容的简单重复，它的重点在于总结提升，要求简洁概括、点到即止。研究论文的写作要注意写作规范，包括引文的规范、注释或参考文献的规范等。

（3）教育案例

教育案例是记录教师教育转化学生的过程或教育事件处理过程的例子。教育案例不同于教学课例。教育案例侧重于记录教师对学生的思想教育、品德教育、班级管理等方面的内容。教学课例侧重于记录或描述课堂教学中教学方式方法等方面的内容。

按照教育案例呈现的方式，可分为两种主要类型：描述式教育案例和评析式教育案例。

描述式教育案例，是通过描述的方式把教育事件的处理过程或发生发展过程完整呈现的教育样例。它所侧重的是向读者传递教育事件的处理本身，至于其中包含的道理需要读者自己去体会和把握。描述式教育案例本身就体现出自足的存在价值。描述式案例一般按照事件发生、发展的顺序来写作。

评析式教育案例，是对教育事件的处理进行分析评论，以揭示事件本身所蕴含的价值和内涵的教育样例。它所侧重的是向读者揭示教育事件处理过程中所蕴含的有价值的做法、道理等。评析式教育案例的结构一般是案例描述加案例评析，案例评析是重点。也有的教育案例按照现象—原因—对策的结构来撰写。

教育案例的价值是以“案”析“理”。描述式教育案例的道理含而不露，由读者自己去体会与把握；评析式教育案例则是既讲述案例，也揭示道理，注意“案”与“理”的结合。它们共同的价值在于给人以道理的启发。

（4）教学课例

教学课例是对课堂教学进行分析研讨或反思后所形成的具有研讨价值与启示意义的教学研究样例。它是教师研究课堂、改进教学、促进专业发展的最佳载体之一，也是教育课题研究中的重要成果形式。

教学课例是对真实的课堂教学的研讨，而不是单纯的课堂教学实录或描述。教学课例具有教学事件真实性、教学问题复杂性、研讨价值典型性等特点。教学课例的价值主要体现在以“例”析“理”，即以所分析评论的“课例”来揭示课堂教学所具有的一般性“道理”。

教学课例有不同的类型。常见的类型有描述—分析式课例、研讨改进式课例等。

描述—分析式课例是对课堂教学实况描述后进行分析评论的课堂教学研究

样例。这种课例的基本结构是课堂教学描述+分析评论。课堂教学描述分为课堂教学实录或过程情境描述两种方式，内容则有全程描述与片段描述两种。分析评论部分是从某一角度或某几个方面切入，对前面呈现的课堂教学内容进行分析评论。分析评论可以是正面的，也可以是反面的，还可以是正反面结合的。

研讨改进式课例是对课堂教学进行研讨后根据研讨建议修改教学设计再次教学、再次研讨型的课堂教学研究样例。这种研讨改进式课例，既包括第一次上课前的共同备课，也包括一次、二次上课后研讨情况，及再次、三次上课后的效果等，也可能包括对几次研讨和上课的分析评论。这种教学课可以反映教学的持续改进过程，有助于读者了解教学改进的过程和研究过程。

教学课例的撰写要以准确地呈现课堂教学过程或情境为基础，为此需要通过录音、录像等方式记录课堂教学的全过程，然后将其转化为文字。不论是课堂教学的全程记录还是片段选择，都要注意所选取内容的典型性和代表性，这一点对教学课例的研究是很重要的。

教学课例撰写中的分析评论部分是非常关键的，课例价值的体现在很大程度上取决于分析得到位与否。课例的分析评论要抓住重点，以一定的理论为基础展开。好的分析评论，一定是紧扣前面所呈现的课堂教学内容展开的，能够从微观到宏观、从具体到抽象、从现象到本质地揭示问题，深化、拓展人们对课堂教学及其规律的认识。

（5）经验总结

教育经验总结是对教育教学实践活动及其经验教训分析、概括、加工、整理后形成的比较系统的、合乎逻辑的认识成果。经验总结也是重要的研究成果。要对研究进展情况进行阶段性总结，课题结束后还要进行整体性总结。

经验总结的结构一般由标题、正文和落款组成。

总结的标题，一般有三种写法。第一种是一般式，也是最常用的写法，其结构包括单位名称、时间、内容和文体。例如“××实验小学2021年上半年市级规划课题‘小学生速度训练实验研究’工作总结”。第二种是内容式，以经验总结的核心内容作为标题，比较适合于专题总结。例如“编写和使用高中语文选修教材‘中华传统文化名著研读’的体会”。第三种是主副标题式，主标题一般说明内容，副标题说明单位、时间和文体。例如“以课件制作促进课堂变革——××学校2021年校本课题研究总结”。

总结的正文。经验总结的正文部分一般包括四个方面的内容。一是基本情况介绍。在经验总结的开头部分，一般先介绍教育实践活动的基本情况。这部分的写法，可概括工作背景、整体情况，也可说明总结的指导思想和成果，还可把主要的成绩、经验、问题等简单扼要地先提出来，也可点明全文的主要观点、中心思想等。二是主要成绩经验。这是经验总结的核心部分。“成绩”的叙述有两种不同的写法：一种是把成绩先列出来，然后总结经验；一种是在经验总结的过程中把成绩融合到具体的经验条项之内叙述。写作时可根据自己的需要选择使用方式。三是问题分析或教训总结。专题性的经验总结只谈经验不谈问题或教训，全面性的经验总结则一分为二地来看待整个研究活动，既谈经验，也谈问题不足或教训。教训是指由认识上的错误，或方法上的问题而造成工作上的失误所反映出来的反面经验。分析存在的问题、总结失误带来的教训，可以进一步提高认识，明确今后努力的方向，避免工作失误和更大问题的发生。四是今后努力的方向。这是经验总结的结尾部分。它是在已有成绩和经验、存在的问题和教训的基础上提出来的，目的是以更加明确的方向、更加有效的措施推进后续工作的进展。这部分同时能够起到表明决心和展望前景的作用。

总结的落款。经验总结的落款包括署名和日期。总结的署名一般在标题之下，也有的写在正文之后的右下方。署名要单独一行，标明单位、作者姓名。如果总结是以单位名义写的，则署名只在标题之下署单位的名称，作者姓名写在正文之后，标记为：执笔人×××。如果是上交本单位的总结则可不写单位名称。日期一般单独一行，写在署名之下。专题性经验总结一般不写日期。

经验总结写作时还要注意以下事项：经验总结一般以第一人称的方式表达。经验总结中所运用到的事例要具有典型性，要在典型事例的基础上提炼出有普遍意义的经验或观点，能够从结果到原因，从问题到对策，从现象到本质地总结提炼经验或观点，从而使经验总结不是仅仅停留在感性的经验层面上，而且能够上升到理性的认识层面上。好的经验总结，应该能够给人以启发和指导，可资他人学习、效仿。

2. 阶段成果的发表

课题研究的阶段性成果写作完成、经过修改后可通过投稿等方式把它们发表出来。发表成果要注意以下事项。

（1）寻找合适刊物

在课题研究中，我们根据课题研究的情况选择课题成果的表达形式——研究综述、研究论文、教育案例、教学课例、经验总结等，成果完成后，要根据成果的表达形式和刊物的需求来选择拟发表的刊物。不同的刊物喜欢发表的成果类型是不同的，有的喜欢发表教育案例，有的喜欢发表教学课例，还有的专门刊发研究论文，有的接受研究综述，有的则不接受。要多看各种期刊，了解期刊在内容上的用稿需求，根据他们的需求来投稿。有的人从来不看期刊，或不认真阅读期刊，对它们不了解、不熟悉，就把稿件投过去，命中的可能性较小，即使投中了，也有很大的偶然性。

（2）调整文章格式

不仅要了解期刊在内容上的用稿需求，还要了解期刊在格式上的用稿要求。一般期刊都会在征稿启事或稿约里表明刊物的用稿要求，投稿者要认真领会这些要求，并严格按照要求去修改、调整文章的内容，特别要注意调整文章的格式。

（3）注意稿件细节

文章能否发表首先取决于稿件的整体质量，特别是选题立意、学术水平等，但同时不应忽视稿件的细节问题。这是一个研究者应有的严谨态度、一个作者应做的工作，也是提高稿件发表率的重要因素。

注意稿件细节：一是内容细节，二是格式细节。内容细节，例如，注意稿件中不要出现错别字、标点符号错误等细节问题。格式细节，例如，文章的格式与期刊的格式要严格地保持一致，注意字体、字号、行间距、字间距等格式细节。

（4）选择投稿方式

在做好文稿准备后，选择恰当的方式把稿件投递出去。根据目前的投稿实情看，投稿方式主要有三种类型：纸质投稿、电邮投稿、网上投稿。

不同的期刊对投稿方式有不同的要求。有的期刊只接受纸质投稿，有的只接受网上投稿，还有的接受纸质投稿，同时还要求提交电子稿。一定要根据期刊要求的方式投递稿件。

（六）做好课题管理

课题主管部门会有课题管理制度对课题实施管理，但从课题主持者、实施者的角度来看，我们也需要对课题研究进行管理。主动地实施课题管理，有助于课题的顺利实施和完成。

从课题主持人、实施者的角度来进行课题研究管理，可主要抓好团队管理、时间管理、活动管理、资料管理、经费管理等几方面的工作。

1. 课题团队管理

课题研究往往需要一个团队共同来完成，这就需要从以下四个方面对课题团队进行管理。

一是合理分工，责任明确。课题负责人在组建课题研究团队时已经对各参与者的情况有所考量，在课题研究中要根据每个人的专业特长、能力水平、研究时间等进行合理分工，使每个人能够最大限度地发挥自己的特长和能力。合理分工的同时要把责任加以明确，每个人做什么事情，负责哪一块内容要分配清楚，使每个人都知道自己做什么、怎么做、负什么责任。这样可以使每个人都清楚地履行自己的责任，防止因任务不清、责任不明，造成事情无人问津、责任无人承担的情况。

二是专业培训，促进提高。对于一些课题来说，可能需要对整个研究团队进行相关的专业培训，比如请专家来讲解相关内容或进行课题指导等。课题负责人要根据课题研究的具体情况和需要，考虑进行什么内容、何种性质的专业培训。比如，研究团队的人员对某一种研究方法还不太熟悉，需要请相关专家指导，或者由课题主持人对课题组成员进行培训。通过专业培训可以提高研究团队的科研能力和科研水平，从而有助于课题研究的进行。

三是激发动机，保持劲头。课题负责人在整个研究过程中要注意激发每个团队成员的研究动机和兴趣，使大家保持从事研究的热情和劲头。这既需要对团队成员讲清本课题研究的价值与意义，又需要帮助团队成员解决研究过程中遇到的实际困难，还需要对每个人的行为给予更多理解和认同。只有使整个团队统一认识，同时又给予个别帮助，才能形成团队凝聚力，推进课题研究。

四是统筹协调，稳步推进。课题负责人的一个重要任务是对课题研究过程中出现的问题、矛盾进行统筹协调。要根据每个人的具体情况，调整任务分工，帮助解决研究过程中遇到的新问题、新情况等。只有统筹协调好，才能使课题研究保持良好的运转状态，把课题研究稳步向前推进。

2. 课题时间管理

课题研究一般是有时限的，特别是立项课题更是有研究时间的规定。要在规定的时间内保质保量地完成课题研究，就需要科学地管理和使用时间，这也是课题研究管理的重要内容。可从以下两个方面进行课题时间管理。

一是科学规划，尽量落实。对课题时间的分配要进行科学规划。在课题方案设计或课题申报时已经有研究阶段的划分，对课题研究时间已有一定的规划，课题实施过程要根据这一规划或根据实际重新进行科学规划。科学规划科研时间，并尽量在实践中落实，是保证课题研究进度的重要措施。课题研究的实际时间可能会与前期规划不一致，这是由于课题研究中会遇到一些新情况需要时间来解决，甚至会出现比较大的研究计划调整。但从保证研究时间的角度来说，一旦制定了研究时间表，就应尽量在规定时间内完成预定任务。

二是定期检查，反思改进。为了保证课题顺利实施，还应对课题研究的进展情况进行定期检查。定期检查是通过相对固定的时距（时间距离）对课题研究实施督促的方式。按期检查，比如一个月检查一次，三个月检查一次，半年检查一次之类，可根据课题研究总时间的长短而定。定期检查之后，要根据检查的情况进行总结反思，发现问题及时在后续研究中改进。通过这样的方式可以推动课题研究的实施。

3. 课题活动管理

课题研究中总会组织一些与课题研究相关的活动，对这些活动也要进行专项管理。可从以下三个方面进行管理。

一是精心组织，认真实施。课题研究过程中会有很多类型的活动，如开题论证会、课题研讨会、听课评课、中期检查、调查活动、实验活动等。对这些活动要精心组织，考虑到活动各方面的内容和注意事项并认真落实，以保证活动的顺利实施。

二是定期活动，保持稳定。对课题研究来说，最好能够定期组织一些活动，如听评课活动、课题研讨内部会议等，以保证课题研究的稳定性和持续性。有的课题研究一年举行一两次活动，或不定期举行活动，在一定程度上影响课题研究的持续推进。定期活动则可以使大家始终处于课题研究的状态之中。当然，定期活动的前提是保证活动的有效性，应避免因定期活动出现“活动疲劳”或“研究厌倦”。

三是做好记录，留作资料。课题活动的过程也是研究的过程，要注意保留活动的资料。每次活动都应该有活动资料，即活动记录。活动资料或活动记录，包括录音、录像、照片、文字等内容。每次活动中，都应该有人负责做相关的记录，活动后对记录进行整理。

4. 课题资料管理

课题研究的资料是课题研究的重要内容，也是课题研究成果的基础，要妥善管理，可从以下两个方面做好课题资料管理。

一是及时收集，分类整理。很多课题研究资料的出现都是一次性的，错过就不会再有，所以及时收集资料非常重要。课题研究过程中要树立很强的“资料意识”，即有针对性地随时随地收集与课题研究有关的资料。资料收集的方式要注意多样化，比如同一项活动，可以有录音资料、录像资料、照片资料、文字资料等。如果当时仅用一种方式收集资料，没有其他资料相对照、佐证，用时可能就会显得乏力。资料收集以后，还要及时地整理，科学地分类。这是资料管理的重要方面，便于资料保存和日后使用。

二是专人负责，保存归档。课题研究资料最好有专人负责管理，可以是每人负责自己分工的那块内部的资料，也可以把课题研究资料汇总到某人那里由其专门负责管理。课题研究资料的管理需要在分类基础上建立分类档案，把不同类型的资料保存在不同的档案里，以备使用。这就需要建立课题资料的档案袋，或者资料库。可对资料进行备份，一份是原件，一份是复印件。现在文字资料的管理，可以在电脑上通过构建不同文件夹的方式来管理，或者使用电子管理系统进行管理。资料的电子化管理便于保存、检索、使用。

5. 课题经费管理

课题研究经费来源一般有上级调拨和自筹资金两种途径。课题经费的管理要注意以下四点。

一是专款专用，严格控制。既然是课题研究经费，那就是用于课题研究的，因此要做到专款专用，不能挪作他用，可建立专门的课题经费账户，以防与其他款项混用。在使用课题经费时要严格控制其使用项目与金额，使其落实到课题研究中去。

二是科学预算，适当调配。一般在课题申请时或经费批拨后都会有课题经费的使用预算，应该科学预算，使其能够恰当地分配到相关事项中去。进行经费预算，不能多多益善、胡写乱开，而要认真计划，把具体数目和用途都写清楚。当然，课题经费的预算只是预算的一部分，与课题实际研究中的花费情况可能会有些出入，因此也可在规定范围内适当做些调配，以适应课题研究的实际变化。但这种调配的额度和幅度一般不会太大，要受到课题主管部门经费管理制度的约束。自筹经费的调配额度和幅度可相对自由些，但也要按需而行，量力而为。

三是合理花费。课题经费的使用要在可控的范围内，根据研究的需要合理花费，特别要注意“把钱花在刀刃上”，即把大部分的钱用于重要的研究项目上。课题研究的实施阶段，是最需要花钱的地方，调查、采访、实验等都需要大量经费的支持，要把钱花在这些地方。至于开题论证会场的布置等，则没有必要花很多经费。课题研究经费的使用要遵循“该花则花，该省则省”的原则。

四是定期结算，心中有数。虽然课题组不一定设立专门的财务制度，但应该定期对课题经费的使用情况有个结算，以做到心中有数。课题经费的使用，要做到统一使用，统一报销，统一结算，这样就比较容易从全局上来把握经费的去向、用途、数额、结余等情况。由课题负责人对课题经费统一使用，统筹管理，全面把握，在一定程度上可以使经费使用做到合理分配、科学使用、用当其途。

四、中期检查

中期检查，也称中期评价或中期评审，是课题管理部门为保证课题质量推进课题研究、强化课题管理，在课题研究进行过程中实施的一种管理措施。中期检查是科研管理的重要环节。作为课题的实施者，要做好准备，迎接中期检查，并尽量取得好的检查结果。

（一）中期检查的作用

课题中期检查对课题研究具有促进作用，主要表现在以下几个方面。

1. 对课题研究加以督促

中期检查的设置是对课题研究的一种督促。为了迎接中期检查，课题研究者要按照原定的研究计划，抓紧时间进行课题研究，并且保障课题研究的质量。有的人申报课题时很积极，课题申请下来，要做课题了，却很松懈。中期检查可以使课题研究者有一种紧迫感，防止懈怠。

2. 对存在问题做出诊断

中期检查可以发现课题研究中存在的一些问题，并对其做出诊断，判断是何种类型、何种性质的问题，进而探讨问题产生的原因，从而对症下药，促成课题研究的改进。

3. 对后续研究予以指导

中期检查对已立项的研究课题起指导和协调作用。它针对研究进展情况，给以必要的指导、帮助和咨询，分析课题是否能继续进行。中期检查中，检查人员一般会在诊断和整体把握的基础上对课题研究给出一些建设性意见，从而指导课题研究的后续实施。中期检查的指导，可以防止课题研究方向的偏失，使课题研究在正确的方向和道路上顺利实施。

4. 促进研究者进行反思

从研究者的角度来看，通过准备中期检查，可以总结课题研究的阶段性经验、成果，反思课题研究存在的问题、不足，进而思考今后改进的方向、措施。这既是促进研究者科研水平提高的过程，又是保障课题质量持续提高的手段。因此，进行中期检查还是很有必要的。

（二）中期检查的方式

中期检查的方式有通讯检查、会议检查和现场检查等。

1. 通讯检查

通讯检查就是课题承担者把中期检查报告和相关材料寄送给课题管理部门，由课题管理部门组织专家对其进行评审，以评定课题研究进展情况的课题检查方式。

专家评审检查后，课题管理部门会给课题研究者以反馈，供其参考，或者对未通过中期检查的课题承担者采取必要的措施，比如提出警告、限期整改、限拨剩余经费等。

由于课题研究者、课题管理部门和专家不必碰面，可以在各自的时空范围内工作，所以这种检查方式比较方便，其不足是三方面的当事人不能面对面地交流，缺乏深入沟通。

2. 会议检查

会议检查是通过组织会议的方式对课题实施情况做出评价的课题检查方

式。会议检查时，一般是课题承担者、课题管理部门人员、评审专家三方一起参加。检查会议可以由课题承担者召开，邀请课题管理部门、评审专家参加，也可以由课题管理部门召开，请课题承担者和评审专家参加。需要课题承担者向课题管理者和评审专家汇报课题研究实施的情况，然后由他们根据汇报和交流情况做出定性评价。

会议检查是比较常用的中期检查方式，也是比较正式的中期检查方式。因为课题承担者要亲自面对课题管理者和评审专家，所以他们也会更加重视中期检查。会议检查的好处是可以使课题承担者、管理者和评审专家面对面地深入交流，不足的是在协调工作上存在一定难度。

3. 现场检查

现场检查是课题管理者和评审专家进入研究现场对课题研究的实施情况进行评价的课题检查方式。

中学教育科研课题多是实践类、应用性课题，其实施需要在课堂教学中进行，并且课题的成果也往往体现在课堂教学之中。因此，中期检查时，深入学校、深入课堂，进入课题研究的现场、课题研究的过程中来进行评价，也就成为一种直接、直观的检查方式。

现场检查可以使课题管理者和评审专家亲眼看到、亲耳听到、亲身感受课题实施的情况和成果，往往更有利于他们把握课题实施的情况。但现场检查不能单独使用，往往还需要与中期检查报告等文字性材料配合使用，因为有些东西是现场所不能呈现的。

比较全面的中期检查会综合利用上述几种检查方式，采用多方式检查，最后做出定性评价。多方式检查的好处是通过多方面的了解，往往可以比较深入地把握课题实施的情况，从而做出准确的评断；不足是比较费时费力，成本较高。

（三）中期检查的准备

为迎接课题中期检查，需要精心做些准备。中期检查的准备工作主要有以下三个方面。

1. 熟悉中期检查要求

做好课题中期检查，首先需要从课题发布者或课题管理部门了解中期检查的要求，根据要求做好准备。关键要了解中期检查的重点是什么、检查评估的指标有哪些、需要做些什么样的准备，比如下载什么样的表格、怎样填写、需要准备哪些材料等。这样才能达到并满足检查部门的要求。

中期检查会从计划执行情况与进展、经费使用情况、阶段性研究成果、存在的问题及下一步的计划等方面进行评估，每项内容都有一些评估标准，对此要认真学习。

对评估内容和评估标准的学习和准备，不应该是在中期检查前，而应该是在一开始做课题时就做的工作。这样在前期的课题研究中才能朝着这些内容和指标努力。中期检查只是把所做的工作拿出来接受检验。不能本末倒置，平时没有学习和掌握评估内容和标准，临近中期检查才学习，就来不及了。一定要事先准备，临时抱佛脚，是很难顺利完成中期检查的。

2. 准备检查所需材料

课题中期检查需要准备一些材料，主要包括中期检查表、中期检查报告、阶段性成果材料、经费使用表等。中期检查前，课题承担者要认真填写中期检查表、撰写中期检查报告、梳理阶段性研究成果等。对阶段性研究成果要分类整理，按实物类、文字类等分门别类地呈现。所准备的各种材料要做到条理清楚、准确无误、摆放齐整，以备检查。

3. 做好检查相关工作

除上述工作外，还有一些中期检查的相关工作需要做好。比如，与课题管理部门的协调、与评审专家的沟通等。如果进行会议检查或现场检查，还要准备会场的布置、会议的流程，检查现场的安排、现场活动的组织等。

中期检查不是“作秀”，也不是走过场，要认真对待，精心准备。所有与检查有关的活动都要悉心组织，所有与检查有关的细节都要细心考虑，这样才能保证检查工作的顺利进行，保障课题中期检查的顺利过关。

（四）检查报告的写作

中期检查报告是中期检查中十分重要的材料，对中期检查能否过关起着举足轻重的作用。中期检查报告的内容主要包括研究的进展、阶段性成果、存在的问题、今后的设想、经费的使用、附录等几个方面。

1. 研究的进展

研究的进展主要写明自课题实施以来，课题承担者所做的主要工作及其对课题研究的推动。这是中期检查报告的重点部分。

课题研究的工作方面，可写工作的起止时间、采取的主要措施，如策略、方法等。在这方面要侧重采取的措施，这可以看出研究者的努力，也可以看出研究者在研究过程中的创造性劳动和研究智慧。

写研究进展时，要查看课题申报书，对照申报书来写。看一下课题申报时的阶段性承诺，到目前为止，应该兑现的，有没有兑现；如果兑现了，兑现的质量怎样；还有哪些没有兑现，什么原因没有兑现，要做出没有兑现的原因说明或解释。研究的进展可以分阶段写，比如在哪一阶段，做了哪些事情，取得了怎样的进展；也可以按照取得进展的情况来写，比如，进展1、进展2、进展3，在每一进展之中分析是如何取得这些进展的。

2. 阶段性成果

阶段性成果是在课题研究的某一阶段产生的、成型的研究成果。阶段性和成型性是阶段性成果的重要特征。阶段性，说明这些成果还不是最终的、完整的研究成果，只是课题研究成果的组成部分；成型性，说明这些成果本身是可以相对独立存在的，是已经完成状态的。“成果”中的“成”，即完成；“成果”中的“果”，即结果。那些处于未完成状态、有待完成的内容，不能称为阶段性成果。之所以对阶段性成果做如此解释，是因为有的人把一些非阶段性成果的内容也放到阶段性成果中来。比如，把将要形成的教育经验、可能形成的教育案例也放到阶段性成果中来。

阶段性成果可从实践性成果、理论性成果、技术性成果等方面来写。实践性成果主要是课题实施以后对教育教学实践的改变，如师生的变化情况等。理论性成果主要是教研论文、论著、案例、报告等的撰写、发表情况。技术性成果主要是课题研究中相关量表、工具、技术手段等的开发、使用情况等。已有研究成果的获奖情况、被采用情况等，也可以写在这部分里。

3. 存在的问题

存在的问题部分要对课题研究中的问题进行描述，着手探讨问题存在的原因。课题研究中会存在很多这样那样的问题，这部分要写主要问题，也就是会影响整个课题研究继续推进的问题。

对存在问题的写作要摆着实事求是的态度。有的人怀疑，问题太多了会不会影响中期检查的成绩？有这种疑虑是可以理解的。但课题研究是科学研究，科学研究的精神是“实事求是”，是“求真”，如果故意掩盖课题研究中存在的问题，这本身就“失真”了，不利于课题管理者和评审专家根据问题提出有针对性、建设性的指导建议或改进意见。

课题研究中不可能不存在问题，存在问题并不可怕，可怕的是不敢直面问题。只要敢于直面问题，并能够寻找到解决办法，那么问题也就不是问题了。

4. 今后的设想

今后的设想部分，要根据课题研究存在的问题、今后研究的需要、原有的研究计划来写作。这部分主要是写今后研究的思路、拟采取的问题改进措施或课题研究的推进措施等内容。这部分内容简要介绍就可以，但要有实质性内容，措施要切实可行。

5. 经费的使用

有的中期检查还要求课题承担者汇报课题经费的使用情况。为此，要详细汇报课题经费的使用情况，写明哪笔钱做了何种用途。要看花出去的钱，在数额上、用途上，是否符合课题的管理规定。

“经费的使用”部分，可以使用表格明细的方式来呈现，使人一目了然。这部分内容的写作，要定量与定性相结合，既要定量地呈现所使用的经费的数额，又要定性地评价所使用的经费是否符合规定或要求。

6. 附相关材料

中期检查报告可以有附件，附上相关材料。附件的内容主要是课题研究的阶段性成果。之所以有附件是为了证明前面所做的工作、所取得的阶段性成果是真实存在的，有助于评审者据此检查课题实施的质量。

中期检查报告的写作要注意条理性。“研究的进展”“阶段性成果”“存在的问题”“今后的设想”，这几个方面在写作时一般采用明确的标题或序号一、二、三等来写。这样写可以显得条理清楚，便于理解把握。

中期检查报告的写作要注意文字简洁。中期检查报告的主要目的是向课题管理者和评审专家介绍课题实施的情况，只要把情况介绍清楚就可以了。因此，篇幅一般不是很长，叙述的语言以简洁明了为主。

（五）中期检查的汇报

如果是会议检查或现场检查，需要课题承担者向课题管理者和评审专家作中期检查汇报。这也是中期检查的一个环节，要做好中期检查汇报。

1. 精心准备汇报内容

汇报的内容以中期检查报告为多。为此，要熟悉中期检查汇报的内容。有时中期检查报告的写作者和汇报者不是同一人，这就更需要汇报者熟悉中期检查报告的内容。在正式汇报前，汇报者可自己先做一下演练。

2. 注意汇报语言的把握

良好的语言表达是汇报所需要的。中期检查汇报时，需用清晰、准确的语言，把课题的情况传递给听众；注意表达的抑扬顿挫，以吸引人。中期检查课题汇报者，不一定是课题负责人，可以选派表达能力较好的课题组成员来担当此任。良好的口语表达，可以使中期检查汇报更完美。

3. 使用必要的辅助手段

汇报时可以借助必要的辅助手段，比如PPT、照片、视频、实物等，边讲解边演示（或展示），以增加表达的力度。

良好的中期检查汇报基于良好的课题研究和对中期检查报告的精心准备。只要各方面用心，就能做好课题，通过检查。

课题中期检查的结果，一种是通过，一种是未通过。如果没有通过，可能会限期改进，过一段时间，再次接受检查。即使中期检查通过了，也并不是说这件事情就过去了。还要针对中期检查中暴露出来的问题，检查组、管理部门所指出的问题进行反思，并在此基础上对研究方案进行适当的调整、修改和完善。

第四节　课题结题与推广

一、结题的意义

结题是指教育研究即将结束时，对课题研究进行总结、研讨、理论阐释及提出新问题的过程，是课题研究必须完成的终结性工作。结题，一般由课题负责人向课题管理部门提出结题申请，课题管理部门组织专家进行课题成果鉴定，成果通过鉴定后，予以结题。结题的主要意义表现在以下四个方面。

（一）结题是研究成果的全面总结

结题是对整个课题研究和课题研究成果的全面、系统的总结。通过结题可以把课题研究的阶段性成果、最终成果，各种类型的成果，进行一次系统梳理、提炼和升华，从而使成果物化、系统化。

（二）结题是研究经验的系统提升

课题研究者一定会有一些经验、心得，甚至失败的教训。通过结题的准备，可以对这些经验教训也进行系统的总结，把有价值的研究经验进一步提炼、提升。对研究经验教训的总结、提升是课题研究者研究能力和水平迅速提高的重要过程，有助于科研素质的提升。课题研究中系统化的研究经验，可供其他人学习借鉴。

（三）结题是研究成果推广的前提

结题只是课题研究的总结阶段，课题研究之后，还有科研成果的推广应用。如果不推广，不应用，做研究何用呢？结题对研究的成果进行全面总结，对研究的经验进行系统的概括，在这个基础上，可以很好地把科研成果推广出去，使之应用于教育教学实践。如果缺乏对科研成果和科研经验的全面系统整理，那么只能形成支离破碎、只言片语的东西，这是不好推广和应用的。所以，结题是研究成果推广的前提。

（四）结题是后续课题申报的基础

课题顺利结题，说明课题责任人或课题组成功完成了课题研究的任务，具备课题研究的能力和水平，为今后继续申请同类型、同级别，甚至其他类型、其他级别的课题，打下了一个坚实的基础。有的课题发布者或管理部门规定，前面的课题没有结题，不能申请新的课题。可见，及时结题可以为继续申请课题打下良好的基础。良好的结题记录，不仅是课题承担者学术能力和水平的标志，也是其良好科研诚信的记录，有助于后续课题的申请。

二、结题的准备

为了保证顺利结题，要事先做出精心准备。结题准备需要做以下工作。

（一）分析结题条件

结题前必须对课题研究的情况进行梳理，详细周密地审查课题研究的材料和成果，客观分析是否具备结题的条件。对结题条件的分析主要从以下几个方面进行。

课题研究的目的是否达到？课题研究各阶段、各方面的工作、活动是否落实？课题研究的质量、水平如何？是否达到预期目标？是否能够满足课题管理部门的要求？课题研究的各项资料是否齐全？在全面分析上述条件的基础上，方可对课题的完成情况做出综合性判断。

（二）准备结题材料

结题材料要事先做出精心准备。结题材料的准备需要课题组全体成员都参与，而不是由一两个人去做。发动课题组成员一起做，不仅可以让大家有共享成果的感觉，而且可以集思广益，把材料收集得更全面，把材料整理得更好。

1. 结题材料的类型

结题材料，从课题研究过程角度看，主要包括课题研究的背景性材料、初始性材料、过程性材料、成果性材料、影响性材料等；从课题研究材料的性质看，可分为课题工作材料、原始材料、成果材料、影响性材料四类。

课题工作材料，主要有课题立项申报书、批复文件、课题合同书、课题研究方案、开题论证书、开题论证记录、研究过程的体会、课题活动大事记、工作小结或阶段总结等。

原始材料，即在研究过程中通过观察、调查、实验等方式采集的所有与本课题研究相关的有保存价值的材料，如调查问卷、访谈提纲、收集到的各种检测数据资料等。

成果材料，包括主件与附件，主要有结题报告、论文等文字资料，以及光盘、图表等非文字成果。成果主件只能是一件，其余材料可作为对成果主件进行补充说明的附件。

影响性材料，主要是社会对课题成果的反响情况、与课题效益有关的材料等。成果发表后引发的争鸣文章、转载转摘、引用等都属于这类材料。

在上述成果中要特别重视成果性材料的准备，因为成果性材料是结题的核心材料，课题鉴定在很大程度上是对课题研究成果的鉴定。

课题研究成果，从不同的角度看有不同的类型。

从成果存在的载体看，有文字成果、实物成果、实效成果。文字成果，即用文字撰写的材料，包括申报书、研究方案、结题报告、研究工作总结等；实物成果，即以实物形态呈现的研究成果，如工具、仪器、设备等；实效成果，是课题实施过程中和实施之后教育教学实践发生的实际改变，如学生学习成绩的提高、教师教学水平的提升、学校管理状况的改善等。

从成果完成的时段看，有阶段性成果和总结性成果。阶段性成果是在课题研究的过程中产出的具有局部性特征的研究成果，总结性成果是在课题研究完成后产出的具有整体性特征的研究成果。

从成果的重要性看，有主成果和副成果。主成果是课题研究最主要的成果，一般表现为结题报告、实际效果等；副成果是课题研究产生的次要成果，一般表现为阶段性成果、实际效果的附属效果等。

2. 课题材料的要求

课题研究材料的要求是真、精、齐、清、定、美。

3. 结题材料的整理

对课题研究材料要进行分类整理，并列出成果清单。准备成果性材料时，要兼顾不同类型的成果，从不同的类型、不同的方面展示课题研究的成果，体现出研究成果的多样性和丰富性。

（三）撰写工作总结

课题研究工作总结不同于结题报告。结题报告是课题的研究报告，是针对课题研究“内容”而言的，课题研究工作总结是针对整个课题研究“工作”或

“活动”而言的。课题研究工作总结是对课题从立项到成果形成的研究情况、工作、活动等的全面回顾、分析和概括。课题研究工作总结一般包括以下四个方面的内容。

一是研究过程，完成的内容，达到的目的和水平，科学意义和创新之处。

二是获学术奖励、专利及推广应用等情况。

三是分析超过或未达到预定目标、进度和研究内容的原因。

四是国内外同类研究工作取得的进展，以及对今后本领域研究工作的设计、建议。

写课题研究工作总结，不仅有助于全面回顾与梳理课题研究工作的情况，而且是促进课题研究者进行研究反思、提升研究能力与水平的方式，同时有助于课题鉴定者全面、深入地把握课题研究的整体情况。

（四）做好经费结算

有经费资助的课题，在结题之前必须进行经费结算。课题经费的来源一般有三种途径：主管部门拨款、课题研究单位资助、课题组自筹经费。因为经费的来源不同，所要负责的单位或部门不同，所以这三方面的经费要统一清理，分别结算。

课题经费结算时，要根据科研经费管理制度，检查经费支出是否符合管理制度的要求，是否在合理的范围之内，开支手续是否遵循常规，单据是否齐全，收支是否相符；是否还有余款或超支，准备怎么处理。

经费使用情况检查、结算后，应填写收支清单，附上单据，以备复查之用。

三、结题报告的写作

结题报告，也称研究报告，是一项课题研究结束，研究者客观地、概括地介绍研究过程，总结、解释研究成果，向有关部门（机构）申请结题验收的文章。它是课题研究所有材料中最主要的部分，也是科研课题结题验收最主要的依据。

教育课题研究成果有不同的表现形式，主要有实物和文字两大类。实物类包括实验模型、有关图片、多媒体课件等，文字类包括研究论文、教育案例、调查报告、实验报告及有关建议书等。就文字类研究成果而言，它们的表达形式、结构及撰写要求各不相同，掌握它们的结构及撰写要求有助于顺利地写出研究成果。

（一）结题报告的结构

结构是研究报告内部的组织构造，是研究内容和材料赖以附着和依托的骨架。撰写研究报告先要掌握它的基本结构。研究报告的一般结构由三部分构成：前置部分、主体部分和结束部分。

1. 前置部分

前置部分包括封面、封二（必要时）、标题页、序或前言（必要时）、摘要与关键词、目录页、图表清单（必要时）、注释表（必要时）。

封面是研究报告的外表面，提供相关的信息，并起到保护正文的作用。不是所有的研究报告都一定要有封面，页码比较多、材料比较厚的研究报告应该有封面来保护与衬托。有封面显得比较正式和规范。封面上可以包括以下内容：

（1）分类号。在左上角注明分类号，以便于信息交换和处理。分类号一般使用《中国图书资料分类法》的类号，如有必要可注明《国际十进分类法UDC》的类号。

（2）课题编号。一般在右上角标注课题编号，学术论文无必要。

（3）密级。报告、论文的内容，按国家规定的保密条例，在右上角注明密级。如系公开发行，或不涉密，可不注密级。

（4）标题。报告的标题，包括副标题，一般用大字号注明，放在封面的中间位置，以突出其地位。

（5）版本。如初稿、草案、第二稿、最终稿（定稿）等。结题时所使用的版本，一般为最终稿（定稿）。此项可根据需要填写，如无必要，可不写。

（6）责任者署名。责任者有个人责任者和单位责任者两类。个人责任者指直接参与课题研究的课题主持人、课题小组成员、研究报告的作者等，按其贡献大小排列名次。参加部分工作的合作者、按研究计划负责具体小项的工作者、某一项测验的承担者，以及其他辅助人员等，均不在此列出，一般在各自负责的部分署名或一并列入致谢部分，或用注脚说明。如有必要，可在封面署名中注明个人责任者的职务、职称、学位、所在单位名称及地址。单位责任者系单位、团体或小组等，单位责任者应写明全称和地址。

（7）工作完成日期。指研究报告的实际完成日期或提交日期，一般两者选择一个，写到年月，有特殊要求的可具体到日。

（8）出版页。如果研究报告系出版物，则注明出版地及出版者名称，出版日期。

研究报告的封二可标注发送方式，包括免费赠送或购价，以及发送单位和个人；版权规定，其他应注意的事项。一般的研究报告没有封二，只在必要时使用。

标题页是对研究报告进行著录的依据。研究报告如分两册以上，每一分册均应各有其标题页，在上面注明分册名称和序号。标题页除与封面应有的内容取得一致外，还包括在封面上未列出的责任者职务、职称、学位、单位名称和地址，参加部分工作的合作者姓名等信息。

序或前言部分，一般是作者或他人对本篇研究报告的基本简介，如说明研究工作的缘起、背景、主旨、目的、意义、编写体例，以及资助、支持、协作经过等。并不是所有的研究报告都需要序或前言。

摘要，是以提供研究报告的内容梗概为目的，不加评论和补充解释，简单确切地陈述研究报告主要内容的短文。摘要是对研究报告主要观点的高度概括，具有独立性和自含性。摘要的内容应该包含与研究报告同等量的主要信息，即不阅读全文也能够获得主要信息。摘要一般应说明研究工作目的、实验方法、研究过程、研究结果和最终结论等，重点是研究结果和结论。正规的研究报告一般都有摘要，字数一般以200—300字为宜。

关键词，也称主题词，是反映全文主题和最主要内容的有实质性意义的名词性术语。关键词是有实质意义的名词，特别要注意的是不能用动词，应尽量从《汉语主题词表》中选用，不能使用不规范的词语甚至杜撰的词语。关键词的数量一般在3—8个。

目录页，长的研究报告需要有目录页，短小的则可以没有。目录页由结题报告的篇、章、节、目、附录、题录等序号、名称和页码组成。目录页，另页排在序或前言之后，有的排在摘要与关键词后面。结题报告分册编制时，每一分册应有全部的目录页。

图表清单。结题报告中的图和表较多时，可分别列出清单置于目录页之后。图的清单应包括以下内容：图的序号、题目和所在页码。表的清单应包括以下内容：表的序号、题目和所在页码。

注释表，指符号、标志、缩略词、首字母缩写、计量单位、名词、术语等的注释说明汇集表。注释表应置于图表清单之后。

2. 主体部分

结题报告的主体部分，一般包括引言、正文、结论、参考文献。

（1）引言

引言，是结题报告的序言和开场白。引言部分一般介绍课题提出的背景、课题研究的意义等，以引出正文。引言力求简明扼要，直截了当，不拖泥带水。

（2）正文

正文是结题报告的核心部分，占的篇幅最大，各类结题报告的主要内容都体现在这里。不同类型的结题报告的本论内容各不相同。

（3）结论

结论是课题研究最终的观点，可概括为这几点：研究了什么，有什么结果。这结果说明了或解决了什么问题。还可在结论部分指出根据这个研究，下一步应深入研究的问题。结论部分要尽量简洁。

（4）参考文献

参考文献，是作者在研究和写作过程中所参考或引证的主要文献资料。参考文献一般置于篇后。列出参考文献基于以下几个原因：表明作者对他人成果的尊重；表明作者的科学态度和求实精神；研究资料有数量、价值等之区分，在一定程度上反映了作者的研究视野水平；为读者了解该课题、该领域的研究提供进一步探讨的资料；便于读者验证，参考文献为读者验证作者的相关研究内容提供了支持；在一定程度上增加了文章的可信度，因为它是基于这些资料，是有依据的，不是空中楼阁。

所列举的参考文献应是正式公开出版或发表的，包括书籍，杂志、报纸上的文章等，尚未公开发表的资料，读者不便考证，最好不要使用，也不要列出。

参考文献一般注明作者、论文或著作名称、出版单位或发表期刊、出版/发表时间或发表期数等。一般不注明具体页码，具体页码在注释中注出。

结题报告中参考文献的排序与课题申报时参考文献排序不同。课题申报时参考文献的排序最好以与课题的相关度来排，结题报告中的参考文献则一般按参考或引证文献资料的先后顺序来排列，不宜以文献的重要程度或作者的名气大小的顺序排列。这样排列是为了与结题报告的行文顺序相一致，便于读者查阅或验证。

3. 结束部分

结束部分，包括附录、致谢和后记。

（1）附录

附录，即附于主体部分之后与主体部分相关的资料。

附录的作用有二：一是使正文简洁，二是为读者提供一些可供分析的背景材料和原始材料。附录既有利于读者对报告有深入具体的了解，也为读者在原始材料的基础上分析研究过程、方法、结论的科学性和合理性提供了依据。附录的编制要避免杂乱和过分简单。若设置附录，就要发挥出附录的功能。

附录部分可附的内容包括：有关文章、文件、图表、索引、资料、调查问卷、访谈提纲、测验题目等。

其中，索引是将文献中具有检索意义的事项（可以是人名、地名、词语、概念或其他事项）按照一定方式有序编排起来，以供检索的工具，可根据需要设置。

附录部分可有可无。但对于正文中有调查问卷、访谈提纲、测验题目的结题报告而言，一般需要附上这些内容。

如果有多个附录，一般会给附录加上序号，附录的序号有的以阿拉伯数字呈现，如附录1、附录2、附录3等；有的以英文字母呈现，如附录A、附录B、附录C；有的以罗马数字呈现，如附录I、附录Ⅱ、附录Ⅲ等。罗马数字的前十位分别是Ⅰ、Ⅱ、Ⅲ、Ⅳ、Ⅴ、Ⅵ、Ⅶ、Ⅷ、Ⅸ、Ⅹ。

附录部分的内容一般有标题。标题可以直接放在“附录”两字后，附录与标题之间以冒号间隔。“附录”两字也可单独成行，标题另行居中呈现。

附录的内容有时会用不同于主体部分的字体、字号，以示区别。

（2）致谢

结题报告可以向对研究过程给予过帮助者致谢。致谢既是对研究支持者帮助者的一种回应或回馈，也是研究者应该做的事情，是研究者个人学术道德的体现。

应该给予感谢的帮助者包括政府单位、事业单位、科研机构、社会组织、社会团队、企业或个人等。具体地说，包括科研基金的资助单位或个人、合作单位或个人，协助完成研究工作或提供研究便利的组织或个人，在研究工作中提出建议和提供帮助的个人，给予转载和引用权的资料、图片、文献、研究思想和设想的所有者，其他应感谢的组织和个人。

与课题研究无关的人员，不在致谢的范围之内，不列入致谢。如果需要致谢的单位和个人比较多时，往往会专设致谢一项。有时致谢放在后记里一并表示。

（3）后记

后记是写在书籍或文章之后的文字。结题报告可以有后记。结题报告的后记，多用于阐发主体部分未涉及的研究认识，补充主体中没有的想法、背景材料等，写明课题研究的分工情况，对相关单位和个人表示感谢，抒发研究过程中的感想等。后记，不是结题报告的必备项目，可根据需要决定有无。

（二）结题报告的撰写

课题研究的材料是结题报告写作的基础。“巧妇难为无米之炊”，没有广泛、科学、翔实的材料，就写不出好的结题报告。结题报告是建立在课题研究的基础之上的，课题研究的过程主要是材料收集、分析的过程。已经收集了大量的研究资料。在撰写结题报告前，需要对平时积累的研究资料进行进一步的梳理，使之向着结题报告所需要的方向集中。要写好结题报告，需要多方面的资料，比如已有研究资料、政策文献、实验过程中所得到的新资料（数据、一手资料）等。结题报告不是资料的罗列和堆积，因此需要对资料进行分析、整合、提炼和概括，通过现象揭示问题的本质。只有全面占有资料、把握资料、吃透资料，科学合理地进行分析、推理、判断，才能得出科学合理的结论。

在准备材料的基础上，可进行结题报告初稿的写作。结题报告有一般研究报告、调查报告、实验报告、经验总结报告等类型。类型不同，正文内容也不同。下面简要介绍一般研究结题报告、调查报告和实验报告的写作。

1. 一般研究报告

一般研究报告的基本结构包括以下十个部分。

（1）课题研究背景

课题研究背景，也称为问题的提出，主要从背景、现状、基础等方面去回答“为什么要选择这项课题进行研究”。该部分要求用两三段简洁的文字讲清选择这项课题的原因、理由，其中需考虑到教育形势的发展和观念、方法、理念、手段的更新。

（2）课题研究的意义

课题研究的意义，包括理论意义和现实意义，可从课题研究的重要性和必要性，以及可能性等方面去思考。该部分可并入课题研究背景部分，但需独立出现。

（3）课题研究的界定

对课题名称中一些重要词语的内涵、课题研究涉及的范围等做简单阐述。所应用到的教育理论和思想，只能选最精辟、最适用的摘录，切忌全文照搬。依据理论的支撑，说明自己的主要研究思想。

（4）课题研究的目标

课题研究的目标体现本课题研究的方向。目标的确定不能空泛，要扣紧课题，还要注意其结构的内在联系，所确定的目标，最终要落实到成果中去。

（5）课题研究的内容

课题研究的内容主要陈述课题研究的范畴、立足点，表述须紧扣研究目标，简洁、准确、中肯。也可将子课题表述成研究的内容。主要内容与课题研究成果同样有着密切的内在联系，课题研究的主要内容必须在研究成果中予以体现。

（6）课题研究的方法

课题的研究，往往采用多种研究方法。这部分一般将采用的科研方法与所研究内容之间的关系稍加说明即可。

（7）课题研究的步骤

课题研究步骤的陈述比较简单，一般将课题研究分成准备阶段、实施阶段、总结阶段三个阶段。在每个阶段中简要陈述做了几项工作，简明扼要，不必详细陈述。这部分可并入“课题研究的过程”一起写。

（8）课题研究的过程

课题研究的过程可以花较多的笔墨来陈述。通过回顾、归纳、提炼，具体陈述课题研究的主要过程，以及是采取哪些措施、策略来开展研究的。

写作课题研究的过程时不要用总结式的语调，对每个阶段所做的主要工作要给予比较详细的介绍和说明，主要内容包括以下几点：研究的时间、地点、对象和参与研究的人员；对问题、设计和行动步骤、过程措施的回顾；对观察到、感受到的有关现象的描述、整理；对行动过程和结果做出判断、对有关现象和原因做出分析，根据新的发现、新的认识和新的思考探讨规律性的东西并进行论证。

写作时应强调态度客观，以事实为依据，对事实的描述要明确，遣词用句以中性为原则。尽量避免使用第一人称。

这部分也可以与“课题研究的步骤”合在一起陈述，在每一个阶段中具体陈述所做的工作、所采取的研究策略或措施等。

（9）课题研究的结果

这个部分包括课题研究的结论和成果，是结题报告中最重要的部分，篇幅可适当长些。能否全面、准确地反映课题研究的基本情况，使课题研究成果得以推广和借鉴，关键看这部分。

研究结论是针对课题研究的问题做出的回答，是整个研究的结晶。其内容包括：对研究总体性的判断，对研究假设的总结性见解；提出切实可行的解决问题的策略和措施；指出尚未解决的问题；提出进一步研究的途径和方法。结论的陈述应精练，鲜明，留有余地。

研究成果要从实践成果和理论成果两方面去陈述，不能笼统地谈。这样的研究成果才有借鉴和参考的价值。同时也应注意研究成果必须体现所确定的研究目标。

研究成果中的理论成果可以是研究所得到的新观点、新认识，包括课题研究的结题报告、教师论文发表或获奖情况、论文集等。实践成果包括优秀教案或活动设计汇编、个案汇编、实验课、示范课、观摩课（课件）的获奖情况、学生作品集、情况汇总等等。

有的结题报告在陈述研究成果时只谈通过研究，开设了几节公开课、观摩课，发表了多少篇论文，获得何种奖励，有多少学生参加什么竞赛获得了哪些奖项；或者是通过课题研究，学生的学习成绩和学习能力获得了哪些提高，教师的科研水平得到了哪些提升等。这些仅属于实践成果。一篇结题报告，单单这样陈述，是远远不够的。因为别人无法从这些研究成果中学习到什么，这样的研究成果推广价值不大。具有借鉴价值和推广价值的，往往体现在理论成果部分。

有人认为，自己的课题研究没有理论成果。其实不然。理论成果，就是通过研究得到的新观点、新认识，或者新的策略、新的教学模式等。这些新观点、新认识、新策略、新模式，又往往与我们在“研究目标”或“研究内容”中所确定的要达到的成果密切联系。这些就是研究的理论成果。

研究成果的陈述不能过于简略。有些课题在研究过程中，催生出多篇学术论文。这些学术论文，就是课题研究的部分成果。在结题报告“研究成果”部分，要将这些论文的主要观点提炼、归纳进去。有的结题报告是这样陈述所取得的成果的：研究成果详见某某论文。只是这样陈述是不行的。如果一个课题分为几个子课题来研究，在结题报告的成果表述中，也要将这几个子课题研究的成果进行提炼、归纳。应注意不要只是简单地罗列这个子课题的主要成果是什么，那个子课题的主要成果是什么，而应融汇所有子课题的主要研究成果，归纳出几点。同时也应注意这些子课题的研究成果必须体现所确定的研究目标。

有关课题的研究经验或研究体会不要在“研究成果”部分陈述。一般说来，一个研究课题在通过结题验收以后，课题组还需要进行总结。一般会总结课题研究的经验，谈及研究的体会。在结题报告中，不陈述这方面的内容。

（10）研究反思及今后设想

研究反思主要讨论该研究的局限性、尚待解决的问题，陈述要求比较简单。但所找的问题要准确、中肯。今后设想主要陈述准备如何开展后续研究、课题的应用价值和推广可能性，或者如何开展推广性研究等。

上述十个方面，可根据具体课题的情况有所调整，有些部分可以合并，也可以根据需要增加相关的内容，比如研究现状或文献综述等。

2. 教育调查报告

教育调查报告是对某种教育现象进行调查，经过整理分析后的文字材料。

（1）教育调查报告的类型

按照调查内容的不同，可把教育调查报告分为现状调查报告、事件调查报告、问题调查报告、经验调查报告和个案调查报告等五种类型。

现状调查报告。现状调查报告是对教育教学的现状进行调查后所形成的报告。它围绕调查对象的基本情况展开调查，涉及现状的好坏两方面的内容。在现状调查的基础上，一般要深入探讨现状的发展趋势，并提出相关建议。这种调查报告可为教育决策者和教育实践者提供切实的指导。

事件调查报告。事件调查报告是对某一具体事件进行调查后所形成的报告。事件调查可以是对当下发生的某个具体事件的调查，也可以是对某一方面甚至某一历史时期的工作的调查。事件调查以具体的教育事件为核心展开工作，具有很强的针对性。揭示事件的来龙去脉和事实真相，是事件调查报告的主要内容。

问题调查报告。问题调查报告是以揭露教育教学领域存在的问题为主的调查报告。这类调查集中在揭示问题存在的领域、问题的不同表现形式，分析问题产生的原因，在此基础上提出问题改进的对策和建议。问题调查具有很强的探究性，通过问题的表象，揭示问题产生的根源，寻求问题解决之道。因此，揭示问题、分析原因、寻求对策成为问题调查报告的主要内容。

经验调查报告。经验调查报告是对某一项研究成果、某一项改革措施、某一项工作进行情况等进行调查后形成的报告。经验调查以挖掘先进、优秀的经验为主，目的是通过对经验的挖掘推动教育教学工作的开展。这类调查报告具有较强的指导性，可供领导决策和教育实践者学习使用。

个案调查报告。个案调查报告是对具体的人（教师或学生）的情况展开调查后形成的报告。个案调查是以解决个体存在的问题或发掘个体所具有的经验为目的的。它可以通过“点”的深挖细剖，通过对个别现象的揭示来启迪一般事物的发展。

（2）教育调查报告的结构

调查报告的结构包括标题、前言、主体、附录四个部分。其中，主体部分又分为调查目的、调查对象、调查方法、调查内容、调查过程、调查结果、调查结论、讨论和建议、参考文献等内容。

调查报告的标题通常有以下写法。

用调查对象和主要问题做标题。例如，“上海市初中生家庭作业负担调查”。

用一定的判断或评价做标题。例如，“家庭作业负担过重的恶果”。

用提问的方式做标题。例如，“减负为何久减不轻”。

调查报告的前言一般有以下写法。

目的直述法，即在前言中着重说明调查的主要目的和宗旨。

情况交代法，即在前言中着重说明调查工作的具体情况。

结论先行法，即在前言中开门见山地把调查结论写出来。

提问设疑法，即在一开头就提出问题，给人留下悬念。

调查报告的主体通常包括调查目的等十个方面的内容。

调查目的。说明为什么要展开这次调查，想获得什么样的结果。

调查对象。写明调查对象的情况，包括调查对象的总体范围、抽样方式，样本容量以及样本的分布特征。

调查方法。研究主要使用的方法，即具体的调查方式，资料收集与处理中采取的方法和实施的技术手段，研究中采用的工具和设备等。

调查内容。说明调查的主要问题或方向。

调查过程。研究的具体步骤和过程，说明起止的时间，具体的工作方式方法和内容等。

调查结果。呈现调查的结果，并对结果进行分析。这是调查报告的主体部分和实质部分。在这一部分要按照定量与定性相结合的方法，把调查研究所得到的资料、数据进行整理，分门别类地呈现出来。

调查结论。以研究结果的分析为前提，用简练的语言概括出研究的结论。

讨论和建议。研究者根据研究的客观事实和研究结论，结合自己对教育理论的认识和了解，通过分析和思考，对当前教育理论或实践的发展提出自己的认识、建议和设想。

参考文献。列出调查中所参考或使用的文献。

调查报告的附录。调查报告的附录主要附上调查问题、访谈提纲、其他过程性材料等。以上内容，可根据研究者的需要在写作时有所取舍。

（3）调查报告撰写注意事项

调查报告的撰写要注意以下四个事项。

秉持求是的态度。撰写调查报告要忠于事实，秉持实事求是的态度，“用事实说话”“用事实揭示真相”，不说无根据的话，不做歪曲事实的分析。

翔实地占有材料。调查报告是以调查的数据、材料为依据的，因此要翔实地占有材料。真实，是对调查报告材料的第一要求。调查报告所使用的材料必须全部是真实的、客观存在的，而不能是虚构的、歪曲的。

恰当地使用材料。调查中会获得多种多样的材料，在写作时不能堆砌罗列材料，要对材料进行恰当的处理，分门别类地使用。材料的使用要做到“点面结合”，既有典型事例，又有反映总体情况的综合资料；文字、数字、图表三种形式结合使用；统计资料与座谈、访问、观察资料适当配合。

注意表达的方式。调查报告可以采用夹叙夹议的方式，但主要是用事实说话，从事实中概括理论，用活生生的材料阐明观点。在段落的开头、中间衔接、结尾处，尽量运用概括性语言，以达到画龙点睛、突出思想、凝练文字的效果。

3. 教育实验报告

教育实验报告，是教育实验之后，对教育实验全过程及其结果进行客观、概括反映的书面材料。

（1）教育实验报告的类型

根据实验控制情况，可把教育实验报告划分为两大类：控制情境实验报告和自然情境实验报告。

控制情境实验报告，是对控制情境实验过程及其结果的客观呈现。因其严格的实验控制，所获取的数据要求严格，所以定量分析比较多。它对实验过程中所获取的全部资料进行分析研究，通过各种数据和感性材料的比较对照，找出研究变量之间的内在联系，发现教育现象发展变化的因果关系，验证教育实验的假设。

自然情境实验报告，是对自然情境下所进行的教育实验的过程与结果的客观呈现。这种报告虽然也有定量分析，但更侧重定性描述，行文比较灵活。

（2）教育实验报告的结构

在教育实验报告中要写明：实验目的是什么？实验材料是什么？实验过程如何、由实验得到哪些数据？如何处理这些数据？由数据的分析得出什么结论？

教育实验报告的主体由实验设想的形成、实验设计、实验过程、实验结果、讨论与建议、参考文献与附录等七部分组成。

实验设想的形成，主要包括实验课题的形成过程（实验背景），他人在这方面研究的情况（研究现状或文献综述），本课题研究的实验目的和意义（研究目的和意义）。

实验设计，主要包括实验的范围（写明在哪个学科、哪些学校、哪些年级、班级中开展这项实验）、实验的研究假设、实验的理论依据、实验的方法（具体写出抽样方法、样本容量、分析方式、实验组和控制组、自变量的操作、无关变量的控制等）和实验的步骤。

实验过程，主要包括实验过程（即简要介绍实验的起止时间，实验的范围及步骤）。这部分可附在其他部分之后，不单独成目，实验中着重研究的问题、关键性问题要逐项阐述，解决问题的过程（这是实验报告的主体部分，要详写、写细、写深、写透。记述问题解决的方式有三种：第一种是以实验中提出的问题为线索，逐项说明每个问题的解决措施；第二种是以时间为线索，分别说明在不同时段里着重解决的问题；第三种是把上述两种结合起来，既说明每个问题的解决措施，又说明在不同时段里着重研究的问题）和介绍实验资料的搜集情况（主要是两个方面的资料：一是研究对象对施加因子的反应情况，二是介绍运用谈话、访谈、问卷等方式获取的资料情况）。

实验结果是实验后在实验对象身上产生的实际效果。介绍实验结果要紧扣实验目的和实验假设。写作实验结果要对搜集到的实验数据进行归类和分析整理，运用列表、图示等方法揭示实验对象发生的变化和有关数量关系。有的实验需要进行几轮，以验证、丰富或修正实验结果。许多实验都需要进行统计检验。实验结果不应是偶然现象的组合，而应揭示事物发展的必然性。对实验结果进行分析，主要包括以下四点。

统计分析。一是分析实验数据的分布特征，如集中趋势、离中趋势、相关程度等，计算出一些具有概括性的统计数字，如两极差、中位数、平均分、标准差、相关系数等。二是要由样本数据推测总体的性质。

分析实验结果产生的原因及其说明的问题。原因分析要揭示结果背后的动因，要上升到理论高度来分析。实验结果说明的问题主要是指该项实验的意义和价值。

与他人相关实验结果的对比。通过对比指出与他人实验的不同之处，指出自己的新发现、新成绩。

分析说明实验应用性，主要是说明实验应用的范围、条件、环境、在什么程度上有效，并说明实验中还有什么没有解决的问题。

对实验结果进行分析后，还要对分析的情况进行归纳概括，最后推导出实验结论。实验结论以实验结果的分析为前提，用简练的语句概括，以说明实验研究假设是否成立。实验结论应仅限于实验结果证据充分的部分。对证据不足、没有充分把握的，不能轻率下结论。结论是对实验课题所提出的问题给予肯定或否定的回答。可以把结论单独作为一部分来写。

讨论与建议。这部分的内容包括以下四个方面：对实验结果做理论上的解释，对实验中研究方法的科学性和局限性加以讨论，对“证伪”的结果从理论和实际两方面进行分析，提出一些建议以供进一步的研究与思考或问题解决。

参考文献与附录。在正文结束后，注明研究中所参考的文献。正文中所涉及的需要交代，但又不便放入正文的内容，可用附录的形式列在正文后。附录主要包括实验中所使用的问卷、量表、过程性材料等。

上述内容根据实验目的和实际情况的不同，可有所取舍。

（3）实验报告撰写注意以下四个事项

持有科学态度。撰写实验报告必须持有实事求是的科学态度。实验报告所采用的数据必须是经过严格核实的、可靠的，不能使用未经审核的数据，更不能生造数据；对材料的分析也要实事求是，不能故意夸大或拔高，也不能主观臆测。

边实验边写作。在实验过程中，就要设计、思考实验报告的写作，把实验过程中的相关内容及时记下来、写出来。最后把这些材料或要素融入整体的实验报告中来。

精心绘制图表。图和表是实验报告表达的有效手段，比单纯的文字叙述更简洁、直观，还可节省篇幅。有些难用文字表达清楚的内容，也需要以图表来辅助文字说明。所以，要精心绘制图表以达到良好的表达效果。

定量定性结合。定量分析和定性分析是实验报告中不可缺少的。撰写实验报告时，应该重视定量分析，同时也要重视定性分析和典型描述。教育实验的有些结果很难用数据加以描述，必须运用定性分析和定性评价。教育实验报告的撰写，要尽量做到数据与事例相结合、定量与定性相结合。

四、及时申请结题

在做好各方面的准备后，就可以向课题管理部门提出结题申请。申请结题需要做以下五个方面的工作。

（一）了解结题要求

结题前首先要了解结题的要求。结题的要求并不是在结题之前才提出来的，在课题发布时，结题要求往往就已经存在，在整个做课题的过程中，应该心中装着结题要求，并向着这些要求努力。结题前要做的，不过是把这些要求拿出来，再一一对照，关注具体要求、具体细节，按照要求和规范准备结题。

不同地区、不同课题管理部门对结题的申请方式、申请时间等的要求不同，要严格按照相关要求来准备结题并提出结题申请。

（二）下载结题材料

结题前往往需要填写一些结题表格，这些表格现在多放在网络上。申请结题前需要到相关网站下载结题所需要的各种表格等材料。

（三）填写鉴定申请

课题鉴定申请书和鉴定书要规范填写，填写时注意以下八个方面的内容。

1. 课题名称要精确

课题名称要精确填写，与课题立项时的名称保持一致。

2. 完成单位要盖章

要在课题鉴定书上盖上完成单位的公章。公章一般不用部门章，而是单位的公章。

3. 立项时间要准确

立项时间要准确，要与批准时间相一致。为了保证准确，要查看立项通知，按照立项通知上批准的时间填写，不能以接到通知或自己的记忆填写。

4. 成果形式相对应

课题研究成果的形式与申报的实际成果，无论在名称上、类型上，还是数量上都要相对应，避免出现不一致。

5. 鉴定项目不用管

鉴定书上有关鉴定的项目，如鉴定形式、鉴定日期、鉴定单位、鉴定专家等，申请鉴定者不用管，因为这是课题管理部门的事情。这些内容可以空着。如果有“申请鉴定方式”栏，可填写自己想要的鉴定方式，比如通讯鉴定、会议鉴定、现场鉴定、成果认定之类。

6. 主持者前后要一致

课题的主持者与课题申请立项时的一致。如果中间主持者有所更换，且报课题主管部门批准的，可以填写更换过的主持者。

7. 成员次序不更换

课题组成员的排名次序应与立项申报时保持一致，不应有所更换。如果课题研究过程中，课题组成员有所变动，向课题管理部门申报更换过的，可以按更换过的次序填写。

8. 按照要求打印

按照课题管理部门的要求，打印课题鉴定书，包括用纸的型号、大小，打印的份数等。

（四）递交结题材料

准备好结题所需的各种材料后，要按照指定的时间、方式、数量，准时、准确、足量地向课题管理部门递交结题申请的相关材料，包括结题申请书（鉴定书），研究成果的主件、附件及研究工作总结等。

（五）课题成果鉴定

课题成果鉴定主要包括成果鉴定的方式、成果鉴定的依据和课题鉴定结果三个方面的内容。

1. 成果鉴定的方式

由于各级、各种教育科研课题的管理办法不同，课题成果的鉴定方式，或结题方式，也存在差异，但其本质上是同行专家评议。课题成果鉴定的方式主要有以下四种。

一是通讯鉴定。通讯鉴定就是课题负责人通过通讯的方式，把课题研究成果寄送给相关人员，请专家鉴定后得出鉴定结果。通讯鉴定一般是将结题材料送给同行专家，由各专家写出鉴定意见，再交鉴定专家组组长综合，形成课题成果书面鉴定意见。通讯鉴定被认为是一种省时省力省经费的鉴定方式。这种鉴定方式的好处是各评审专家有足够的时间阅读成果材料，充分准备鉴定意见，同时较好地避免人际关系的影响。其不足是课题负责人没有机会与专家面对面交流，专家之间也没有交流沟通的机会，他们对研究的了解不一定全面，所做的鉴定可能会存在偏差。

二是会议鉴定。会议鉴定就是以会议的方式对课题研究成果进行鉴定。在鉴定会议前半个月或至少一周，负责组织鉴定的部门要把鉴定材料分别呈送给参加鉴定的成员，并敦促他们提前审读材料，做好会议鉴定的准备。会议鉴定一般有如下九个程序。

（1）有关领导（鉴定委员会主任或鉴定组长）讲话，指明鉴定的意义，提出鉴定的要求。

（2）课题负责人汇报研究工作过程和研究成果。

（3）鉴定专家就汇报情况、结合前期资料提出质疑。

（4）课题组解答鉴定组成员的质疑。

（5）鉴定组成员现场考察或调查，查阅、检验相关资料。（有无此环节根据需要而定）

（6）鉴定组成员参照鉴定标准和评估指标体系评分，或准备鉴定意见。

（7）全体鉴定组成员即席讨论评价，付诸表决，通过鉴定意见。

（8）课题负责人认可鉴定意见并表示态度。

（9）填写鉴定表格，全体鉴定专家签字，鉴定委员会主任或鉴定组长签字，鉴定结果生效。

会议鉴定可以使课题组成员与评审专家面对面地交流，有助于专家深入了解课题研究情况，从而做出准确判断，也有助于课题组成员从专家那里获得更多的指导和教益。

三是现场鉴定。现场鉴定就是请评审专家到课题研究的现场检验课题研究的成果。现场鉴定适合于鉴定课题研究的实效性成果。这种方式需要课题负责人做许多会议组织工作，成本高，投入大。但通过现场鉴定，课题组成员可以与专家面对面地交流，得到专家深入的指导与评价，有助于课题组进一步提升研究成果的理论与实践价值。现场鉴定不能单独使用，要与通讯鉴定或会议鉴定结合进行。

四是成果认定。成果认定主要通过经审定或认可的社会专业评价机构的评价、在专业期刊上发表论文或公开出版著作、获得政府奖励等来表示研究成果已经获得社会认可，可以不再接受其他方式的鉴定，从而给予结题。成果认定，也称免于鉴定，只要成果通过了认定，就可以不再参与通讯鉴定、会议鉴定和现场鉴定。成果认定其实质也是一种同行专家的评议，只不过不是由课题管理部门直接组织专家进行鉴定而已。

2. 成果鉴定的依据

同行专家鉴定课题主要依据成果的科学性、创新性、理论性、效益性和规范性五个要点。

成果的科学性，主要看课题成果是否符合教育科学理论，是否遵循教育规律；是否符合逻辑，道理清楚，令人信服；论点、论据、论证正确与否。

成果的创新性，主要看成果是不是“独、特、新”。独，指他人没有独我有，即常说的“填补了空白”。特，指大家都有，但我有自己的特色。新，即在他人的基础上有所创新，得到新论题、新观点、新见解、新看法、新技术和新结论等。

成果的理论性，主要衡量课题研究总结出的观点、理念、理论达到了什么水平，是否发展了当代教育科学的最新成果，是否探求了教育现象的发生、发展、变化的规律，能否用来指导新的教育实践。

成果的效益性，主要看课题研究的结果有什么社会效益和经济效益，研究成果有什么指导价值和推广意义，研究的成果是否管用。

成果的规范性，主要看研究成果具体操作是否规范，文字表述是否准确等。

课题鉴定要本着科学态度，坚持实事求是、公平合理的原则进行。这样才能形成客观、公正、全面、中肯的鉴定意见。如果在鉴定过程中，弄虚作假，有偿交换，照顾人情，就无法形成正确的鉴定意见，使鉴定走上歧途，严重影响鉴定的结果。

3. 课题鉴定结果

课题鉴定的结果一般有三种：通过鉴定、限期再鉴、不通过鉴定。

通过鉴定，就是经过课题管理部门组织的鉴定专家的鉴定，课题成果达到预期目标和课题管理要求，课题研究获得了认同或基本认同，同意课题结题。通过鉴定会对课题成果的质量有个等级评价，比如优秀、良好、合格之类。鉴定、结题工作结束后，课题负责人应将进一步修改后的完整成果主件和成果公报（一般含两套，一套为文字版，一套为电子版）报送和邮寄到课题主管部门，以便存档和宣传推广。课题鉴定结题后，课题管理部门会向课题组颁发“结题证书”。拿到“结题证书”，课题立项正式结束。

限期再鉴，就是课题研究成果还存在一些问题，没有完全通过鉴定专家的认可，课题研究者需要在限定的时间内继续研究或修改研究成果，然后再次进行鉴定。

不通过鉴定，就是课题研究成果没有获得鉴定专家的认可，不给予结题，严重者可能会撤销课题，追回研究经费。不通过鉴定是一种比较严重的情况，会影响今后的课题申报，也会影响研究者的学术影响力，应力求避免这种情况的出现。

五、课题成果推广

（一）课题成果推广的意义

结题是课题研究的结束，但就课题的影响和效果来说才刚刚开始。还需要进一步做好课题成果的推广工作，以便让更多人应用课题研究成果。推广，是推而广之，扩大事物使用的范围或起作用的范围。课题成果的推广，就是有计划、有步骤地将课题成果广泛传播，在一定范围内应用，使之转化为教育效益的过程。课题成果推广具有以下五个方面的意义。

1. 检验成果的实效性

课题成果出来之后，即使经过了专家的鉴定，甚至有些在课题成果鉴定前就已经通过了一定的实践验证，但它是否可以在更长的时段、更广的范围内接受验证呢？这就需要把课题成果推广出去接受检验。此外，在课题推广的过程中，还可以进一步丰富和发展成果内容。

2. 拓展成果的受益面

课题研究的成果，不能仅仅是课题研究者受益，还应该让更多的人受益。改变自身在教育教学中的困境，是教师做课题的出发点，但其落脚点却应该是自己的研究，让更多遭遇类似问题困扰的人走出来，让更多人受益，只有通过课题成果的推广，才能使课题走出去，让更多人知道、学习、运用，才能拓展成果的受益面。

3. 提高教育教学质量

教育科研课题主要来源于教育教学的实践，最终应该回归教育教学的实践。从实践中来，到实践中去，是大部分教育科研课题的原则与路径。课题成果只有落实到教育教学的实践中去，才能够发挥出它应有的作用，达到教育科学研究的应有目的。具有科学性、先进性、创新性的课题成果推广、应用后，可以帮助解决教育教学中存在的问题，提高教育教学的质量。

4. 促进教师专业成长

课题成果的推广可以扩大研究者或研究团队的学术影响力。这样做并不仅仅是庸俗地为了名利，更重要的是个人影响力大了，可以此为平台汇集更多资源，做更多、更大的事情，从而更好地进行科研，更多地为社会做出贡献。从这个角度讲，推广是为了更进一步的个人发展和学术发展，作为课题成果受益者的教师，在对课题成果的学习、消化、吸收、运用的过程中，接受新的教育教学理念，学习新的教育教学手段、方法，完善教育教学行为，其专业水平和专业能力也会逐渐得到提高。

5. 提高学校的影响力

虽然课题研究是由学校的教师具体来做的，但其影响却不止于研究者，还会给所在学校带来社会影响。对于那些不出名的学校而言，一项有影响的课题成果的推广，可以提高学校的知名度，扩大学校的整体影响力。对于那些名校而言，可以进一步增加学校的美誉度，为学校的声誉增光添彩。对接受成果的学校来讲，将新的课题成果应用于教育教学，或者根据成果的科学性和创新性进行后续研究、应用，对提升学校的教育教学质量，提高学校的办学品位和效益以及影响力等都是十分必要的。

（二）课题成果推广的方式

成果推广有不同的类型，从推广范围的角度分为内部推广和外部推广。内部推广，也可称为校内推广，是在课题实施的所在学校进行推广。有的课题是几所学校的教师一起做的，可在这几所学校之间推广。外部推广，也可称为社会推广，是指把课题推广到课题实施所在学校外的更广的范围里去。可从校内推广开始，逐步推广到社会上去。当然也可以直接推广到社会上去，或两者同步进行。不论是内部推广，还是外部推广，都需要一定的推广方式。下面的方式，可供课题成果推广时参考。

1. 通过发表推广

课题成果较简便，也较容易产生影响的推广方式是以论文、结题报道等形式公开发表。公开发表的方式有期刊发表、会议发表、书籍发表、网络发表等。

一是期刊发表。就是把科研成果投给合适的期刊。一般应在具有正式刊号、公开出版发行的期刊上发表。期刊有不同的级别，如市级期刊、省级期刊、国家级期刊，又如一般期刊、核心期刊等。在等级越高的期刊上发表，越容易产生较大影响。期刊发表，需要选择合适的刊物，同时需要对成果进行必要的、适当的加工。结题报告之类的比较难发表，而论文类比较容易发表，因此可以把科研成果加工成论文发表。为了达到期刊发表的要求，还要对课题成果进行必要的浓缩和提炼加工，同时根据期刊的投稿要求，进行形式上的加工。所投的成果形式要与期刊的要求相一致。

二是会议发表。在比较正式的会议上，比如在全省、全国性会议或国际会议上通过宣读或主题发言发表科研成果，也是一种公开发表。一般比较正式的会议，会汇编会议的论文集，或者观点摘编。科研成果被编进这种论文集，也算是一种发表。

三是书籍发表。就是把课题成果以研究报告、专著、文集、案例集等形式正式出版为图书，以图书的方式发行。出版社一般会通过发行渠道推广自己出版的书籍，这有助于课题成果在社会上传播。课题组也可以拿出版的图书进行宣传推广。

四是网络发表。就是把课题成果发表在互联网上，让更多人通过网络了解课题成果。可以通过专设的课题网站或博客等发表。互联网的力量是强大的，把课题成果发表在网络上，可以长期地扩大课题成果的影响。

2. 通过会议推广

会议推广是一种比较直接的推广方式。会议推广主要有两种类型：开会推广和与会推广。

3. 争取行政推广

教育行政部门是教育科研成果推广的决策者、领导者和组织者，有责任推广有价值的教育科研成果。凡是有重大社会意义和实用价值的科研成果，都应及时组织并利用行政措施来大力推广，充分发挥教育科研的社会效益。行政力量对课题推广是极大的推动，如果能够获得教育行政部门或其他行政部门对课题研究成果推广的支持，那么课题成果就会在一定区域和范围内产生影响。

有的课题成果在获得好评后，被教育行政部门选中，下发通知，组织力量，投入经费，在行政所管辖的范围内部分试点或全面推广。这就使得课题成果转化为真正的教育生产力，带来实际的教育效益。

4. 开展实验推广

很多课题是一边做一边实验的。在做课题的过程中，就开始寻找实验学校，在学校中做课题，同时推广课题。当课题做得有些成果了，可以进一步增加实验学校，推广运用所取得的成果，同时进一步深化课题研究。实验推广，一般遵循稳步推进、逐步扩展的原则，由近到远、由点到面地推广，即先在自己班级、自己学校实验，然后到少数几所学校实验，最后在一定区域内大面积地实验推广。

5. 加强宣传推广

媒体的宣传力量是强大的，课题组一定要积极运用各种媒体、各种渠道对课题成果进行宣传报道。

6. 通过培训推广

把课题成果与教师培训结合起来是一种很好的成果推广方式。可以专门组织针对研究课题的培训，使接受方的领导、教师了解熟悉、接受课题研究成果。也可以想办法把课题成果运用到其他单位或机构组织的教师培训中去，通过培训推广成果。

7. 通过课程推广

课题成果课程化，是课题成果开发、转化、运用的一个比较高的阶段。如果有些课题成果可以开发、转化成课程，或课题本身就是课程开发类的，就可以通过课程的方式进行推广。这种方式直接把课题成果转化为课程进入课堂，让学生成为课题研究的受益者。在课题成果课程化，让学生直接受益的基础上，还可以向其他学校或教师进一步推广相关课程，使其在更多学校、更广范围内得到运用。

8. 通过奖项推广

为推广课题成果，课题组要积极参加各种科研评奖活动。科研课题的发布机构、教育行政部门或其他机构，如一些专业委员会等，往往会定期地（一般为一年一次）组织科研成果评奖，课题组应该重视这种评奖，并积极申报科研奖励。申报科研奖励，不仅仅是为了获得荣誉、奖金，或者为今后评职称等争取一些资格，也是一种推广课题成果的机会和方式。

课题推广是一项长期的任务，经过不断推广，使课题成果逐渐扩大影响，逐渐扎根教育实践，从而为教育教学的发展做出贡献。这样课题研究的价值才会真正得到体现和最终实现。

第五节　教学成果培育与申报

一、教学成果的含义

教学成果，是指反映教育教学规律，具有独创性、新颖性、实用性，对提高教学水平和教育质量、实现培养目标产生明显效果的教育教学方案。它主要包括以下三个方面的内容。

一是针对教育对象的特点和人才培养的要求，积极探索教育教学规律，在以下三个方面取得的成果：更新教学内容，运用现代教育和教学手段，改进教学方法，开展素质教育；开展课程、教材建设，加强实践性教学环节和实习基地建设；提高教学水平和教育质量。

二是根据教育目的、教育环境和教育教学规律，在组织教学工作中，在以下五个方面取得的成果：推动教学改革、开展教学评估、加强课程建设及专业建设；加强师资队伍建设；加强教风学风建设；促进产学研相结合；实现教学管理现代化。

三是结合自身特点，推广、应用已有的教学成果，并在实践中进行创新和发展，可在提高教学水平和教育质量方面取得成果。

教学成果是科研与教学的合二为一，是科研与教学的交集。教学成果奖的成果，应当是解决制约教育教学典型问题的工作方案，具有实践性、理论性、独创性、实效性、可复制性。

教学成果的内容类型包括课程、教学、考试评价、资源建设等方面，可以是综合性的，也可以在某些方面有所侧重。

教学成果必须直接对教学过程本身进行变革，接受教学实践的检验。理想的教学成果是基于教学实验的实践成果、用学生发展来证明的成果，且能诠释课程、教、学、评价及资源内涵的成果。

二、教学成果奖的级别和种类

教学成果奖主要包括国家、省、市三个级别，每个级别通常设立特等奖、一等奖、二等奖，有些地市还设立了三等奖。每个级别设立的奖项数量有较大的差异。

三、教学成果奖的评审要求

申请国家级教学成果奖，须具备以下三个条件：一是国内首创的；二是经过2年以上教育教学实践检验的；三是在全国产生一定影响的。其中，特等奖教学成果应当在教育教学理论上有重大创新，在教育教学改革实践中取得特别重大突破，对提高教学水平和教育质量、实现培养目标有突出贡献，在国内处于领先水平，在全国产生重大影响。一等奖教学成果应当在教育教学理论上有创新，对教育教学改革实践有重大示范作用，对提高教学水平和教育质量、实现培养目标产生重大成效，在全国或者省（自治区、直辖市）域内产生较大影响。二等奖教学成果应当在教育教学理论或者实践的某一方面有重大突破，对提高教学水平和教育质量、实现培养目标产生显著成效。

国家级教学成果奖的推荐、评审和授奖，实行科学、客观、公开、公平、公正原则。应当坚持以下四个方面的导向：一是坚持贯彻实施国家教育方针，有利于实施素质教育；二是坚持质量第一，突出实践性和创新性；三是坚持向一线教师倾斜，有利于鼓励青年教师从事教学工作；四是坚持专家评审。

四、教学成果的培育

培育教学成果的过程，就是提高教科研水平的过程。培育过程是各方面力量协同创新的过程。这个时代已经没有孤胆英雄了。培育过程，要从专业角度进行持续的、丰富多样的实践探索。不能搞成一两次耀眼的群众运动。

（一）教学成果培育的基本原则

教学成果的培育需经历一个辛勤耕耘的过程，需坚持三个基本原则，做到“三个确保”。

一是坚持问题导向原则，确保将培育过程作为解决教育实际问题、推进教学改革、提高教育质量的过程，促进教学工作的迭代更新，充分发挥学科教学和跨学科教学的育人功能，而不能把它窄化为撰写科研论文的过程。

二是坚持多方协同原则，确保将培育过程作为有志之士、有识之士、有权之士等各方面力量协同创新、共同提升自身素质的过程，其中，学校和一线教师是主体性力量，不能把它窄化为少数专家的个人行为。

三是坚持遵循教育规律原则，确保培育过程主要是从专业角度进行的持续不断的、丰富多样（个性化）的实践探索，遵循教育教学活动规律和人才成长规律，为学生的学习持久地下功夫，不能把它变成一两次耀眼的教研活动和大规模的标准化生产运动。

（二）教学成果培育的基本环节

教学成果的培育过程可以归纳为准确定位、理清思路、实践检验、成果总结四个基本环节。

1. 准确定位

培育教学成果首要的是找准方向，明确目标任务，使之有一定的思想高度，能够用明天的视角思考今天的事情，在全局的视野中谋划局部的工作。

教学成果的培育是一个发现、分析和解决实际问题的过程。我们应有与实际问题保持必要距离的科研，建立纯粹的学术观，但不能有不分析解决现实问题、应对未来挑战的教学成果。教学成果的培育不是对现实教育问题的旁观，而是对它的有效干预和回应，体现实践性；不能只停留在先进理念的宣传、理论体系的建构上，而需要将理念、理论转化为切实的行动，强化实效性；不能只停留在一般工作的传达和布置上，而要分析宏观问题、一般性的工作问题在自己所在地区、学校、班级的特殊表现是什么、问题的症结在哪里，提高针对性。方向对了，分步实施，日积月累，定有所得；方向不对，适得其反，劳而无功。

培育教学成果要保持对现实问题的敏感性，要唤醒内在的教育自觉。今天的学校对学生生命安全比以往任何时候都要重视，人命关天，必须确保万无一失。其实，与校园安全事故相比，各种各样对学生精神、生命和人格伤害的事件更为普遍，可能也更为严重，只是大家对此没有明确的意识，已经习以为常，或者隐而不察、视而不见罢了。中医通过“望、闻、问、切”诊断病情，教师给教育教学工作把脉，重在从学生发展的角度进行思考：自己的所作所为对于学生的成长意味着什么？不只是今天，更为重要的是对孩子的明天，不只是眼前，更为重要的是对孩子的未来、孩子的一生将产生什么样的影响？譬如，学校空间设计绝不只是一般意义上工程学、材料学的问题，而需要从儿童的角度思考其建筑设施、布局、景观等与儿童活动之间有些什么关联。再如，学校作息时间、课程安排、课堂规则等制度设定可能对儿童发展产生怎样的影响？哪些影响是积极的，哪些影响可能是消极的、不可取的？教师在课堂上要求学生反复练习的作业、检测题目来自哪里，与现实生活有没有联系？如果没有联系，这样的训练对学生来说有什么意义？此外，这些建筑设施、制度规定、检测题目反映出来的学校文化到底认同什么，否认什么，提倡什么，反对什么？如此文化氛围将对儿童的成长、人格的形成产生怎样的影响？孩子喜欢体育活动，却不一定喜欢上体育课，喜欢听歌唱歌，却不一定喜欢上音乐课。做老师的却没有意识到这是问题，搞教育管理的只是推进体育中考、体育高考，使体育课成为学生新的负担。如果学生原本“不喜欢”，经“规训”后齐声说“喜欢”，可能更可怕。

培育教学成果要增强问题的预见性。2014年年底，《教育部关于普通高中学业水平考试的实施意见》对高中教学管理提出了新要求，如学生选课选考指导、走班教学等。各省（自治区、直辖市）在实施办法研制过程中提出一些困难和问题，到底是些什么问题呢？2015年年底，北京师范大学第二附属中学曹保义校长提出了育人问题、分化问题、失衡问题、课程门类窄化问题和学分认定问题5个问题。在北京尚未实施新的学业水平考试制度的情况下，曹校长就能预见不少问题。能够预见尚未出现的问题，预料常人未想到的问题，这是对现实教育问题敏感的集中表现。这样的预见本质上不同于消极抵触，它是积极的未雨绸缪。有了这样的预见，才有实践中的有效防范，使顶层改革设计转化为基层学校的切实行动。

培育教学成果要对孩子的处境感同身受。对教育问题的视而不见，主要来自对儿童生存发展状况的忽略、冷漠。一位长期从事教师教育研究的学者反映，现在有些年轻教师对学生谈不上什么爱，也谈不上什么恨，更多地生活在个人世界里、微信圈子里，有的教师教了一学年课后，连自已所教班级学生的名字也叫不出来，这样的教师能在乎学生的需要和问题吗？

教学成果培育要直面疑难杂症。对方向的把握，不只是从宏大理论出发，从流行口号出发，从各种本体出发，更重要的是回到真实的教育场景，要回到学生成长的实际，直面学生的成长需求，着眼于自己所面临的现实问题，不是环顾左右而言他，不是绕道而行，而是敢于直面那些长期以来阻碍学生全面发展、健康成长的重点和难点问题。

教学成果培育要进行本土转化。教育活动几乎与人类同时诞生。人类文明历程留给我们一大笔宝贵的精神财富，包括政治家对中小学教育的指导思想、目标蓝图等进行了一系列的规划，科学家对各学科、各专门领域的研究成果进行了一系列的梳理提炼，课程专家对课程方案、标准及教科书等进行了一系列的设计，教育家对学校教育教学相关问题进行了一系列的总结归纳。但是，前人、他人留给我们的往往是经过简化、形式化处理的文本形态的东西（若干政策规定，基本概念、定律或模型，几条教学原则或方式方法建议等），而被简化的正是文明成果形成过程中真实、具体、生动的东西，这是一个“去情境化”的过程。教师需要对这些文明成果进行转化。这种转化包括两个方面：教师对培养目标、课程标准、教科书、相关教辅材料的深入学习、通透理解、重新架构，将其转化为具体的教学活动场景和可操作的活动工具材料等；开发和利用本土资源进行二度开发加工，将物象的知识要点还原为现实生活场景，学生在教师的组织、指导下，或活动探究，或对话交流，或独立学习，在具体情境中提出问题、分析问题、解决问题，转识为智、修炼成人等。在这样一个连续转化的过程中，新体验、新思想、新方案、新设计不断生成，课程改革中的生成是在预设启发下发生的，是转化过程中的创新，而不是在预设、转化之外“另搞一套”。

教学成果培育要散发着浓郁的乡土气息。知识的形成原本是一个对个别化的情境、“地方性知识”进行抽象、概括，建立独立于情境，具有普遍意义的模型、理论或规则的过程；政策的研制原本是一个在反复调研、论证的基础上，侧重对底线准则做出必要规定、反映共性要求的过程。与此相关联，教学要从具体情境出发，引导学生在知识发生的地方或相关情境素材中学习，而不是从远离学生日常生活的抽象模型、理论或规则出发。学生在学习活动中，不仅要基于自己的生活经验，感悟、理解基本概念、模型、原理，还要学会在特定文化场域、特定情境中灵活运用它，形成对该文化场域的认同感与自信，为该场域文化发展而服务，具有服务本领和服务意识，这就使得教学活动不能不带有个体性质和本土特征。优秀教学成果正是在个别化、校本化、地方化的加工过程中诞生的，而通常这种加工会散发着浓郁的乡土气息。

教学成果培育要回到教育原点。教学成果培养过程本质上是一个教育价值的识别、选择与创造的过程。在教育价值的识别、选择和创造的过程中，要特别注意处理好内生价值与外在效用、个人利益与公共价值、历史传承与时代要求、眼前利益与长远效应之间的关系。要强调根深本固：根深则叶茂；本固，末才得以发育畅达。重本非轻末，而是令“末”有所成之道。皮之不存，毛将焉附？坚持人本立场，以具体的学校情境中的活生生的人为本，而不是以抽象空洞的“一般的人”为本；以人的自由、幸福，生活得有意义、有尊严为本，而不是以身外之物，如权力、地位、财富为本；以向未来开放、不断生成的过程（期待儿童的成长）为本，而不是以某种固定不变的模式为本；以人的根本利益、终身发展为本，而不是以眼前的利益、扭曲的欲望为本。强化核心价值，通过一元引领多样，激发个人内在需求，提升自我反思能力，不断反思个人需求与公共价值之间的关系是否和谐、是否合拍。限制思想的具体内容与表达方式的多样化，共同利益、核心价值就会失去具体生动的载体，失去发展的生机和活力，变得僵化死板、苍白无力。此外，也不排除个人的、多样化的价值表达中也有与主导的、核心的价值观不和谐的，甚至是完全相悖的，需要仔细加以识别。

教学成果培育要突显育人为本。教学成果中出现的问题之一是教育现代化过程中出现的德育与智育断裂的问题。它促使我们回到教学的原点思考：无论是单一学科的教学，还是整个教学活动，它们从何而来？现在何处？又走向哪里？真正的教学原本就是关于人的成长的一种特有的承诺，育人并非教学活动的外在规范、附加值。教学源于一般教育活动，而又高出一般日常生活中的教育活动，是为人的成长提供更有意义的教育经历。如果教学活动及其研究没有了对人的健康成长的承诺，丧失了育人价值，那它还有什么意义呢？如果教学活动及其研究忘记了教育价值的识别、选择与创造，那么它还可能有积极意义吗？回到育人为本的初衷，我们需要反复问自己这样两个问题。

一是教学目标中有的见效快，如学科知识的查漏补缺等，有的见效慢，一时看不见有什么进步，如学科思维方式的培养，学生健全人格的塑造等，在行动上我更注重什么？

二是当课堂教学比较顺手、省心的时候，我愿意在那些不顺手、可能有风险的地方开展活动吗？如组织学生开展考察探究、志愿服务活动，我会在问题学生转化教育等方面投入更多的时间和精力吗？

2. 理清思路

在明确问题、找准问题的基础上，需要进一步破解问题，理清思路，形成有创见的问题解决方案。教学成果的创造性主要表现为思路独特、合理，切实可行，具有可检验性。

思路是指实践探索的内在逻辑，也称技术路径，它比具体的方法、策略、技术、途径更重要，是它们的上位概念。人们通常说的方案是思路的外化和具体化。在现实困境或未来挑战面前，思路决定着出路。有正确而清晰的思路，才会有摆脱困境的有效方案和目标任务的顺利达成。好的思路是看不见的竞争力，它是研究者智慧的结晶，是拓荒者心中的路标。没有思路，就会像笼子里的公牛，只会在笼子里打转转，四处乱撞，走不出去。优秀教学成果是一流实践探索思路的集中体现，是对问题的深刻洞察和对人的成长规律及教育教学内在规律的深刻把握。

思路从何而来？从根本上讲，它来自对问题的分析。你对面临的问题（或挑战）的分析到了哪儿，你破解问题（或迎接挑战）的思路就会到哪儿。对问题的分析越深入，破题的思路就会越明晰。教学创新可以从课程建设（课程结构、课程内容及载体等）、教学方式（教学程序、教学方法、教学模式等）、教学手段（学具研发、信息技术使用等）、考试评价、教学组织、教师专业发展、学校管理等方面进行，如果细分，可创新的方面会更多。

优秀的教学成果往往注重综合化。教育教学现实问题复杂，各种因素交织在一起，非某一方面、某一层次、某一范畴、某一要素的改革能轻易化解，必须用系统的眼光去审视，通过多方面的举措去推进。综合化不是目标内容、方式方法、技术手段、教师研修、组织管理等各种因素的简单叠加，不是课堂内外、学科内外、学校内外、区域内外的无限延伸。面面俱到不是综合化，四面出击不是综合化，八方延伸不是综合化。综合化往往具有主题统领、关系协调和动态平衡三个特点。

主题统领，表现在教学成果始终把促进学生的健康成长作为教学改革的出发点和归属，回到教学育人的主题上来，只是不同的教学成果基于具体的教育教学实际，关注的重点各不相同。

关系协调，要求教学成果要充分关注课程、教材、教学、考试、评价等各个方面之间，语文、数学、外语、品德、科学等各个学科之间，幼儿园、小学、初中、高中、大学等各个学段之间，班级、学校、社区、家庭、网络等各个阵地之间，学生、教师、家长、专业人士、社会成员等各种力量之间，以及物质的、行为的、制度的、精神的各个层面之间的关系，是否存在矛盾、冲突、脱节、错位、简单重复等，并予以协调解决。其中，最根本的是要分析解决各方面、各学科、各学段、各阵地、各种力量、各个层面与学生的健康成长相适应的问题。综合改革要求从实体性思维走向关系性思维，切实调节各种关系，为学生成长创造良好的生态环境。

动态平衡，综合改革不是各方面、各层次、各要素改革的齐头并进，而是需要分清特定情况下的主次、轻重、缓急，把握最佳时机，推进相应的改革。若干关系的调整往往意味着相关利益的调整，并受制于背后理念的制约，有待于内部条件和外部条件的逐步成熟。好的教学改革一般都包括若干改革阶段或步骤，每一阶段或步骤都有所侧重，在改革过程中不断调整重点，获得动态平衡。而若干改革阶段、步骤，便是综合改革思路的具体化展开。学校育人总是会涉及博放教育与深度学习、科技教育与人文教育、开门办学与课堂教学、学科育人与跨界学习、标准化管理与个别化学习、文化传承与知识创新等之间的权衡、考量，这是一种永恒的选择。动态平衡，最主要的是要把握和处理好这些基本关系，使之保持必要的张力，收放自如，开放有序。

思路要有清晰的边界。实践探索与科学研究一样，有自己的边界。一项改革如同一项研究，必须明确自己的问题域，将变革因素和非变革因素、易变因素和相对稳定因素、可控因素和不可控因素区分开来，在特定的时空、特定的场域、特定的阶段，不宜探究过分复杂的因素。维度不是越多越好，综合把握不是人为把问题复杂化，而是从中寻找关键环节、关键要素，本质是追求简明。它要求聚焦特定的主题，关注关系协调，并且随着改革的不断深化、时机的不断成熟、条件的许可等，调整自己的边界。有边界不是故步自封，而是蓄势待发。有边界才有特定的问题域，问题有所聚焦，并把握它的实质，思路才可能明晰。边界是否明确，思路是否清晰，层次是否分明，一个很重要的标志是能否把它画出来，用图来表示，用表来展现。

3. 实践检验

在明确思路基础上形成的方案必须接受教学实践的检验，有着坚实的改革行动，特别是坚持合作对话与创新实践，形成可靠的、有说服力的证据。优秀教学成果一般要接受至少两年的实践检验，这是一个充满张力、生机与活力的实践过程，同时也是最紧张、最有意义的创新过程。它在检验、完善方案的同时，也改变着人，激发着人的想象力和创造力，提升着人的素养在成事中成人。

教学成果培育离不开研究和实践的高品质联结。研究和实践原本是一体的，随着社会的进步和发展，出现分化和专业化，两者呈现差异明显：前者注重专业化的分析、解释，重在认识世界；后者注重现实问题的综合解决，重在改造世界，提升教育教学质量。前者尊重事实，强调用证据说话，要求重复验证，拒绝价值介入等；后者追求价值目标的实现，尊重人本身的权益、意愿，避免给儿童身心带来伤害等。前者遵循基于证据的理论建构逻辑，要求说得清楚；后者遵循基于关系和行动的价值逻辑，要求做得完美。它们之间关系的重组，不是简单的拼凑，而是要求两者在更高水平上联结。教学成果的培育离不开一线教师与专业理论工作者的广泛合作，合作研究不只是促使创新性成果的不断涌现，而且有助于形成一个在真理面前等级消解、人人平等的学术生态圈，一个没有人声称自己先决性地拥有真理、拥有对他人的裁定权，每个人都能发出自己的声音、都有权利要求被理解的迷人的自由王国，一个学术批评受到欢迎而不是被回避、敢于坚持真理、在充足的反证面前又敢于放弃的精神家园。

教学成果培育离不开平台的互动与生成。一是进行现场研讨和专题交流活动，既展示阶段性研究成果，也能集思广益，深化实践探索。二是建设专题网站，打破时空界限，便于更大范围的交流与分享，促进跨界合作，减少成本。三是专门期刊，利用校刊，把学生优秀作品的课题成果向全校学生推介和展示。四是改革支撑或辅助平台，建设相关的资源或管理平台，为教学、评价、管理等提供资源或工具支持。

教学成果培育离不开对话机制。对话中，说者与听者、提问者与应答者不断转换着角色，双方的言谈随着话题的改变而改变。每一方都不依附、受控于另一方，同时，一方又不能完全与另一方不相干，只能存在于双方之间，反映出一种主体间性。双方在持续的交流中相互影响、相互渗透，都有可能发生视界的交换、观点的改变，产生一种新的体验，进入一种新的境界。对话不同于以“聊”为目的的闲谈，不同于以“辩”为目的的争论，不同于以“商”为目的的妥协。对话的目的不是试图赢得对方，也不是相互做出妥协各自做出让步。对话所关心的始终是意义的交流与分享，使每个参与者都从中受益，对话过程中，需要开放的倾听、谦卑的外推和自觉的反思。

教学成果离不开时间的沉淀。国务院发布的《教学成果奖励条例》明确规定，教学成果必须“经过2年以上教育教学实践检验”。将较长时间的实践探索和检验作为国家级教学成果奖申报和评选的基本条件，有着多方面的原因。其一，在于改革以思想为先导。真正的思想必须付诸实践，并且任何思想都有一个随着实践不断充实、发展和完善的过程。改革思想不能只是用文字符号来表达，更重要的是用实践方式加以诠释。只有在实践中做出成效来，才能说拥有了思想，拥有了真理，拥有了真正的发言权。思想是经验的积累，而经验是时间的沉淀。其二，素养是在日积月累中养成。教育教学改革锁定的重要目标，如学生服务祖国和人民的社会责任感、勇于探索的创新精神、善于解决问题的实践能力等，那些适应个人终身发展和社会发展所需要的必备品格和关键能力，都不是短时间内可以见成效的，需要长期坚持不懈地加以培养，持久地下功夫。除了日积月累的努力、积淀，教育发展没有捷径可言。其三，是反复多轮的实践探索。优秀教学成果不能限于小范围的试点，应当惠及更多的中小学生，取得广泛的社会认可和教育效应，同时，也应该用更大范围的试行结果来说明成果的应用价值，扩大自己的专业影响。

教学成果离不开拓展实践的厚度。不同的教学成果，可能实践检验的长度差不多，如都是3—5年，甚至更长，但分量各不相同，原因之一是实践的厚度不同。内生与外压会造成实践厚度的改变。内生，主要是由内在原因造成的，即外在的环境没有发生重大改变，成果本身内在因素发生变化，使成果变得更加明确、清晰、立体、多元、丰富、充实。外压，主要是由外在原因造成的，即成果本身内在要素没有发生重大改变，只是因为成果赖以生长的条件变了，变得越来越不利了，其他同类成果都夭折了，它却顽强地挺立着。

4. 成果总结

教学成果培育的关键环节之一就是对改革创新过程和结果进行科学的总结梳理，形成有灵魂、有骨架、有血肉的成果报告。它的意义不仅在于能够更好地与同行交流，发挥成果应有的示范、辐射作用，而且总结梳理本身是一个不断完善成果、提升自身素质的过程。回过头来看，静下心来思考，我们才有可能少走弯路，鼓足勇气，走得更好、更远。在成果总结阶段，需要做到三个结合，即写作与实践探索相结合、事实和理论相结合、过程和结果相结合。同时，还要撰写个案、构建模型和提炼核心概念。

成果总结是对教育教学方案内容及其实践检验过程的如实报告，它的撰写有着与教育科研写作一样的共性准则，也有其特定要求，需要做到以下三个结合。

一是写作与实践探索相结合。成果报告就是对实践探索的总结、梳理、反思，是提升实践品质的过程。成果报告应重点写自己的实践，自己是怎么想和怎么做的，就怎么写，必须直面自己的教育教学世界，把自己摆进去。如果叙述是体验的自然流淌，必然带有丰富多样的个人色彩。这种个性化的表达而非标准化的文本生产，不仅要呈现自己的自信、成功、业绩，而且要将自己的卑微、失误、困惑等如实呈现出来，避免脱离实际的话语装扮、华丽的辞藻美化，保持文化人应有的真诚和坦率，达到表里如一的境地。这就需要有直面自我的勇气和胆识。唯其如此，我们的表达才可能展现一个具体的、真实的、独特的、个人化的生活世界。

二是事实和理论相结合。成果报告在客观陈述事实时，需做到不夸大，不缩小，不臆想，不虚构，材料和数据是可靠的，是经得起他人检验的，是不可以随意改变、不容争辩的。这是教学成果报告科学性的必要基础和前提条件。这里并不排斥将内心的体验、感受表达出来。有些体验是可以通过语言传达给别人，与大家分享的；有些体验一时难以言明，那就保持沉默，或者以行动方式表达，引导他人用行动的方式自己去体认。成果报告并不是事实的简单堆积，而要将事实数据等材料，按照自己考察问题的视角、思路、结构框架组合起来，有着前后一致的内在关联。这就是我们所说的内在的理论，也就是事实、数据背后要有一个理论框架的支撑。

三是过程和结果相结合。成果总结不仅要告诉他人自己所取得的教学成果是什么，即教育教学方案的主要内容是什么，还要如实报告方案是怎么来的，特别是清楚地报告方案的探索形成和实践检验过程。这对方案的价值判断非常重要。严格的科研报告不只是要报告研究结果，而且要详细说明研究过程，特别是实验材料方式方法、程序步骤、效果检测工具、数据处理方法等，以便同行能够重复验证。因为所谓“事实”有时可能是编造的，而那些数据不仅能说明问题，有时也更能迷惑人。在有一定科研素养的行家里手看来，没有交代获取过程的数据是不可信的、没有价值的。

五、教学成果奖的申报

根据国务院《教学成果奖励条例》具备下列三个条件的，可以申请国家级教学成果奖：一是国内首创的；二是经过2年以上教育教学实践检验的；三是在全国产生一定影响的。

根据《〈教学成果奖励条例〉实施办法》，应当提交以下四种材料：一是申请表；二是教学成果报告；三是教学成果应用及效果证明材料；四是评审委员会规定的其他材料。由成果的持有单位或者个人，按照其行政隶属关系，向省、自治区、直辖市人民政府教育行政部门或者国务院有关部门教育管理机构提出申请，由受理申请的教育行政部门或者教育管理机构向国家教育委员会推荐。国务院有关部门所属单位或者个人也可以向所在地省、自治区、直辖市人民政府教育行政部门提出申请，由受理申请的教育行政部门向国家教育委员会推荐。不属于同一省、自治区、直辖市或者国务院部门的两个以上单位或者个人共同完成的教学成果项目申请国家级教学成果奖的，由参加单位或者个人联合向主持单位或者主持人所在地省、自治区、直辖市人民政府教育行政部门或者国务院有关部门教育管理机构提出申请。

省（部）级教学成果奖的评奖条件、奖励等级、奖金数额、评审组织和办法，由省、自治区、直辖市人民政府、国务院有关部门参照本条例规定。其奖金来源，属于省、自治区、直辖市人民政府批准授予的，从地方预算安排的事业费中支付；属于国务院有关部门批准授予的，从其事业费中支付。

申请省教育教学成果奖应当提交下列四种材料：一是教育教学成果奖申请表；二是反映成果主要内容和实践检验过程的成果报告；三是成果应用和效果说明及佐证材料；四是国家和省规定的其他材料。

基础教育类教育教学成果，由成果持有单位或者个人所在单位按照其行政隶属关系，向所在地地级以上市教育行政部门提出申请，地级以上市教育行政部门按照省有关规定择优向省教育行政部门推荐。职业教育类教育教学成果，由成果持有单位或者个人所在单位按照教育类型分别向所在地地级以上市教育或者人力资源社会保障行政部门提出申请，地级以上市教育、人力资源社会保障行政部门按照省有关规定择优向省教育、人力资源社会保障行政部门推荐；属于省直属单位的，直接向省教育或者人力资源社会保障行政部门推荐。高等教育类教育教学成果，由成果持有单位或者个人所在单位按照省有关规定择优直接向省教育行政部门推荐。两个以上单位或者个人联合申请的，由成果主持单位或者成果主持人所在单位依照本条相关规定进行申请或者推荐。

申报国家教学成果奖或省教育教学成果奖，在符合申报条件的情况下，需要按要求填报相关材料，每种材料都需要按要求提前准备，认真填写。

（一）确定教学成果奖的名称

用词准确、严谨，要采用教学及教学管理术语，名称与内容要前后呼应，它是对成果“内容”的高度凝练，字数（含符号）不超过35个汉字。

（二）确定教学成果奖的获奖人

包括单位和个人两种情况。成果是由单位完成的，主要完成成果主要完成人所在的基层单位，并在成果的方案设计、论证和实施中做出主要贡献的单位不得超过3个，主要完成单位及其顺序应按对成果所做贡献而定，主要完成单位及其顺序是和主要完成人所在单位及其顺序是一致的。签订意见时，应将成果内容的几条主线逻辑清晰地进行描述，并对院校、成员、取得的成果等要素关联起来，并将专家组的鉴定意见及对成果的评价等内容加入，强调领先水平和推广应用价值。成果是由个人完成的，主要完成人的确定和顺序，应根据其在成果中的贡献而定，第一完成人只能为一人，不可两人或多人并列，第一完成人应主持项目顶层设计，负责项目组织实施，参加机构和制度建设，参加项目的总结与推广等全过程，其他主要完成人也不应存在顺序并列的问题，完成人不超过6人。

（三）撰写申报表

申报表是向评委介绍成果的内容和价值，希望评委认可你的成果，同意给你奖励。因此，你必须简明扼要地写清楚你的成果的价值。撰写时，一般采用“倒推法”确定需要填的内容，来展现成果的特点、亮点和创新点。

成果申报表的内容主要由以下四个部分构成：一是成果简介（含成果名称，研究起止时间，关键词，500字以内的成果概要，800字以内的解决的主要问题、解决问题的过程与方法，500字以内的成果创新点），二是800字以内的成果应用及效果（除本单位外，选择填写3个以内的实践检验单位情况），三是成果曾获奖励情况，四是成果持有者情况。

填写研究起止时间需要注意的是，起始时间是指提出问题、开始研究的日期，完成时间是指解决问题、形成最终成果的日期。

填写成果概要，应对成果的主要内容做说明，均应直接叙述，请勿采取“见××附件”的表达形式。可以从“目的—内容（问题—方法）—效果”这三个方面进行表述，同时应包含其学术价值和社会效益。

填写解决的主要问题、解决问题的过程与方法，需要具体指出成果要解决的主要问题及解决问题的思路、阶段、所采用的方法等，问题要明确，思路、阶段要清晰，方法要有针对性。要求所填写主要解决的教学问题要体现三个特性：一是真实性，问题产生于自己的教育教学实践；二是方向性，符合党和国家的教育方针、政策，符合教育教学改革和发展方向；三是重要性，在教育教学实践中能起重要作用。要求所填写解决教学问题的方法也需要体现以下三个特性：一是科学性，有理论依据和实践依据；二是实用性，方法直接针对问题而且使用方便；三是有效性，能较好地解决问题，带来成效。

填写成果创新点，需要对成果在实践中的突破、理论上的创新进行归纳与提炼。应简明、准确、完整地阐述，每个创新点相对独立。需要突显以下两点：一是水平，在本学科或领域具有先进性；二是特色，在某些方面具有独特性、新颖性或开创性。创新的重点在于“突破了什么”与“发展了什么”。

填写成果应用及效果需要注意以下四点，一是实践检验起始时间是指正式实施（包括正式试行）教育教学方案的时间，不含研讨、论证及制定方案的时间。正在进行实践检验的截止时间为推荐该教学成果奖申报时的时间。二是对成果的应用情况、产生的实际效果进行阐述。三是实践检验单位指除成果主持人所在单位之外的参与实践的地区或学校。如有，选择不超过3个主要的实践单位填写。没有可不填。四是实践效果，指成果解决问题的情况及其所取得的实际效果，由实践检验单位填写并盖章。填写推广应用情况时还需要突出以下三个方面：一是应用，包括时间、范围和反响；二是成效，发挥的作用，取得的效果以及学生受益的程度；三是推广范围与评价。

成果曾获奖励情况，是指省、自治区、直辖市政府和国务院有关部门所设立的教育教学奖励，参加省教育教学成果奖申报者，则是指该成果在地市政府有关部门所设立的教育教学奖励。成果曾获有关奖励，需在附件中提供获奖证书复印件。

填写成果持有者情况，以个人名义申报的成果，在个人名义申报栏中填写。每项成果持有人不超过6人（含主持人）。主要贡献一栏应如实写明该完成人对本成果做出的贡献并签名。以单位名义申报的成果，在单位名义申报栏中填写。每项成果持有单位不超过3个（含主持单位），单位是指学校或其他法人单位，主要贡献一栏应如实写明该完成单位对本成果做出的贡献，并在单位名称栏内加盖公章。

成果佐证与支撑材料是专家评审教学成果的重要依据，应体现关联性、针对性、充分性。填写成果佐证与支撑材料的起止时间为从方案开始实施起至完成，不必提供原件，只需提供复印件。佐证与支撑材料的主要内容包括三个方面：一是反映主要完成人业务水平情况的佐证材料（科研成果及立项情况、发明和专著及教材情况、发表论文情况等复印件）；二是所陈述事实的依据（改革方案、正式文件、教材、教学资料、官方数据、专家评价、新闻报道、实验报告、同行评价、获奖证明等）；三是证明成效的材料（必须与推广应用成效匹配）。

（四）撰写成果报告

成果报告需反映成果主要内容和实践探索（包括检验）过程，主要包括问题的提出、解决问题的过程与方法、成果的主要内容（含理论基础和基本内容）、效果（含实践效果和推广价值）与反思四个方面，不超过8000字。

成果报告写作的逻辑线索是：想做什么？——该做什么？——做了什么？——做成了什么？——有什么反响？

成果报告的写作要领如下：①问题的提出——为什么做？任何一个项目，其理论研究与实践探索的必要性必须是清晰的、明确的，也就是必须弄清楚项目提出的教育教学方案是针对什么问题来设计的。②解决问题的过程与方法：做什么？达到什么目标？也就是说研究实践要达到什么目标？围绕目标提出具体的思路，从哪些方面去做？③成果的主要内容：是怎么做的？也就是具体的措施、途径、方法，做了哪些工作，特别是有哪些创造性的工作？④效果与反思：做成了什么？效果如何？有哪些不足？也就是理论上有哪些成果（论文、专著……）？实践探索有哪些成效？如创新了一个什么模式，那你的模式是什么样的？要精练表述。如构建了一个什么新的体系，那你的体系有哪些新的特征？也要清晰描述。如教学质量的提高，也应有具体的事实依据作支撑。成效易出现的问题是普遍存在“虚”和“偏”的问题。一是“虚”，以自我评价代替客观事实。由于在项目实施过程中没有主动收集相关方面的评价材料，更没有自觉地开展一些宣传推介，对项目成效在总结时缺乏具体素材，只好自说自话。二是“偏”，以典型个案代替一般和全部。如讲到人才培养质量，往往所举例证就是学生获奖、中高考等，没有客观数据可以支撑面上全部学生都得到了什么样的提高，而这些恰恰是教学成果奖最为关注的地方。三是推广应用要有一定的客观证据。

成果报告的写作应注意以下六个要求：

第一，在扼要介绍成果的基础上，运用正确的教育理论，达到理论与实践结合上的总结，具有指导意义的带有规律性的认识。

第二，反映成果的论文可以是结合成果主要内容所撰写的理论性文章，也可以是方案实施过程中、实施后对方案主要内容进行分析与探讨性的文章。

第三，论文作者应是成果的主要完成人。如不是主要完成人，即使论文反映了成果的主要内容，也是不符合要求的。

第四，与成果无关或关系不大的纯学术性论文，不能反映成果的主要内容和水平，即使是成果主要完成人所撰写，并在相关刊物上发表过，也不符合要求。

第五，对比是介绍成果的好方法，也最具说服力。可对本身实施前后情况进行对比，也可与未实施方案的单位做比较，但对比必须实事求是。

第六，介绍成果要讲足而不能讲过，如讲过了，不是造成虚假就是“画蛇添足”，甚至会造成适得其反的结果。

第五章

山区中学语文教师专业发展的实践（上）

——以联片研训方式促进山区高中语文教师专业发展研究

第一节　项目申请书

——广东省教育科学研究项目申请书“以联片研训方式促进山区高中语文教师专业发展研究”项目论证

一、研究意义

（一）研究背景

1. 国家教育改革发展形势需要

《国家中长期教育改革和发展规划纲要（2010—2020年）》就高中教育及教师队伍建设方面做出了明确要求。要“加快普及高中阶段教育”。要“建设高素质教师队伍”。要“严格教师资质，提升教师素质，努力造就一支师德高尚、业务精湛、结构合理、充满活力的高素质专业化教师队伍”。要“提高教师业务水平。完善培养培训体系，做好培养培训规划，优化队伍结构，提高教师专业水平和教学能力”。要“通过研修培训、学术交流、项目资助等方式，培养教育教学骨干、学术带头人，造就一批教学名师和学科领军人才”。要“以农村教师为重点，提高中小学教师队伍整体素质”。为贯彻落实《国家中长期教育改革和发展规划纲要（2010—2020年）》和《国家中长期人才发展规划纲要（2010—2020年）》，国家先后出台了《国务院关于加强教师队伍建设的意见》（国发〔2012〕41号）、《国务院办公厅关于开展国家教育体制改革试点的通知》（国办发〔2010〕48号）。“到2020年，形成一支师德高尚、业务精湛、结构合理、充满活力的高素质专业化教师队伍。教师队伍整体素质大幅提高，普遍具有良好的职业道德素养、先进的教育理念、扎实的专业知识基础和较强的教育教学能力。”“中小学教师队伍建设要以农村教师为重点，采取倾斜政策。”要“建立教师学习培训制度。采取顶岗置换研修、校本研修、远程培训等多种模式，大力开展中小学、幼儿园教师特别是农村教师培训”。要“健全教师管理制度，加强教师队伍建设”。要“探索建立农村教师专业发展支持服务体系”。要“建设支撑教师专业化发展的教学资源平台”。要采取“多种措施加强农村中小学教师队伍建设”。要“创新教师教育体系和培养模式，探索中小学教师和校长培训新模式，构建区域协作的教师继续教育新体制”。教育部出台的《中学教师专业标准（试行）》，对教师的专业要求做出了明确的界定。它认为“中学教师是履行中学教育工作职责的专业人员，需要经过严格的培养与培训，具有良好的职业道德，掌握系统的专业知识和专业技能”。《中学教师专业标准（试行）》是国家对合格中学教师的基本专业要求，是引领中学教师专业发展的基本准则，是中学教师培养、准入、培训、考核等工作的重要依据。该标准对中学教师提出了包括3个维度、14个领域、61项基本要求，其中仅对教师的专业能力方面就有6个领域、25项基本要求。

2. 广东教育改革发展需要

广东要率先实现教育现代化。先后出台了《广东省教育现代化建设纲要（2004—2020年）》（粤发〔2004〕13号）、《广东省中长期教育改革和发展规划纲要（2010—2020年）》。明确提出，要“加快高中阶段教育发展步伐。2020年，全省高中阶段教育毛入学率达到90%左右，高标准、高质量普及高中阶段教育”。要“加快构建现代教师教育体系。大力实施人才强教、人才强校工程，全面提高教师的思想道德素质和专业水平。建立适应各级各类教师专业发展需要的继续教育制度，扶持经济欠发达地区各级各类教师接受继续教育，促进教师转变教育观念，更新专业知识，增强教育教学能力。大力培养和引进学科带头人和骨干教师，造就一批具有较高学术水平的学术名家、中青年学术带头人和骨干教师”。要“加强教师培训体系建设。建立教师继续教育和终身学习机制，形成全员培训以远程为主、骨干培训以面授为主、个性化培训以校本为主的培训体系。改革和完善教师培训制度。健全教师培训网络和机构，充分利用本地教育资源，构建区域性教师培训中心。推进教师培训信息化，加快实施教师教育网络联盟计划，大规模、低成本、高效益培训教师特别是农村教师”。深入实施基础教育“百千万人才工程”，培养一批具有较强引领力的名教师名校长。要“加快促进农村教师队伍提高素质”。

3. 清远市基础教育改革发展需要

清远市地处粤西北，虽然是全省的经济、教育洼地，但却能够深刻地认识到教育对经济社会发展的重要性，认为“强市必先强教。优先发展教育、提高教育现代化水平”“人才是经济社会发展的第一要素，是强市之基、竞争之本、转型之要，是推动科学发展、实现富民强市的第一资源”。认为教育、人才对经济社会具有重要促进作用。为此，先后出台了《清远市中长期教育改革和发展规划纲要（2010—2020年）》《清远市中长期人才发展规划纲要（2012—2020年）》，要“优化发展普通高中”。清远市对提升教师专业素质非常重视。要“推进教师培训信息化，大规模、低成本、高效益培训教师特别是农村和边远山区教师。高度重视农村教师和校长培训，以提高业务素质和学历层次为重点，对农村学校紧缺学科教师实行订单式培养或培训。全面推进清远市中小学骨干教师培养工程和各县（市、区）教师队伍‘三名工程’”。要“加快促进农村教师队伍提高素质”。要“制定名师培养方案，加强对骨干教师的培养、管理和考核，努力培养和打造一批师德高尚、成果显著、深受广大师生拥护的国家、省、市级名师”。到2020年，新增中学高级教师1200名，省特级教师30名，市名校长100名，市学科带头人和中青年教学骨干2000名，设立一批市级“名师工作室、名校长工作室”，每年遴选资助一批教育管理骨干提升素质，增强本领。

由于清远市是全省21个地级市中陆地面积最大的地级市，全市人口在省排第13位，全市人口密度小，是全省五个山区市之一，也是少数民族聚居地区。全市各县（市、区）高中学校之间最远的距离近300公里，全市南北相距较远，经济差距大，各县高中语文教师人数较多，如果每次都集中在市区组织教研培训活动，受时间、经费影响，各县（市、区）的高中语文教师不可能每次都全员参加。

4. 山区高中语文教师专业发展需要

语文是一门兼具人文性和工具性的学科。在高中开设的众多学科课程里，其工具性，集中体现在其基础性，即如果一名学生的语文基础不扎实，势必影响其他学科的学习与发展。最近北京出台的关于增加语文中考与高考分值的改革方案，充分显示了语文学科的基础性与重要性。而教师的专业知识与能力对他的教学水平具有重要影响。山区高中教育教学水平发展缓慢，虽然原因有多方面，但是它与山区高中语文教师的专业能力水平不无关系，山区高中语文教师的专业能力发展水平制约着山区高中教育教学水平的进一步发展。如何才能全面有效提升山区高中语文教师的专业能力发展已成为迫切需要研究与解决的重要问题。

不论是国家还是省、市，都把教育放在优先发展位置，对教师队伍建设十分重视，对山区教师素质的提升尤为重视。语文作为中学的基础学科，语文教师的素质如何，将直接影响中学语文教育教学的水平，直接影响中学语文教育教学的改革和发展。而山区高中教育教学水平、改革和发展如何，将直接影响全省教育现代化建设的全面早日实现。可见，探索有效提升清远市山区高中语文教师专业发展路径，是时代与社会发展的必然要求。

（二）学术价值

该课题主要目的是通过联片研训方式，探索山区高中语文教师专业发展的有效路径，为促进山区高中语文教师的专业发展路径积累经验，丰富山区高中教师专业发展路径的理论，为各地区尤其是山区高中教师的专业发展提供可资借鉴的路径与方式。

（三）应用价值

通过该课题的研究，能为促进山区高中语文教师甚至是其他学科教师的专业发展提供有效的路径，解决大量一线教师迫切希望却又甚少甚至没有机会直接参与全市性的教学研讨与培训活动的实际困难，让广大山区学校在促进教师专业能力发展过程中急需的低成本与高效益之间找到平衡点与结合点，能有效解决目前存在的教师参与教研和培训过程中出现的两难困境，即教师虽然花了时间与金钱参与继续教育，但是教师的专业知识与能力却未能得到有效提升，解决山区高中语文教学研究和培训割裂的尴尬局面。这种提升山区高中语文教师专业发展的联片研训方式，在全市高中其他学科，甚至在全省、全国其他地区同样具有广泛的应用意义。

二、本项目的研究现状

教师专业发展问题是各所学校普遍关心的核心问题。如何有效促进教师专业发展，不同学校有不同的做法。采取以联片研训方式促进教师专业发展的实践研究，主要运用于小学与初中学校，例如，北京市昌平区开展了联片教研与校际联盟活动，逐步缩小了农村学校之间“教育软实力”的差距，促进了区域教育均衡发展从条件均衡向内涵均衡转型升级。浙江省常山县在小学开展了《农村学校“联片研训”促进教师专业发展的实践研究》，浙江省浦江县开展了《“研训一体”教师教育创新模式》的项目的研究，广东省顺德区龙江镇也开展了联片教研活动，都取得了一定的成效。不过上述这些研究，主要是在小学或初中学段开展，并且主要是在县区内开展。目前在网上搜索，还未看到以市级为单位，采取联片研训方式促进高中语文教师专业发展方面的研究。

三、本项目的总体框架和基本内容，拟达到的目标

（一）总体框架和基本内容

（1）结合全市高中语文学科片区教研活动，分年级开展研究，以典型课例研究为抓手，根据三个年级教师与教学内容的不同特点，分别安排有针对性的培训内容。

（2）研究活动内容主要围绕高中语文课堂教学进行，围绕教师在各类型的课堂教学，例如现代文阅读教学、古诗文教学以及作文教学等课型的组织与处理技巧能力、教师课堂教学的自我反思与研究能力。

（二）拟达到的目标

通过开展本项目研究，促使清远市山区高中语文教师在年度目标及总体目标分别达到如下：

第一年度目标是，认真学习，更新观念，促使他们的理论素养走向专业化。

第二年度目标是，努力探索，大胆实践，促使他们的语文教学实践走向专业化。

第三年度目标是，提高教学效率，促使他们的语文教学品质走向专业化。

总体目标是，让清远市山区高中语文教师通过联片研训活动，学习意识得到增强，现代教育理论素养得到提升，教学反思能力得到增强，课堂教学艺术能力得到提高，教学研究能力得到增强，课堂教学效果得到显现。

四、本项目拟突破的重点、拟解决的关键问题及主要创新之处

（一）拟突破的重点、拟解决的关键问题

本项目研究拟突破的重点是如何有效提升山区高中语文教师专业素质。由

于清远市地域辽阔，各县之间的高中学校语文教师素质参差不齐，受山区经济落后局限，仅凭学校及教师个人条件，很多一线教师只能局限于校本教研与个人的孤独奋斗，教师的视野狭窄，教师的专业成长缓慢甚至停滞，从而影响清远市高中教育教学水平的发展。本项目研究主要拟解决的问题是，通过组织市级高中语文片区教研活动，把教研与培训结合在一起，促进清远市高中语文教师专业素质得到发展。

（二）主要创新之处

把全市相邻县区的高中学校划分为若干个片区，借助全市高中语文教研指导优势，把高中语文教研和教师专业培训结合在一起，破解目前清远市高中语文教研和专业培训两张皮困局，寻求低成本高效益渠道，实现高中语文教学、教研活动和专业培训效益最大化，以提升山区高中一线广大语文教师的专业素质，促进山区高中语文教育教学改革的健康持续发展。

五、本项目的研究方法和研究手段、研究计划

（一）研究方法和研究手段

1. 文献研究法

通过上网搜索下载有关文献资料，全方位了解近几年全国各地开展教师专业发展情况，尤其是高中阶段语文学科方面的情况，以教育部制定的《中学教师专业标准（试行）》为指导，从教研室语文学科各类杂志、校图书馆获取与课题有关的资料和信息。

2. 调查研究法

采用问卷、访谈、观察等方式对清远市高中语文教师的课堂教学和专业素质方面存在的问题和原因进行了解，对高中语文教师课堂教学能力等专业水平的进展予以跟踪。

3. 行动研究法

通过运用先进的教育教学理论，对清远市高中语文教师课堂教学的典型课例（如同课异构等）进行分析比较研究，开设有针对性的教学专题讲座，进一步研究出切实有效的策略方法，并将实践经验转化成具有指导性、实践性的理论。在课题实施过程中，围绕课题研究的目标展开多层次、多渠道、多方位研究，边实践边总结。

4. 经验总结法

在课题研究过程中认真做好各类资料的收集、整理和实施情况的记录，及时总结各阶段取得的成果。

（二）研究计划

1. 准备阶段（2013年12月—2014年1月）

了解国内外同类课题研究状况，确定研究课题，确立课题组负责人和实验教师，申报课题，撰写实施方案，进行相关课题的理论学习。

2. 课题实施阶段（2014年2月—2015年12月）

深入清远市高中学校，了解清远市高中语文教师在课堂教学、专业发展方面存在的问题、需求及其原因，并形成调查报告。深入高中语文课堂，收集清远市高中语文教师课堂教学的典型课例，进行研究，组织专题讲座，探索提升高中语文教师课堂教学能力的方式方法，及时总结各阶段工作开展的经验体会，注重平时素材的收集与整理。

3. 结题阶段（2016年1月—2016年10月）

课题攻关，解决研究过程中的疑难问题，撰写结题报告，汇集出版研究成果，推广经验成果和典型经验，申请结题。

六、负责人前期研究基础

课题主持人从事高中语文教学教研工作近20年，有较强的教育教学研究和组织管理能力，有强烈的上进心，工作认真负责。先后主持或参与了10个地市级以上课题与3个校级课题的实验与研究，其中主持了1个国家级子课题、参与了4个国家级课题，主持了2个省级课题、参与了1个省级课题，主持了2个市级课题的实验与研究。2次荣获全国先进实验工作者与全国课题优秀实验教师。

近三年已完成的重要研究课题有：广东省哲学社会科学“十一五”规划2007年度教育学、心理学立项项目“粤北山区高中扩招形势下青年教师专业发展有效途径研究”、广东省基础教育系统“百千万人才工程”省级培养对象专项研究课题“以高中语文课堂对话训练促进作文质量提高的研究”、中国教育学会“十一五”规划课题“实施新课程促进学生发展试验研究”分系列课题“课堂作文教学中优化过程和方法以促进学生发展”。发表的相关论文主要有：《山区中学语文教师专业发展有效途径探微》于2005年12月20日发表在

《新课程·教师版》期刊，《高中语文作文教学有效性实施策略》刊登在2010年5月15日出版的《中华活页文选·教师版》期刊，《时代呼唤高中语文教师形成教学风格》刊登在2010年12月28日的《考试报》报刊，《转换思维，让语文课堂动起来》刊登在2011年1月26日的《广东教学》报刊。

已收集的资料有：《中学教师专业标准（试行）》《教师专业发展规划》《教师专业成长的新模式：研训一体》《联片互动教研促进教师专业发展》《“构建多形式、多途径的教师发展模式，促进教师专业成长”理论研究》《教育走向生本》《听王荣生教授评课》《优秀教师的课堂艺术》《从优秀教师到卓越教师：极具影响力的日常教学策略》《现代教师：走进教育科研》《课程教学研究》《课程·教材·教法》《广东基础教育研究》《教学研究》等论文、专著或期刊。

完成本课题研究的科研条件有：课题主持人是地市级中学语文教研员，曾在普通高中担任过教研组长、年级组长、教研处副主任、主任，于2011年7月8日在全国“十一五”教育科研先进集体、先进工作者及优秀成果评选中，被教育部中国教师发展基金会评为全国“教育科研先进工作者”，于2011年8月20日被广东省普教系统“百千万人才工程”培养指导中心评为广东省基础教育“百千万人才工程”省级教育专家、名校长、名教师培养对象高级研修班优秀学员。具有丰富的教学教研及管理经验，单位大力支持鼓励课题主持人进行教育科研实践工作，具有充分的研究时间，单位及家庭都有可上网的电脑设备，并购置了必要的专业图书，订购了一些专业的杂志。

第二节　课题实施方案

——广东省教育科研“十二五”规划2013年度研究一般项目“以联片研训方式促进山区高中语文教师专业发展研究”（课题批准号：2013YQJK202）实施方案

一、课题研究的意义

（一）课题提出背景

（略）

（二）所要解决的主要问题

主要是要解决大量一线教师迫切希望却又甚少甚至没有机会直接参与全市性的教学研讨与培训活动的实际困难。

二、研究现状

（略）

三、理论依据

（一）课题概念界定

联片研训：把全市划分为三个片区，即市区片、英佛片、连阳片，其中市区片由市直各高中学校和清新区的各高中学校组成，英佛片由英德市和佛冈县两个县（市）的高中学校组成，连阳片由连州市、连山壮族瑶族自治县、连南瑶族自治县和阳山县四个县（市）的高中学校组成。每个学年在每个片或全市举行不同主题的高中语文教研或培训活动。

山区高中语文教师：以直接参与课题研究的两个基地高中学校的语文教师为主，辐射到全市八个县（市、区）的高中语文教师。

教师专业发展：教师素质主要包括“道德素质、知识素质、教育教学素质、教育科研素质、身心素质”五方面内容。根据课题组教师自身实际，以教育教学素质和教育科研素质方面为重点，确立普及、提高和拔尖等不同层次的目标和要求。

（二）研究理论依据

1. 建构论认为

随着皮亚杰对人的认识发生机制的研究以及建构主义哲学思潮的影响，认为知识是不固定的，不断扩展的，是在学习者和教学者之间互动共同建构的。因此，强调教师是成长过程中的人，需要不断地建构自己的知识体系，把知识变成完全个人化的而不是外在于自己的东西。

2. 反思论范式

主张教师的成长应该培植起反思的意识，不断反思自己的教育教学理念与行为，不断自我调整、自我建构，从而获得持续不断的专业成长。

3. 教师成熟发展循环论

菲斯勒（Fessler，1985）提出。所谓循环，即认为教师的发展轨迹并非一种直线式的阶段模式，而是一种具有可循环的、可重生的发展系统。教师的发展是个人环境（家庭影响、成长经历、重要事件、个人气质和个体经验等）、组织环境（学校自然环境、人际环境、专业组织机构、管理风格和社会期望等）和生涯环境（职业引导、能力建立、职业热情、生涯挫折等）相互影响和作用的结果。

4. 理智取向、实践—反思取向、生态价值取向

从理智取向来看，教师对自身的专业发展有明确的认识，对学科知识和教育知识的接受是主动的，对教师发展的理解是理智的。从实践—反思取向来看，教师专业化发展有了更多的主动探究成分，应该归属于创新型的专业发展取向，这也是教师专业发展得以顺利有序进行的保障。而生态价值取向应该更科学更有发展前途。“从本质上说，教师专业发展是教师个体不断发展的历程，是教师不断接受新知识，增长专业能力的过程。教师要成为一个成熟的专业人员，需要通过不断的学习与探究历程来拓展其专业内涵，提高专业水平，

从而达到专业成熟的境界。”（教育部师范教育司：《教师专业化的理论与实践》，人民教育出版社2003年版，第26—30页）

四、研究目标、内容与方法

（一）研究目标

探索一条有特色的促进山区市高中语文教师专业发展的道路，通过发掘和培养一批面向教育现代化的骨干教师、名优教师的示范和表率作用，带动全市高中语文教师整体素质的提高，从而促进清远市高中语文教学水平的发展。

（二）研究内容

（1）探索构建全市高中语文片区教研活动网络体系，建立全市高中语文毕业班和非毕业班教师Q群，探索建设有代表性的全市高中语文阅读和写作方面的专题微课教学资源库，并在适当范围予以展示交流。

（2）探索如何创建实验基地学校，着重围绕阅读和写作两个主题开展全市片区高中语文主题教研活动。

（3）探索总结促进清远市高中语文骨干教师成长的成功经验路径。

（三）研究方法

准备阶段主要采用文献研究法、调查研究法。实施阶段主要采用行动研究法和经验总结法。在整个研究过程中，多种方法灵活运用，边实践、边探索、边修改、边完善、边总结。

五、课题组织与研究进度

（一）成立课题组

主持人：邵老师

成　员：陈老师　李老师　黄老师1　黄老师2　苗老师　周老师　黄老师3
王老师　洪老师　郑老师　邓老师　鞠老师　梁老师　罗老师

课题主持人邵老师是清远市教育教学研究院教研员，负责中学语文教研工作。于2011年8月被广东省普教系统“百千万人才工程”培养指导中心评为广东省基础教育“百千万人才工程”省级教育专家、名校长、名教师培养对象高级研修班优秀学员。

课题组成员都是中青年骨干教师，有市教师工作室主持人，有市县级教学能手，有教坛新秀，教学经验丰富，参与活动积极热情，都有创新意识和科研能力。各位成员在各级各类的活动中，课堂教学、优秀论文、教学设计、教学课件等获得过不同等级的奖励。本课题能够按期完成目标任务，取得预期研究成果。

（二）课题组分工

邵老师：主要负责撰写课题立项的申请书及评审申报、重要会议活动的组织联络、重大事项变更的申请、全市高中语文片区教研与培训活动的组织及撰写结题报告、课题结题验收的申请评审工作。

陈老师：主要负责清远市X中学实验基地分课题组的实验与组织工作，如组织安排落实本校每学期每人不少于1节的课题实验专题研讨课，并按时完成收集汇总相关老师每学期的理论专业学习及心得、教学实验专题课例与反思、师生典型个案及其他相关的课题实验材料。

李老师：组织安排落实工作室成员每学期每人不少于1节的课题实验专题研讨课，每学期负责组织开展不少于4次的课题写作等方面的理论学习讲座，并按时完成汇总编辑相关老师每学期的理论专业学习及心得、教学实验专题课例与反思、师生典型个案及其他相关的课题实验成果材料。

黄老师1：负责课题实验会议活动的具体组织与联络工作，承担课题实验课、师生典型个案材料的收集与整理、撰写每学期课题实验工作小结、论文等。

黄老师2：负责协助组织落实清远市X中学实验基地分课题组的实验与组织工作，承担课题实验课、师生典型个案材料的收集与整理、撰写每学期课题实验活动记录、论文等。

王老师：按时完成收集汇总相关老师每学期的理论专业学习及心得、教学实验专题课例与反思、师生典型个案及其他相关的课题实验材料，每学期分类汇总编辑相关老师每学期的理论专业学习及心得、教学实验专题课例与反思、师生典型个案及其他相关的课题实验成果材料。

郑老师：负责协助组织落实清远市X中学实验基地分课题组的实验与组织工作。

邓老师：负责课题实验会议活动的录像、拍照工作。

鞠老师：负责本校分课题实验前后的问卷调查及撰写调查报告工作。

梁老师：负责课题实验会议活动的录像、拍照及活动大事记的记录工作。

罗老师：负责组织落实清远市Y中学的课题实验与组织工作。

洪老师：负责网络Q群资源库的建设工作，负责组织落实清远市Z中学的课题实验与组织工作，承担课题实验课、师生典型个案材料的收集与整理、撰写每学期课题实验工作小结、论文，每学期分类汇总编辑课题实验研究成果集等。

黄老师3：主要负责连南县实验基地分课题组的实验与组织工作，如组织安排本地高中学校每学期每年级语文教师不少于2节的课题实验专题研讨课。

苗老师：主要负责连南X中学实验基地以阅读教学为主的分课题组的实验与组织工作，如负责本校课题实验前后的问卷调查及撰写调查报告工作，负责撰写各课题阶段的工作计划与小结，组织安排每学期每年级语文教师不少于2节的课题实验专题研讨课，每学期负责组织开展不少于4次的阅读教学方面的理论学习讲座。

周老师：负责每学期分类汇总编辑分课题实验研究成果集，协助网络Q群资源库的建设工作等。

（三）工作进度

（1）准备阶段（2013年12月—2014年11月）：调查清远市高中语文教师专业状况。

（2）课题实施阶段（2014年12月—2017年7月）：组建清远市X中学和连南X中学两个课题实验基地学校分课题组，其中清远市X中学实验基地分课题组由李老师、陈老师负责，主要进行作文教学专题方面的实验与研究；连南X中学实验基地分课题组由苗老师负责，主要进行阅读教学专题方面的实验与研究，重点进行典型教师与典型学生个案的实验与研究，及时收集整理清远市高中语文教师课堂教学的典型课例，进行研究。组织全市（含实验基地学校）专题教研和培训讲座（如专家引领、主题教研、专题讲座、同课异构、交流分享），构建有效促进山区联片研训基本路径。

（3）总结推广阶段（2017年8月—2017年12月）：撰写结题报告，汇集出版研究成果，推广经验成果和典型经验，申请结题。

六、预期研究成果

（1）摸索出联片教研主题活动和骨干教师培训方案，形成一个科学规范有序高效的联片研训流程。

（2）课题实验优秀论文（课题组成员每人有1篇论文以上在市级以上发表或获奖）、科研成果汇编。

（3）实验基地学校典型教师及片区教研专题课堂教学课例光盘，建立高中语文教学资源库。

（4）课题结题报告。

七、经费保障及分配

市教研院对本课题的研究经费将予以全程、全力支持保障，保证课题研究所需的全部费用，如：研究设备、工作资料、培训学习、考察交流、成果汇编印刷、专家指导、开题、结题等项费用，均在省、市拨付的专项课题研究经费中开支，确保不因经费原因影响课题研究进度与效果。

附：立项通知

广东省教育科学规划领导小组办公室

立项通知

邵献计同志：

经广东省教育科学规划领导小组批准，你申报的课题“以联片研训方式促进山区高中语文教师专业发展研究”被批准为广东省教育科研“十二五”规划2013年度研究一般项目，课题批准号2013YQJK202，立项课题研究起始时间以下达通知之日为准。

根据《广东省教育科研管理办法（试行）》要求，接受立项后的《广东省教育科学规划课题申请书》即为有效约束力的协议，你及所在单位必须承担相应责任并执行以下决定：

接通知后，请尽快在三个月内组织开题，制订具体的实施方案，并按照研究周期将开题报告和实施方案、中期报告、研究成果等及时报送我办。

课题总经费1.5万元，课题经费省财政厅已一次全部下拨至你所在的市（市、县、区）财政局。立项经费须严格按照《广东省强师工程专项资金管理办法》使用。课题研究成果发表须独家注明“广东省教育科学规划课题+课题名称（课题批准号）。

若对以上规定持有异议可以不接受，并请来函说明，立项协议自行废止。

成果形式：专著、论文、研究报告

完成时间：三年

广东省教育科学规划领导小组办公室

2014年12月

第三节　课题中期检查报告书

——广东省教育科学规划项目中期检查报告书

项目名称：以联片研训方式促进山区高中语文教师专业发展研究

项目负责人：邵献计

所在单位：清远市教育教学研究院

最终成果形式：论文、研究报告

课题批准号：2013YQJK202

一、研究工作进展情况

工作方案、调研计划、实施情况、拟开展的工作、存在的问题、能否按时完成研究计划、经费使用情况等。

（一）“以联片研训方式促进山区高中语文教师专业发展研究”课题实施工作方案

（略）

（二）调研计划

根据本课题实施工作方案，为准确了解全市高中语文教师专业发展的实际情况，特制定本调研工作计划。本课题计划在全市高中语文教师开展两次大型的调研活动。调查对象为全市各片区高中语文教师，调查主要内容将围绕全市高中语文教师专业发展方面的内容，调查方式是以各高中学校为单位，通过各县（市、区）教育局教研室，把问卷发放到各高中学校，以通讯问卷方式进行问卷。调查时间将分别于课题实施前和课题研究结束前各进行一次问卷调查，调查结束后，将对问卷情况进行统计分析，并形成书面调查报告。

（三）实施情况

本课题从2014年12月实施以来，特别是自2015年5月19日本课题举行开题仪式后，课题组主要开展了以下研究工作。

1. 开展了课题实施前的通讯问卷调查工作

于2014年6月在全市各高中学校进行了“清远高中语文教师专业发展状况问卷调查”。

全市高中语文教师共有791人，参与问卷调查有565人，并对问卷进行了统计分析，根据问卷过程中收集到的主要问题，提出了三个建议与对策：一是加强教师专业培训的针对性和实效性；二是搭建有利于教师专业化发展的交流平台和激励机制；三是营造课堂教学反思氛围，提高课堂教学反思质量，并形成了书面的调查报告。

2. 组建了清远市X中学和连南X中学两个课题实验基地学校分课题组

其中清远市X中学课题实验基地学校分课题组主要依托李老师的清远市教师工作室，着重研究高中语文作文教学；连南X中学实验基地学校分课题组以苗老师和周老师两位老师为主，着重研究高中语文阅读教学方面的内容。

3. 组织课题组学习了高中语文教育教学理论

根据本课题组的实际情况，理论学习以分散自学为主，集中学习为辅，学习内容主要是课程教材教学方面的理论书籍，突出做中学，学以致用。课题组的理论学习以两个分课题组各自组织学习为主。

4. 建立了全市高中语文毕业班和非毕业班教师Q群

其中清远高中语文教研QQ群（群号为165384741）主要供全市高中非毕业班语文教师学习和交流使用，清远市高考语文中心组QQ群（群号为242092708）则主要供全市高中毕业班语文教师学习和交流使用。

5. 举办了高中语文骨干教师培训活动

2014年12月11—13日在清远市第二中学举办了清远市高中语文骨干教师培训活动。培训主要内容包括三个方面，一是主题学习：高中语文课程标准文学作品教学的解读及文学作品的特性，文学作品教学内容的选择与教学环节的组织，广州、汕头教研经验分享。二是共同备课：围绕文学作品开展集体备课。三是教学观摩：邀请广州市的优秀高中语文教师上观摩课，学员代表上研讨课并交流。全市各高中学校骨干教师代表共76人参加了本次培训活动。参训教师认为本次培训活动设计科学人性、活动节奏紧凑，课程有条不紊。针对主题请来的专家老师敬业而专业，档次较高，务实而不花哨。其中参训教师英德市英西中学的李老师在他提交的培训心得中很有感触地写道："这次培训让我对培训的感觉有颠覆性的改变。我之前对培训有些抵触情绪，但通过这次真正的专业性的培训，深刻认识到一名负责任的教育工作者，要使自己的专业得到成长，参加一些专业性强的培训是非常有必要的。也希望教育部门能从国家教育大计的高度出发，为广大老师的专业成长提供更多的学习机会。"

6. 开展了高中语文区域联片教研系列活动

高中语文区域联片教研活动是本课题的主要载体和主阵地，也是促进全市高中语文教师专业发展的主要学习锻炼交流和展示的活动平台。2014年至2016年，三年间全市高中语文区域联片教研活动一共举办了18次，累计共有1465人次参加了全市高中语文区域联片教研活动。具体活动开展的时间、地点、主题及参加教师人数情况如表5-1：

表5-1　活动开展的时间、地点、主题及参加教师人数统计

序号	活动片区	活动时间	活动地点	主题内容	参加教师人数
1	英佛片	2014.9.25	高二：佛冈中学	文言文教学《游褒禅山记》同课异构	86
2	英佛片	2014.9.26	高一：佛冈一中	古代诗歌教学《短歌行》同课异构	90
3	市区片	2014.10.15	高二：清远市第二中学	文言文《郑伯克段于鄢》同课异构	98
4	市区片	2014.10.16	高一：清远市第一中学	现代散文教学《拣麦穗》同课异构	106
5	连阳片	2014.11.26	高二：连州中学	文言文教学《陈情表》同课异构	62
6	连阳片	2014.11.27	高一：连州二中	文言文教学《项脊轩志》同课异构	65
7	市区片	2014.9.22	高二：清远市第一中学	实用类新闻教学《东方风来满眼春》同课异构	95
8	市区片	2014.9.23	高一：清远市第三中学	古代诗歌教学《孔雀东南飞》同课异构	92

续 表

序号	活动片区	活动时间	活动地点	主题内容	参加教师人数
9	连阳片	2015.10.15	高二：阳山县南阳中学	文言文教学《游褒禅山记》同课异构	60
10	连阳片	2015.10.16	高一：阳山县阳山中学	古代诗歌教学《归园田居》同课异构	60
11	英佛片	2015.11.24	高二：英德市英德中学	古代诗歌教学《蝶恋花·伫倚危楼风细细》同课异构	85
12	英佛片	2015.11.25	高一：英德市第一中学	文言文教学《赤壁赋》同课异构	87
13	英佛片	2016.9.27	高二：佛冈县第一中学	文言文教学《段太尉逸事状》同课异构	86
14	英佛片	2016.9.28	高一：佛冈中学	现代散文教学《我的家在哪里》同课异构	80
15	市区片	2016.10.13	高二：清远市第一中学	实用类新闻教学《“神五”载人航天飞行新闻两篇》同课异构	94
16	市区片	2016.10.14	高一：清远市第二中学	古代诗歌教学《短歌行》同课异构	97
17	连阳片	2016.10.31	高二：连南民族高级中学	戏剧教学《城南旧事》同课异构	60
18	连阳片	2016.11.1	高一：连州中学	现代诗歌教学《再别康桥》同课异构	62

（四）拟开展的工作

（1）开展课题结束前的通讯问卷调查工作。

（2）联合清远市X中学和连南X中学两个实验基地学校开展课堂教学研讨活动。

（3）继续开展高中语文区域联片教研活动。

（4）做好课题结题前的资料收集、汇总以及提出课题结题申请工作。

（五）存在的问题

由于课题组成员来自多所学校，全体课题组成员集中活动时间受到局限，有个别课题组成员未能按时提交相关的课题活动工作材料。课题研究成果意识不够强，尚未总结提炼出有影响价值的课题研究成果。

（六）能否按时完成研究计划

课题研究需要在开题报告确定的研究时间内延迟一年，即要由原定2017年12月完成课题研究内容，延迟至2018年12月。

（七）2015年至2016年课题经费使用情况

具体见表5-2：

表5-2　2015年至2016年课题经费使用情况

支出项目	金额（万）	备注
图书资料费	0.05	图书资料购买
购置文具费	0.05	有关文具购买费用
小型会议费	0.548	举行开题论证会、讨论会等
咨询费	0.15	聘请专家参与顾问、设计、论证、调查研究等，支付外聘专家劳务费
印刷费	0.15	调查问卷、文本资料等印刷费
合计	0.948	

2016年12月15日

二、1—2项代表性成果简介（基本内容、学术价值、社会影响等）

《清远高中语文教师专业发展状况问卷调查分析报告》。为了解全市高中语文教师的专业培训情况和发展需求，以及在培训、学习中的真实想法，以便为全市高中语文教师及其他学科教师进行学科专业发展研究与培训提供有价值的参考信息。2014年6月，通过全市各县（市、区）教育局教研室、市直各普通高中学校，由各学校按要求以不记名方式进行了问卷调查，并对回收的问卷及数据进行整理。据统计，全市共有30所高中普通学校，参与问卷调查共有25所，占83.3%。并对本次问卷调查的主要数据进行归类统计分析，形成如下教师问卷调查分析报告。主要内容包括：一是教师基本情况，二是教师专业培训认识，三是教师对教学问题看法，四是教师专业发展意识，五是教师教学压力状况，六是教师专业培训需求，七是教师对培训师资需求，八是建议与对策。本调查报告为本课题的开展和实施提供了科学的数据，为全市高中语文片区教研活动在组织内容和形式等方面提供了很好的依据，同时也为其他学科、其他地区开展区域联片研训活动提供了借鉴。

科研管理部门审核意见：

（略）

科研管理部门（签章）

2016年12月30日

注：如项目研究工作需推迟结项时间、调整研究方向、变更重要课题组成员等重大变更事项，需另填报《广东省教育科研项目重要事项变更申请表》。

第四节 课题结题报告

——“以联片研训方式促进山区高中语文教师专业发展研究”
课题组

课题名称：以联片研训方式促进山区高中语文教师专业发展研究

课题批准号：2013YQJK202

课题负责人：邵献计

课题组成员：陈顺仪，黄思恩，苗臣耿，周灵，黄丽芳，李代权，王国伟，洪玲，郑海燕，梁捷，邓锦棋，鞠玲英，罗英。

2014年12月，由广东省教育科学规划领导小组办公室批准立项的广东省教育科研“十二五”规划2013年度研究一般项目“以联片研训方式促进山区高中语文教师专业发展研究”，从进入实践研究至今历时四年多，已完成了各项研究任务。现将研究工作情况从五大方面总结报告如下。

一、课题研究的背景

（略）

二、课题研究的目标、内容和重难点

（一）研究目标

探索一条有特色的促进山区市高中语文教师专业发展的道路。

（二）研究内容

（1）探索建设有代表性的全市高中语文阅读和写作方面的专题教学资源库。

（2）探索创建实验基地学校。

（3）探索总结促进清远市高中语文骨干教师成长的成功经验。

（三）研究重难点

1. 重点

以实验基地学校为基础，探索高中语文阅读和写作方面的专题教学策略方法。

2. 难点

以全市高中语文联片教研活动为载体，总结促进清远市高中语文骨干教师成长的成功经验。

三、课题研究的过程和方法

（一）前期准备阶段（2014年5月至2015年5月）

主要采用调查法、文献研究法和讨论法。

通过各种渠道进行大量的文献搜索，深入了解国内外同类课题研究状况，同时在全市所有高中学校，通过通讯方式发放并回收问卷，深入调查全市高中语文教师专业状况，确立课题组及实验基地，课题组成员以分散自学为主，集中学习为辅进行广泛阅读和学习与课题相关的教育教学理论书籍。

向全市高中学校发放问卷，全市共有30所高中普通学校，占83.3%。本次问卷调查主要从教师基本情况、教师专业培训认识、教师对教学问题看法、教师专业发展意识、教师教学压力状况、教师专业培训需求以及教师对培训师资需求7个方面设计问卷，共设计23道题，通过对回收的问卷进行全面统计和分析，从而了解和掌握全市高中语文教师的基本情况及其对学科专业发展培训的基本倾向。为本课题的研究方向奠定了基础。

根据全市高中语文教师调查问卷的反馈需要，2014年12月，举行了全市高中语文骨干教师培训活动。建立了分别面向全市高中非毕业班语文教师和毕业班语文教师的两个网络交流平台Q群。

根据全市高中学校实际情况，为便于课题研究的深入开展，选取了具有典型代表性的两所学校作为实验学校，一是清远市X中学，它是全市重点高中学校，另一所是连南X中学，它是一所县级高中学校，也是一所少数民族高中学校，在县级高中具有代表性。

成立了由15人组成的课题组，其中主持人是邵老师。成员一共有14人，分别是陈老师、黄老师1、黄老师2（因工作变动，中途已退出）、苗老师、周老师、黄老师3、李老师、王老师、洪老师、郑老师、梁老师、邓老师、鞠老师、罗老师。成员来自市区的四所高中以及县级一所高中学校。

根据广东省教育科学规划领导小组办公室的要求，于2015年5月19日举行了课题开题报告会。在开题会议上，评议专家杨主任提出课题研究的一些修改思路。

（二）课题实施阶段（2015年6月至2018年6月）

主要采用行动研究法和经验总结法。

以全市高中语文片区教研活动为载体，以清远市X中学和连南X中学这两个课题实验基地为主要实验研究基地，三年来，围绕提升全市高中语文教师课堂教学专业能力水平的全市高中语文片区教研活动（含实验基地研讨活动），一共举行了34次大型活动，一共组织了60节内容丰富、体裁各异、形式多样的研讨课。教研活动以同课异构为主要形式，由片区内的各校推荐授课教师通过抽签方式，确定现场授课教师，当场授课，课后进行现场研讨交流。组建了清远市X中学和连南X中学两个课题实验基地学校分课题组，其中清远市X中学实验基地分课题组由李老师、陈老师负责，主要进行了同构异题作文结构能力教学专题方面的实验与研究；连南X中学实验基地分课题组由苗老师负责，主要进行了阅读教学专题方面的实验与研究，并对典型教师与典型学生个案进行了实验与研究。组织了全市（含实验基地学校）专题教研和培训讲座（如专家引领、主题教研、专题讲座、同课异构、交流分享），构建了有效促进山区联片研训活动方式，及时总结课题工作开展的经验体会。

（三）课题总结阶段（2018年7月至2019年3月）

（略）

（四）汇集研究成果

为进一步总结全市高中语文教师在过去三年来参与全市高中语文片区教研活动的反馈信息和建议，在2018年8月30—31日举行的清远市新修订普通高中课程方案和语文课程标准培训活动中，利用网络平台的问卷星提前制作并于活动现场，通过网上发布了《2018年清远市新修订普通高中课程方案和语文课程标准市级培训暨联片教研活动调查问卷》，与会教师利用手机，一共有490名教师现场填写了调查问卷，通过统计问卷结果，分析得知全市高中文教师对在过去三年的全市高中语文片区教研活动是比较认可的，对片区教研活动的各项指标都是比较满意的，这些指标主要包括四种，分别是活动时间、活动内容、活动方式和活动效果的满意度（除很不满意和不满意外），分别达到了96.12%，97.55%，96.73%，96.94%。具体数据如表5-3：

表5-3　2018年清远市新修订普通高中课程方案和语文课程标准市级培训暨联片教研活动调查问卷满意度反馈统计表

题目/选项	很满意	满意	一般	不满意	很不满意
活动时间	78（15.92%）	272（55.51%）	121（24.69%）	11（2.24%）	8（1.63%）
活动内容	74（15.1%）	307（62.65%）	97（19.8%）	4（0.82%）	8（1.63%）
活动方式	74（15.1%）	284（57.96%）	116（23.67%）	9（1.84%）	7（1.43%）
活动效果	72（14.69%）	284（57.96%）	119（24.29%）	6（1.22%）	9（1.84%）

表格说明：上表每个栏目的数据中，前者为人数，后者为比例。

资料来源：利用网络问卷星向参加2018年清远市新修订普通高中课程方案和语文课程标准市级培训对象进行网络问卷后系统生成的统计数据结果。

2018年11月中旬在连州市X中学首次开展了全市高中语文区域蹲点联片研训活动。本次活动内容项目包括承办学校教师代表进行晒课、汇报课以及展示课，专家作系列专题讲座、骨干教师上示范课、专家团队进行评课并指导教师磨课以及活动总结反馈。以广州名师领衔的省内学科精英（每学科3人）担任组长，分3个小组开展教研活动，共听课17节（其中承办学校教师分组晒课12节，广州名师示范课1节，学员汇报课3节，学员展示课1节），既有同课异构、一课多讲，又有名师示范课、学员晒课、汇报课及展示课，广州专家带领分组集体备课、磨课，各开展3场专题讲座。在研训活动的第一天里，12名晒课教师分成3个研训活动小组同时晒课，每个小组均包括了高一、高二和高三三个年级的诗歌阅读教学、散文阅读教学以及高考语用专题复习教学的晒课教学内容，共晒出12节课，课后进行集中评课和交流，每组分别从中选出一名教师代表第二天上汇报课，并对汇报课教师进行磨课指导，第二天先由广州市的骨干教师上一节诗歌教学的示范课，然后是由从前一天各组晒课中分别推选出来的三名教师依次上汇报课，课后再进行评课交流指导，并从三名汇报课教师中推选出一名教师代表上最后的一节展示课，学校年级语文备课组和专家团队对展示课教师进行磨课指导。整个研训活动以课例为载体聚焦课堂教学，以专家在研训活动期间穿插所做的《高中语文教师如何听课、备课和评课》《高中语文核心素养导向教学设计与评价的思考》《高中语文核心素养与学业质量标准转化的思考》等专题讲座为引领，科学诊断分析在各节晒课及汇报课教学中存在的突出问题，针对课堂教学中存在的问题提出了优化和改进的意见和建议。研训活动专门邀请了广州市的高中语文资深教研专家和广州市高中名校的骨干教师进行指导和示范。全市各高中学校均派出了语文教师代表参与研训活动，全市各县（市、区）高中语文教研员也参与了研训活动的全过程。由于本次研训活动既有全市各高中学校语文教师面上代表的参与，同时主要依托承办学校语文学科组全员全程的深度参与，指导和示范的专家来自省会大都市的资深教研专家和名校骨干教师，更突出了在点上的深入探讨和学科专业的引领。例如，在活动总结反馈会上，陈老师作为在本次研训活动中唯一连续上了三节同一个教学内容的教师，她发出了自己的肺腑之言："上一节课胜过听十节课，我在本次活动中上了三节课，让我受益终生！"本次研训活动促使她深入反思自己的课堂教学观念和课堂教学行为，对她产生了难以磨灭的深远影响，有效推动了她的语文教学专业成长。本次研训活动把高中语文联片研训活动引向了深入，有力推动了清远市高中语文教师的专业成长。

四、课题取得的成果

（一）建立了网络研讨交流平台和专题教学资源库

设立了两个高中语文教师网络研讨和交流QQ平台，分别是面向清远市高中语文非毕业班的清远高中语文教研QQ群（群号为165384741）和毕业班的清远市高考语文中心组QQ群（群号为242092708）。主要利用每周一个晚修两节课的时间，通过网络互动交流的方式组织全市高中语文教师开展主题研讨活动，进行高中新课程方案、新课标以及新高考理论政策的学习，Q群里及时分享和上传有关阅读和作文教学方面的课堂教学资料，利用Q群方式，初步建立了便于相互学习和交流有代表性的全市高中语文阅读和写作方面的专题教学资源库，为全市高中语文教师提供了便捷的网络研讨和交流平台。在全市高中语文区域联片研训活动中积累了丰富的课堂教学研讨课例，初步建立了全市高中语文教学资源库。课堂教学是高中语文联片研训活动的主阵地。自2014年开展全市高中语文区域联片研训活动以来，累计举办全市高中语文联片研训活动将近30场次，课题组注重及时收集和整理每次活动的课堂教学设计及教学课例，刻录了将近100节的高中语文片区教学课例光盘，为全市高中语文教学研究提供了丰富的教学课例资源，教学内容涉及了文言文课堂教学、古诗阅读鉴赏课堂教学、现代散文阅读课堂教学、戏剧作品阅读课堂教学、实用类文本新闻阅读课堂教学、小说阅读课堂教学以及作文课堂教学等。

（二）创建了实验基地学校，探索出提高阅读和作文教学效率的有效方法，发挥了实验基地的示范带动作用

根据清远市地域辽阔且各校师生素质差距较大的实际，选取了作为民族和山区特色代表的连南X中学和全市重点高中的清远市X中学作为实验基地学校，并分别着重开展了阅读和写作教学方面的专题研究，借助片区教研活动发挥了实验基地学校实验研究的示范和带动作用。其中清远市X中学在作文教学方面探索出利用同构异题训练方式提高学生作文结构能力的有效方法。“‘同构异题’作文训练”是一种用几道作文题去训练一种作文结构的作文结构训练法。这种训练法能强化学生作文的结构意识，提高学生的作文结构能力，并提升学生的作文自信心。“‘同构异题’作文训练”要套用系列不同文体的典范的作文结构，不同于“套作”。所谓“套作”指的是学生在作文的时候把别人文章的立意、构思、结构思路、思想内容、语言表达等不加改造，原原本本地套进自己的文章之中，是生搬硬套的投机行为。而“‘同构异题’作文训练”则是一种扎实学生作文结构基础，提高作文结构能力的训练方式，在教师的指导下，学生通过这种方式写出的作文，仅仅在结构上类似被模仿的对象，它立意构思、内容情感都是学生自己的。它如同学习书法的描红和学习国画的临摹，它只是作文训练的一个阶段，学生通过这个阶段的分文体的有序训练，在牢牢掌握了作文结构的基本技法和内在规律的基础上再去求变，他们的作文结构就会逐渐灵活起来，从而逐步实现自由地运用文字书写生活，自在地调用技巧来表达思想情感的目标。在几年的研究过程中，课题组把提高学生作文结构能力作为提高学生写作能力的突破口，并在任教班级进行改革试验，获得成功：学生作文能力大幅提高。例如，2015—2017年李老师跟班担任语文基础薄弱的高三（10）班语文教学，他把作文结构训练作为突破口，经过三年的努力，2017年高考这个班的语文学科创造奇迹，夺得了人均分101.9的好成绩（位居年级前列）。其中原本作文基础中等偏下的温同学，经过三年“高中作文‘同构异题’训练”，他的作文成绩稳步提升，在临近高考的考前试中提升到51分，最终，他在2017年的高考中取得语文123分的好成绩。又如，2014—2015年高二、2015—2016年高三，洪老师采用“同构异题”作文结构训练法，不到半年的时间，她所教的两个普通班的语文成绩因作文成绩的大幅提升而跃居年级第二。再如2019届毕业生梁同学在高一的时候，作文很难突破45分，经过梁老师的“‘同构异题’作文训练”，她的作文成绩不断进步，2019年高考中语文考出了126分的好成绩。配合课题研究，课题组成员在李老师的带领下写作了上百篇下水作文，给学生以示范引领，实现了作文教学“亲其师，信其道”的教育境界。李代老师还出版了个人散文集《一座莽山与一条长河》。2015年6月，李老师主编的师生作品课题成果《锵锵双凤鸣》由中国文联出版社公开出版。

连南X中学则探索出提高阅读教学效率的四大策略，即一是以分享促进教师阅读水平提高策略，二是提高课堂阅读效率的“五个一”策略，三是提高阅读质量的师生共读策略，四是以赛促读策略。其中的“五个一”阅读课堂教学策略，就是根据不同文体和课型，从“忆一忆”；“查一查”；“想一想”；“读一读”；“找一找”；“说一说”；“示一示”；“看一看”；“议一议”；“探一探”；“写一写”；“练一练”；“背一背”；“结一结”14个关键词中每节课选择“五个一”，前后顺序也可以适当调理，在原则性的前提下有了更大的灵活性，把课上活了，学生也喜欢，语文老师也便于操作。例如诗歌阅读的“五个一”包括：“忆一忆”—“看一看”—“议一议”—“练一练”—“背一背”。实用类文本阅读的“五个一”包括：“读一读”—“找一找”—“说一说”—“练一练”—“结一结”。文学类文本阅读的“五个一”包括：“读一读”—“想一想”—“说一说”—“探一探”—“写一写”。文言文阅读的“五个一”包括：“读一读”—“查一查”—“示一示”—“议一议”—“练一练”。通过以赛促读策略，课题组教师在参加学校每年的广东省高三模拟考试、青年教师优质课竞赛活动以及每年一次的“一师一优课”活动中，找到差距，明确努力方向，取得了成绩和进步，提高了自身的教学业务和水平。如周老师的教学课例在参加“一师一优课”活动中荣获了教育部的奖励。

（三）初步探索出高中语文区域联片研训“面、线、点”三部曲活动方式，初步形成了一个比较规范有序的联片研训活动操作路径，破解研训两张皮现象，实现了研训一体化，提高了研训活动的针对性与实效性

第一步是以面为主的片区内全员参与的高中语文区域联片研训活动方式。高中语文区域联片研训活动是基于全市高中片区教研活动的总体框架下开展活动。全市各高中学校是以地理位置为基础，分别划分成市区片、英佛片和连阳片三个片区，每个片区的高一、高二语文研训活动安排在同一个县区、同一个星期里，高一高二的活动时间错开，每个年级的活动时间为一天，研训内容以课堂阅读教学为主，研训方式采取同课异构、评课交流。这种活动方式从2013年起开展一直到2017年年初，这是持续开展时间最长的一种区域联片研训活动方式，它能够最大限度地让片区内同一年级的全体高中语文教师都有机会参与其中，能够有利于营造浓厚的人人参与的全市片区研训活动的氛围，研训活动有利于促使全体高中语文教师共同思考与探索，在促进学校教师专业素质之间发展的公平性与均衡性等方面起到了积极的推动作用。

第二步是以线为主的骨干教师参与的高中区域联片研训活动方式。以面为主的片区内全员参与的高中语文区域联片研训活动是一种普及型的区域联片研训活动，而以线为主的骨干教师参与的高中区域联片研训活动则是由研训人员数量普及型向研训层次质量提升型的过渡阶段。随着研训活动时间的推移，主动要求上进、不断善于思考的参与研训活动的教师，普遍感到研训内容特别是参与上课的教师局限在同一片区内，出现了水平同质化的现象。突破片区内的研训活动局限，走出片区外并吸收其他片区教师的优点和长处，甚至是市外骨干教师的优秀教学经验和专业水平，这是开展了以面为主的片区内全员参与的高中语文区域联片研训活动一段时间后产生的新的研训活动需求。为满足参与研训活动教师的渴求个人业务能力和水平不断增长的合理需求，2017年，在以面为主的片区内全员参与的高中语文区域联片研训活动的基础上，突破了局限于片区内的研训活动要求，允许片区外的高中学校鼓励派教师代表参与在其他片区举行的高中语文区域联片研训活动。在这项以线为主的骨干教师参与的联片研训活动中，借助广清一体化政策良机，邀请了广州市的教研专家和骨干教师参与到全市高中语文区域联片研训活动的同课异构及专题交流活动中。在2017年10月和11月，分别在全市的英佛片英德市Y中学和市区片的清远市X中学举行了有广州市高中语文教研专家做专题讲座和广州市一线骨干教师上示范公开课的高中语文区域联片研训活动，在这两次的高中语文区域联片研训活动中，除了本片区的各高中学校相应年级语文教师积极参与研训活动外，其他年级的语文教师甚至是其他片区的高中学校也派出了语文教师代表参与研训活动。这种以线为主的高中语文骨干教师参与的区域联片研训活动，研训时间更集中，由原来的一天缩减为半天，研训内容更精粹，由原来主要是同课异构及评课交流改为同课异构和专题讲座，减少了上课的节数，研讨交流的上课节数由原来的三节缩减为两节，上课教师分别由承办学校的一名教师和广州市的一名骨干教师上同课异构课，增加了讲座的时间，减去了集中评课交流的时间。这种研训活动方式，由于邀请前来参与上课的老师和做专题讲座的老师都是市外的骨干教师和知名教研专家，他们的业务能力和专业素质较高，起到了很好的教学示范和专业引领的作用。

第三步是以点为主的专家引领的高中语文区域蹲点联片研训活动方式。以点为主的专家引领的高中语文区域蹲点联片研训活动是在以线为主的骨干教师参与的高中区域联片研训活动基础上，注重增强全市高中语文联片研训活动的针对性与实效性，结合当前高中教育教学改革形势要求，深入贯彻落实高中新课程方案和课程标准语文核心素养落地课堂教学，以“聚焦课堂、科学诊断、精准指导”为主题，在一所高中学校开展为期四天的系列研训活动，以促进全市高中语文骨干教师特别是承办学校语文学科教师的教学观念的更新和课堂教学方式的变革。2018年11月正式启动，专门选择了连阳片的连州市X中学作为首次全市高中语文区域蹲点联片研训活动学校，高中语文区域蹲点联片研训活动内容项目包括承办学校教师代表进行晒课、汇报课以及展示课，专家作系列专题讲座、骨干教师上示范课、专家团队进行评课并指导教师磨课以及活动总结反馈。

“面、线、点”三部曲是全市在开展高中语文区域联片研训活动过程中逐步探索出来的由关注均衡的全员参与体验的普及型联片研训活动到注重质量提升的深度研磨型的联片研训活动路径。这一路径是在国家深入推进高中课程改革和重视教师队伍建设的环境下的不断探索之路，它是近年来清远市高中语文区域联片教研活动不断开拓创新和发展的结晶，它促进了全市高中语文教师教育教学观念和课堂教学行为的深度变革，推动了全市高中语文教师专业的纵深发展。

（四）学生的阅读和作文能力得到了提高，学校教学水平进步显著

清远市X中学课题实验基地的“‘同构异题’作文训练”法把提高学生作文结构能力作为提高学生写作能力的突破口。例如，2014—2015年高二、2015—2016年高三，洪老师采用“同构异题”作文结构训练法，不到半年的时间，她所教的两个普通班的语文成绩因作文成绩的大幅提升而跃居年级第二。配合课题研究，课题组成员在李老师的带领下写作了上百篇下水作文，给学生以示范引领。李老师主编的师生作品课题成果《锵锵双凤鸣》由中国文联出版社公开出版，李老师还出版了个人散文集《一座莽山与一条长河》。

连南X中学课题实验基地课题组教师积极探索提高阅读教学效率“五个一”等策略，课题组老师所任教班级的学生阅读兴趣浓厚，以读促写效果明显，辅导学生参加征文比赛活动中取得了优异成绩，从而带动了学校整个年级的学生阅读和写作能力的提高，在全市期末质检中语文成绩取得了明显的进步。如苗老师辅导的2018届高三（1）班房同学热爱阅读，积极撰写阅读心得体会，注意积累写作素材，积极参加课题开展的活动，表现突出，她参加全国第十四届“孔子杯”作文大赛，荣获全国一等奖，她的作文《忆一代枭雄——项羽》发表在《现代语文》2017年第十四届“孔子杯”作文大赛专刊上。

表5-4 清远市2018年高三期末质检与2015年9月高一入学基本数据统计表

县区	人数		总分均分		语文均分	
	高一	高三	高一	高三	高一	高三
市1	6307	5463	644.1	414.7	90.6	100.4
县1	1898	1395	597.3	345.7	87.5	95.4
县2	2306	1760	523.2	322.4	78.5	89.1
县3	447	458	503.6	319.7	77.6	91.34

续 表

县区	人数		总分均分		语文均分	
	高一	高三	高一	高三	高一	高三
连南	808	659	406.6	325.2	66.3	91.2
区1	3723	2542	546.0	366.36	80.5	96.0
市2	5826	4300	570.5	377.74	83.2	97.2
市3	1736	1565	543.4	341.03	82.2	94.2
全市	23051	18142	575.1	372.92	83.9	96.5

资料来源：清远市教育教学研究院2018年1月编的《清远市2017—2018学年度第一学期期末教学质量检测高三分析报告》，准印字号（粤R）Y0185019，第41页。

从清远市2018年高三期末质检与2015年9月高一入学基本数据统计表中的各县总分以及语文科平均分的对比数据（见表7–4），可以看出全市高中语文教学成绩由原来高一时全市平均分只有83.9分，提高到96.5分，全市高中语文教学成绩有了较大的进步。其中，连南X中学的进步尤为明显，该校2018届学生在高一入学时总成绩全市倒数第一，和县3相差近一百分。而到高三时超过了县3、县2。语文平均分从入学时的倒数第一，到高三时反超县2，和县3相差无几，语文平均分从入学时与全市相差17.6分，到高三时缩小到仅相差5.3分，是全市各县高中语文成绩进步最大的学校。该校取得如此进步实属不易，这里也有课题组老师的一份功劳。

（五）促进了全市高中语文教师的专业成长

课题组成员在开展课题研究活动过程中，注重不断总结和反思，及时撰写课题论文，汇编了《省级课题教学论文集锦》和《山区高中语文教师课堂教学专业成长的足迹——课堂教学实录集锦》（上）（下）。在市级以上发表的教学论文共21篇，专著一部，其中在省级以上发表的课题论文共16篇，其中课题主持人邵老师已发表的课题论文有6篇，分别是《同课异构绽异彩——清远高中语文联片教研促进教师专业发展实践研究》于2017年10月在全国中文核心期刊《语文建设》发表，《基于粤北区域高中语文教师参与研训情况的调查报告》于2018年1月在全国中文核心期刊《语文月刊》发表，《名著阅读教学要聚焦高阶思维能力培养》于2017年8月在《少男少女·教育管理》发表，《论在高中古诗教学中如何培养学生的创新意识》于2018年11月在《少男少女·教育管理》发表，《试论高中语文教学中开展名著阅读的必要性》于2018年9月在《新作文·中小学教学研究》杂志发表，《区域联片研训活动方式促进高中语文教师专业发展略谈》于2019年1月在《读写算·教学研究与管理》杂志发表。课题组成员李老师于2015年6月出版了课题成果专著《锵锵双凤鸣》，他本人于2015年6月被评为清远市首批名师，2016年3月被广东省政府评为特级教师，课题组成员王老师、苗老师于2018年12月晋升为中学语文高级教师，黄老师1、梁老师以及黄老师2等青年老师在全市青年教师教学基本功比赛获得了一等奖的优异成绩，其中黄老师2代表清远市参加了全省青年教师教学能力大赛并取得良好的成绩。

五、课题研究的反思及今后的设想

“以联片研训方式促进山区高中语文教师专业发展研究”的课题实施以来，全市高中语文教研活动方式有了切实的转变，课题组教师的教学理念得到了更新，教学专业能力和水平也在不断地提升，教学水平得到了提高。经过四年多的努力，我们完成了课题研究的各项内容，实现了课题研究的预期目标。

“以联片研训方式促进山区高中语文教师专业发展研究”是一个很有意义的课题，值得研究的问题也很多，我们在研究过程中，仅仅是涉及其中的一部分内容，对于如何确定研训的系列专题内容，如何在联片研训中有效融入现代信息技术，如何调动参与研训活动教师的积极性，如何发挥名师在研训过程中的引领作用等领域，还未进行深入研究，在今后的研究过程中，我们将进一步拓宽思路和视野，从更广的角度去挖掘联片研训方式促进山区高中语文教师专业发展研究的方法和策略。

六、致谢

感谢广东省教育厅科研处对本课题的研究认可并给予通过立项，在研究过程中得到了院领导和各实验校领导的重视和支持，从人力、物力、财力和时间等方面给予大力支持，感谢课题组所有成员在研究过程中，齐心协力，发扬不怕苦、不怕累和顽强拼搏的精神，为课题组顺利完成各项研究内容和任务付出了辛勤的汗水，取得了可喜可贺的专业发展进步，为学生和学校的发展做出了自己的努力。最后特别要为今天课题结题鉴定不辞辛劳的各位鉴定组专家表示衷心的感谢！

“以联片研训方式促进山区高中语文教师专业发展研究”课题组

执笔人：邵献计　2019年7月2日

附：课题结项证书

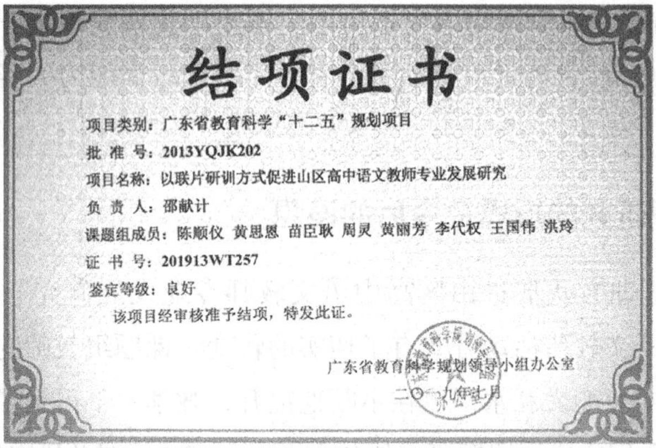

结项证书

项目类别：广东省教育科学“十二五”规划项目

批 准 号：2013YQJK202

项目名称：以联片研训方式促进山区高中语文教师专业发展研究

负 责 人：邵献计

课题组成员：陈顺仪 黄思恩 苗臣耿 周灵 黄丽芳 李代权 王国伟 洪玲

证 书 号：201913WT257

鉴定等级：良好

该项目经审核准予结项，特发此证。

广东省教育科学规划领导小组办公室

二〇一九年七月

第五节　教育教学成果奖申报书

——广东省基础教育教学成果奖申报书

申报成果名称：以联片研训方式促进山区高中语文教师专业发展研究

申报人姓名：邵献计

申报人所在单位：清远市教师发展中心

市级教学成果奖励等级：一等

成果推荐单位：清远市教育局

申报日期：2021年6月10日

一、成果简介

成果名称：以联片研训方式促进山区高中语文教师专业发展研究

研究起止时间

起始：2014年12月

完成：2019年7月

（一）成果概要（500字以内）

本成果为广东省教育科学“十二五”规划项目，经过多年实践研究，已探索出促进高中语文骨干教师专业成长的有效路径，即由注重人人参与的均衡体验普及型研训到注重质量提升的深度研磨型的联片研训活动探索之路，形成了以面为基础、以点为深入由“面、线、点”组成的高中语文区域联片研训活动三部曲的基本路径。面上活动以同课异构交流展示方式为主，线上活动以鼓励学校跨片区参与片区教研活动为主，点上活动是以蹲点学校为载体，以专题讲座为引领进行深度研磨，实现了从最初开始的注重人人参与的均衡体验普及型研训到注重质量提升的深度研磨型的联片研训活动方式，有效破解研训两张皮的痼疾，增强了研训合一的针对性和实效性，促进了全市高中语文教师教育教学观念和课堂教学行为的深度变革，为提升全市高中语文教学质量提供了师资专业和能力素质的关键保障，深度研磨型联片研训活动在运用新课程教学理论和教学范例双引领区域教师个人教学的反复实践，促使教师的教学观念发生强烈碰撞进而转变山区教师教学观念、改变山区教师的个人教学行为促进教师专业能力发展方面取得了突破性的进展。课题组成员撰写发表了21篇课题论文，其中在省级以上发表论文共16篇，公开出版专著1部。其中课题主持人邵献计在省级以上发表的课题论文有6篇，如《同课异构绽异彩——清远高中语文联片教研促进教师专业发展实践研究》于2017年10月在全国中文核心期刊《语文建设》发表，《基于粤北区域高中语文教师参与研训情况的调查报告》于2018年1月在全国中文核心期刊《语文月刊》发表。研究成果已于2019年7月经广东省教育科学规划领导小组办公室审核鉴定为良好等级。

（二）解决的主要问题、解决问题的过程与方法（800字以内）

本项目研究突破的重点是如何有效提升山区高中语文教师专业素质。本项目研究主要解决的问题是，探索一条有特色的促进山区市高中语文教师专业发展的道路，让全市山区高中语文教师通过联片研训活动，带动全市高中语文教师整体素质的提高，从而促进全市高中语文教学水平的发展。

本项目解决问题的过程主要分为前期研究准备阶段、课题实施阶段和课题总结三个阶段。在前期研究准备阶段，主要是开展文献研究进行课题论证，开展问卷调查，了解语文教师专业发展及研训需求倾向，制订项目实施方案，根据开题论证意见，完善项目实施方案，选取具有典型代表性的市重点高中学校清远市X中学和县级少数民族高中学校连南X中学作为实验基地，扩大课题研究组。组织了60多节内容丰富、体裁各异的研讨课。项目活动采取了三部曲方式。

课题准备阶段主要采用了文献研究法、调查研究法。实施阶段主要采用了行动研究法和经验总结法，总结阶段主要采用经验总结法。

（三）成果创新点（500字以内）

本课题主要创新之处是探索出区域联片研训的“面、线、点”研训活动三部曲路径。面上活动要求片内教师全员参与研训活动，突出活动的普及性，研训活动以同课异构交流展示方式为主，线上活动则以鼓励学校跨片区参与片区教研活动，研训活动采用课例观摩与专家的专题讲座相结合，活动突出引领性，以专题讲座及示范课例为引领进行深度研磨，实现了从最初注重人人参与的均衡体验普及型研训到注重质量提升的深度研磨型的联片研训活动方式，增强了研训合一的针对性和实效性。深度研磨型的联片研训活动是本课题实验创新的核心，深度研磨型的联片研训活动突出了新课程教学理论和教学范例双引领下的个人教学的反复实践活动，它在转变区域教师的教学观念、提升区域教师的课堂教学专业能力方面提供了典型而具体可操作的实践活动案例，完成了由过去想干而没干成的促进区域教师专业能力发展的有效路径。

二、成果应用及效果（800字以内）

在本单位实践检验时间：2014年12月开始至2021年4月结束。

从2012年9月开始全市开展了高中语文联片教研活动。2014年12月则作为广东省教育科研“十二五”规划2013年度一般研究项目——“以联片研训方式促进山区高中语文教师专业发展研究”被广东省教育科学规划领导小组办公室正式立项，2019年7月经广东省教育科学规划领导小组办公室审核准予结项，鉴定等级为良好。本项目主要成果是探索出有效促进区域内高中语文教师专业发展的区域联片研训的“面、线、点”研训活动三部曲路径。本项目的最终的成果形式包括论文、研究报告、优秀课例集等。课题组成员撰写发表了21篇课题论文，公开出版专著1部。其中课题主持人邵老师在省级以上发表的课题论文有6篇。课题组成员李老师2016年3月被广东省政府评为特级教师，苗老师于2018年12月晋升为中学语文高级教师，黄老师1、梁老师以及黄老师2等青年老师在全市青年教师教学基本功比赛获得了优异成绩，其中黄老师2代表清远市参加了全省青年教师教学能力大赛并取得良好的成绩，其中苗老师、黄老师2等已成为全市高中语文学科教研中心组成员。本项目采取边研究边总结边应用方式进行，项目成果不断改进和优化，同时在全市8个县（市、区）进行推广应用并辐射到广州等市外区域，研究成果在市内外产生较大影响，如本项目研究的成果在推广应用过程中得到了广州市教育研究院高中语文教研专家唐老师的充分肯定和高度评价，他认为本项目成果中采取蹲点方式的深度研磨型的联片研训活动，问题驱动，特色鲜明，富有创新，活动扎实，突出了以教师专业发展为本，突出了新课程教学理论和教学范例双引领下的个人教学的反复实践活动，在转变区域教师的教学观念、提升区域教师的课堂教学专业能力方面提供了典型而具体可操作的实践活动案例，效果凸显，如此扎实有效的高中语文研训活动在省内甚至全国都并不多见。

附：教育教学成果奖获奖证书

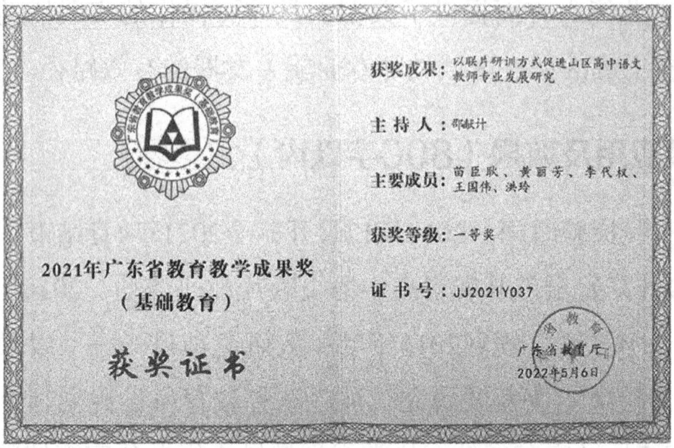

第六章

山区中学语文教师专业发展的实践（下）

——以联片研训方式促进山区高中语文教师专业发展研究

第一节　基于粤北区域高中语文教师参与研训情况的调查报告

广东省清远市位于粤北山区，下属各县的高中学校教育教学水平参差不齐。为努力缩小各校之间的教育教学质量差距，促进各高中学校协调发展，近年来，清远市实行了高中学校的教学教研指导以市为主的指导方式，清远市教育教学研究院每年以片区活动方式加强了对各高中学校教学教研的指导，各学科在各片区内开展了相应的片区教研活动。为了解全市高中语文教师近三年来的专业发展情况，以及他们在教研和培训中的真实想法，以便为全市高中语文教师及其他学科教师开展教研和培训提供有价值的参考信息，2017年5月底至6月初，对全市各高中学校的语文教师进行了通讯问卷调查。通过各县教育局教研室转发调查问卷到全市各高中学校，由各校按要求印发并回收、寄送调查问卷。清远市共有8个县（市、区），普通高中学校一共有28所，由于清远市幅员辽阔，南北距离较远，其中最远的连山壮族瑶族自治县县城距离清远中心市区，就有500多里，按照地理位置和平时组织开展全市高中教研活动情况，把全市各高中学校划分为市区片、英佛片和连阳片三个片区。全市共有25所高中学校参与了本次调查问卷，全市参与问卷的高中学校的语文教师共有789人，其中发回问卷有678人，回收问卷率为85.93%。调查问卷一共设置了13道题目，第1—12题为客观选择题，第13题为主观开放型题目。经过分类汇总统计分析，可以看出全市高中语文教师在过去三年中参与教研和培训的基本情况及主要倾向。现把调查问卷的主要数据情况概括如下。

一、教师问卷调查的基本数据及分析

本次调查问卷的内容主要包括清远市高中语文教师的性别、年龄、职称等基本信息，教师参与教研的频次和总体感受，教学主要压力以及教师专业发展存在的主要问题，教师专业发展主要期盼四个方面的内容。

（一）教师基本信息

1. 全市高中语文教师性别情况

全市高中男、女语文教师比例为0.34：0.66。

全市各片区（含连南高中和市一中两所课题实验基地高中学校）都是以女教师占大多数，男教师只占少数，其中市一中的男教师比例更低，仅占26%。

2. 全市高中语文教师年龄分布情况

全市高中语文教师的年龄段以31—40岁和41—50岁为主，两者所占全市高中语文教师的比例分别为47%和36%。市区片和英佛片与全市高中语文教师的分布比例比较一致，而连阳片则情况相反，出现41—50岁的年龄段比31—40岁的年龄段教师稍多的现象。连南高中和市一中则与全市教师年龄段分布不一致，其中连南高中则以30岁及以下的年轻教师为主，其次是31—40岁。市一中则以41—50岁为主，其次是31—40岁的教师。

3. 全市高中语文教师职称分布情况

全市高中语文教师的职称是以一级和高级为主，两者所占全市高中语文教师职称的比例分别为51%和28%。而连南高中和市一中则与全市教师职称分布不一致，其中连南高中则以二级为主，其次是一级。市一中则以高级和一级为主，且两者基本均等。全市高中语文教师的职称分布与年龄分布情况相吻合，即全市高中语文教师以中青年教师（年龄段集中在31—40岁）为主，30岁以下的青年教师和51岁以上的教师比例不多。但具体到学校，则存在明显差异，尤其是连南高中和市一中两所课题实验基地高中学校，如连南高中因30岁以下的青年教师居多，相应地，高级职称的教师明显偏少，而市一中则刚好相反，是以41—50岁的中年教师居多，因而他们的教师是以高级职称的教师为主。

（二）教师参与教研的频次和总体感受

1. 全市高中语文教师参与区域教研活动的频次情况

全市高中语文教师参与区域教研活动的次数以5次以上居多，其次是3—4

次，两者所占全市高中语文教师的比例分别为55%和29%。处于全市北部的连阳片与处于全市南部且与广州市接壤的英佛片，参与区域教研活动的次数差异明显，后者参与区域教研活动的次数明显增多。连南高中学校则参与全市区域教研活动的次数明显偏少，大多数教师1—2次，只有少数教师参与过3次以上。

2. 全市高中语文教师对2014年以来参加过的区域教研或专业培训活动的总体评价情况

全市高中语文教师对2014年以来参加过的区域教研或专业培训活动的总体评价是以满意和基本满意为主，两者一共达到了84%，有10%的教师感到非常满意，有6%的教师感到不满意。

3. 全市高中语文教师对参加区域教研或专业培训活动后在活动方式方面的收获倾向

全市高中语文教师认为采取名师授课方式收获最大，其次是校际间的同课异构课，两者一共占76%。市区片的教师与英佛片的教师相比，前者认为专家讲座有收获的比后者人数明显增多。连南高中教师与市一中教师对比，前者认为评课互动交流比专家讲座有收获的人数更多。

4. 全市高中语文教师对参加区域教研或专业培训活动后在活动内容方面的收获倾向

全市高中语文教师认为在分析处理教学内容、整合教材内容方面收获最大，其次是在课堂教学艺术的提高方面，两者所占全市高中语文教师的比例分别为42%和32%。其中，市区片和英佛片的教师认为在分析处理教学内容、整合教材内容方面有收获的人数尤为突出，连阳片的教师则在分析处理教学内容、整合教材与课堂教学艺术的提高方面认为几乎有同等收获。

5. 全市高中语文教师对参加区域教研或专业培训活动后在教学板块内容方面的收获倾向

全市高中语文教师认为在参加区域教研或专业培训活动后在教学板块内容方面收获最大的是写作教学板块，所占的教师人数比例最多，达29%，其次是文言文教学板块，所占的教师人数比例为25%。各片区教师对教学板块内容收获最大的人数比例有明显差异，连阳片教师与全市教师的看法比较一致，都认为收获最大的是写作教学板块，所占比例的教师人数最多，达到31%；英佛片的教师则认为文言文教学板块收获最大，达到35%；市区片的教师则认为现代文阅读教学板块和写作教学板块的收获基本持平，两者所占的教师人数比例分别是30%和29%。连南高中和市一中教师的看法存在明显差异，连南高中的教师则认为现代文阅读教学板块收获最大，所占的教师人数比例最多，达到38%，文言文教学板块所占的教师人数比例，达到33%，而市一中的教师则认为写作教学板块收获最大，达到35%，其次是古代诗歌教学板块，所占的教师人数比例达到29%。

（三）教师专业发展的主要问题和教学压力状况

1. 全市高中语文教师专业发展主要问题倾向情况

全市高中语文教师认为，专业发展存在的主要问题集中在缺乏专家引领，所占教师人数比例为48%，其次是认为教学方法单一，所占教师人数比例为23%。连阳片和英佛片的教师认为缺乏专家引领更为突出，所占教师人数比例分别高达57%和54%。连南高中和市一中教师在教师专业发展主要问题方面的看法存在较大差异，连南高中教师认为在教师专业发展中存在的主要问题除了缺乏专家引领，所占教师人数比例高达54%外，依次是教学方法单一和教研意识能力薄弱，所占教师人数比例分别是29%和25%；市一中教师认为在教师专业发展中存在的主要问题除了缺乏专家引领，所占教师人数比例为29%外，依次是专业知识结构狭窄和教研意识能力薄弱，所占教师人数比例均为24%。

2. 全市高中语文教师教学压力倾向情况

教学压力主要来自学生方面，认为学生基础差，学习没有兴趣，所占教师人数比例为61%，其次是认为来自教学内容太多，所占教师人数比例为31%。各片区教师对教学压力的看法倾向基本一致，其中连阳片的教师认为来自学生基础差、学习没兴趣方面的压力更为突出，所占教师人数比例高达78%。连南高中和市一中教师对教学压力的看法存在较大差异，连南高中的教师认为教学压力主要来自学生基础差、学习没兴趣方面，所占教师人数比例高达88%，其次是认为目前的知识与技能不足以应付实际的教学需要，所占教师人数比例是21%；市一中的教师则认为教学压力主要是教学内容太多，所占教师人数比例为56%，其次是认为来自学生基础和兴趣方面。

（四）教师专业发展的期盼倾向情况

1. 全市高中语文教师教研和培训内容期待提高倾向情况

全市高中语文教师研训内容期待提高主要集中在课堂教学艺术方面，所占教师人数比例为46%，其次是分析处理教学内容、整合教材，所占教师人数比例为37%；全市各片区高中语文教师期待提高的研训内容与全市高中语文教师期待提高的研训内容比较一致。其中连南高中和市一中两所高中的语文教师更为突出，连南高中语文教师研训内容期待在课堂教学艺术和分析处理教学内容、整合教材这两个方面提高所占教师人数比例分别达58%和50%（连南高中有七份调查问卷出现有多选情况），市一中高中语文教师研训内容期待在课堂教学艺术和分析处理教学内容、整合教材这两个方面提高，所占教师人数比例则分别达44%和41%。

2. 全市高中语文教师教研和培训专题板块期待提高倾向情况

全市高中语文教师教研和培训专题板块期待提高主要集中在写作教学方面，所占教师人数比例高达64%，其次是在现代文阅读教学方面，所占教师人数比例为20%；全市各片区高中语文教师期待提高的教研和培训专题板块与全市高中语文教师期待提高的教研和培训专题板块比较一致。其中连南高中和市一中两所高中的语文教师更为突出并有明显差异，连南高中语文教师的教研和培训专题板块期待提高集中在写作教学、文言文教学和古代诗歌教学三个方面，所占教师人数比例依次是58%、33%和33%（连南高中有七份调查问卷出现有多选情况），市一中高中语文教师教研和培训专题板块期待提高则集中表现在写作教学一个方面，所占教师人数比例高达64%。

二、清远市高中语文教师参与研训的主要观点和结论

通过综合分析以上问卷调查统计数据，可以初步得出清远市高中语文教师参与研训活动的以下四个主要观点和结论。

（一）清远市高中语文教师队伍是以年轻女教师为主力的教师群体

在清远市的山区兼少数民族地区，如连南高中表现尤为突出。年轻教师缺少丰富的教育教学经验，但他们思想活跃，精力充沛，容易接受新生事物，能乐于接纳他人的教研教改的建议和意见。在过去三年的全市高中片区语文教研和培训活动中，他们能够积极主动要求承担片区教研的同课异构公开课，在评课互动交流过程中，他们没有故步自封，而是勇于发言，乐于参与讨论，积极建言献策，在交流发言中不时迸发出有助于高中语文教育教学发展的睿智火光。

（二）清远市高中语文教师研训活动初显成效

在过去三年的全市高中语文片区教研和培训活动中，高一、高二年级主要

是开展了以片区内的同课异构教研活动。在开展高中语文片区教研活动中，要求片区内的各高中学校的相应年级的语文教师全员参与，由各高中学校提前按要求做好上课准备的教师代表，通过现场抽签方式，临时确定执教全市片区内的同课异构的研讨课。三年来，全市各片区的同课异构研讨课，主要集中在阅读教学板块内容，如现代散文阅读教学，古代诗歌和文言文教学。在全市高中语文专题培训活动中，曾经邀请了高中语文粤教版主编华南师范大学陈教授作教材分析和处理的专题培训活动。高三年级则主要开展了以各高中学校高三语文骨干教师代表参与的全市语文高考备考研讨活动，除了专门安排全市的骨干教师代表执教全市高考备考专题研讨课外，还适时邀请了省内外高考研究专家作高考备考专题讲座。例如，在2015年邀请了华南师范大学语文高考评卷组资深研究专家胡老师前来为全市作语文高考备考专题辅导讲座，2016年邀请了北京市的全国知名高考备考研究专家王老师前来为全市作语文高考备考专题辅导讲座。今年3月，专门组织了全市一批语文教师代表到广州市参加了全国真语文活动，观摩了语文教师素养大赛及华东师范大学周教授执教的高考作文备考示范课和高考备考专题辅导讲座。这与在前面的调查统计数据中，教师普遍反映在教材教学内容的分析处理和整合、现代文阅读教学、文言文教学、古代诗歌教学等专题板块的研训活动收获较大有密切关系。

（三）清远市高中语文教师研训需求相对集中，但各片区与各校之间的具体需求差异大

全市高中语文教师在研训内容方面，需求比较迫切且主要集中在课堂教学艺术方面，在研训专题教学板块方面，需求比较迫切且主要集中在写作教学方面。同时，各片区之间、区域内各校的研训具体需求存在较大差异，例如，连阳片在研训专题教学板块方面，除了写作教学专题板块外，其他各专题板块均有需求，而英佛片则在语言文字运用教学专题板块中未体现有需求，市一中则主要集中反映在写作教学专题板块，而连南高中除了写作教学专题板块外，还有较大的需求比例体现在文言文阅读教学和古代诗歌教学专题板块中。

（四）清远市各片区之间的高中语文教师研训活动不平衡

英佛片和市区片毗邻珠三角，特别是英佛片中的佛冈县各高中学校，他们与广州市接壤，充分利用地理位置优势，经常主动联系并积极参与广州地区的一些专题教研活动；市一中作为全市唯一一所重点高中，经常与市外的名校名师进行互动交流。这些学校的教研活动频次明显增多，教师的研训视野和需求明显不同。而连阳片远离珠三角，经济欠发达，学校教师与市外教师互动交流的机会相对减少，从而影响他们的研训视野和需求。

三、清远市高中语文教师研训工作的主要对策

针对以上问卷调查统计分析情况，为更加有效地开展全市高中语文教师的研训工作，促进全市高中语文教育教学质量的有效提升，拟提出以下三点主要对策。

（一）继续开展并不断改进全市高中语文片区教研活动

全市高中语文片区教研活动突出了以课例为载体的活动形式，这种活动形式内容聚焦，指向明确，针对性强，为片区内同年级的全体语文教师提供了极具接地气的共同研讨和交流的平台，能有效促进片区内青年教师的专业成长。要进一步优化全市高中语文片区教研活动，加强写作教学专题板块的活动频次与质量，同时，根据各片区的研训实际和不同需求特点，在设计活动专题内容的针对性和系列化方面不断加强和改进，努力满足各片区的研训差异需求。

（二）积极探索并创建片区之间的研训互动交流平台

通过创新活动方式和机制，努力为不同片区之间的教师创造更多相互研讨和交流的机会。例如，可以充分借助教育信息化的优势，与高中语文学科研训活动进行有效融合，探索并利用网络远程技术和设备，让片区之间的教师进行实时研训的互动与交流，充分发挥各片区的教研特色和优势，努力实现片区之间的有效互动和交流，争取早日实现各片区之间的研训优势资源共建共享。

（三）借智接力助推全市高中语文研训工作迈上新台阶

近年来，“广清一体化”战略已由原来的省级战略上升至国家战略，作为教育领域，应充分把握广清教育帮扶政策的良好契机，通过“请进来”和“走出去”的方式，争取邀请更多广州等地的教育专家到全市传经讲学，让全市有更多的教师有机会到广州高中名校去体验和学习，以推动全市高中语文教师研训工作不断发展，促进全市高中语文教育教学质量的不断提升，以实际行动回应粤北山区广大人民群众由过去的“有学上”到“上好学”的教育变化需求。

（本文原载《语文月刊》2018年第1期，录入本书时略有删改）

第二节　名著阅读教学要聚焦高阶思维能力培养

随着基础教育课程改革的全面深化，社会对创新人才的需求越来越迫切，学校为适应社会要求，必须根据创新人才培养规律要求，做出相应的调整。语文学科在中学作为一门重要的基础学科，对学生的终身发展有着重要的影响。在中学语文课堂教学中，如何才能进行有效培养学生的创新思维等高阶思维能力，是中学语文教学的神圣使命和义不容辞的职责。

高阶思维，是指发生在较高认知水平层次上的心智活动或认知能力。高阶思维是高阶能力的核心，主要指创新能力、问题求解能力、决策力和批判性思维能力。高阶思维能力集中体现了知识时代对人才素质提出的新要求，是适应知识时代发展的关键能力。当前，为适应知识时代发展需要，基础教育课程改革已由知识与能力立意阶段进入素养立意阶段，各学科纷纷凝练出本学科的核心素养。中学语文作为一门重要的基础学科，也提出了语言建构与运用、思维发展与提升、审美鉴赏与创造、文化传承与理解等四个方面的核心素养内容。围绕学科核心素养开展学科教学将成为今后课堂教学研究的主要出发点和落脚点。

布卢姆等人在1956年出版的《教育目标分类学　第一分册：认知领域》中把认知领域的目标分为六个亚领域，即知识（knowledge）、领会（comprehension）、运用（application）、分析（analysis）、综合（synthesis）和评价（evaluation）。这六个认知领域的教育目标，人们通常把前面的三个层级目标确定为低阶思维能力目标，后面的三个层级目标确定为高阶思维能力目标。这个认知领域目标基本对应语文高考的六个能力层级，即高考语文科要求考查考生识记、理解、分析综合、鉴赏评价、表达应用和探究六种能力，表现为六个层级，具体要求如下。

A. 识记：指识别和记忆，是最基本的能力层级。要求能识别和记忆语文基础知识、文化常识和名句名篇等。

B. 理解：指领会并能作简单的解释，是在识记基础上高一级的能力层级。要求能够领会并解释词语、句子、段落等的意思。

C. 分析综合：指分解剖析和归纳整合，是在识记和理解的基础上进一步提高了的能力层级。要求能够筛选材料中的信息，分解剖析相关现象和问题，并予以归纳整合。

D. 鉴赏评价：指对阅读材料的鉴别、赏析和评说，是以识记、理解和分析综合为基础，在阅读方面发展了的能力层级。

E. 表达应用：指对语文知识和能力的运用，在表达方面发展了的能力层级。

F. 探究：指对某些问题进行探讨，有发现、有创见，在创新性思维方面发展了的能力层级。

高考语文科要求考查考生识记、理解和应用属于低阶思维能力层级，分析、综合、评价和探究则属于高阶思维能力层级。表现在语文高考试题上，则以考查考生的分析、综合、评价和探究能力为主，以考查考生的识记和理解能力为辅。

名著具有较高艺术价值和知名度，且包含永恒主题和经典的人物形象，能够经久不衰，被广泛认识以及流传，能给人们以警世并带给人们深远影响，可以陶冶人的情操。名著阅读的价值早已被世人公认。《高中语文课程标准（实验稿）》对名著阅读提出了明确的要求，其中列出的名著阅读篇目已纳入了2017年北京语文高考的必答范围，进入了2017年全国语文高考试题（北京卷）。如2017年普通高等学校招生全国统一考试语文（北京卷）第25题微写作（10分）：从下面三个题目中任选一题，按要求作答。180字左右。

①《根河之恋》里，鄂温克人从原有的生活方式走向了新生活，《平凡的世界》里也有类似的故事。请你从中选取一个例子，叙述情节，并作简要点评。要求：符合原著内容，条理清楚。

② 请从《红楼梦》中的林黛玉、薛宝钗、史湘云、香菱之中选择一人，用一种花来比喻她，并简要陈述这样比喻的理由。要求：依据原著，自圆其说。

③ 如果请你从《边城》里的翠翠、《红岩》里的江姐、《一件小事》里的

人力车夫、《老人与海》里的桑提亚哥之中，选择一个人物，依据某个特定情境，为他（她）设计一尊雕像，你将怎样设计呢？要求：描述雕像的体态、外貌、神情等特征，并依据原著说明设计的意图。

从上述2017年全国高考北京卷试题里的名著阅读篇目题目设计来看，命题者在名著阅读篇目考查能力层级方面着重考查考生对名著的分析、综合和鉴赏评价能力。为此，在高中语文名著阅读教学与备考过程中，也应该以训练学生名著阅读的分析、综合和鉴赏评价能力为主，突出对学生高阶思维能力的培养。充分发挥名著阅读固有的经典普世价值优势，发展学生的高阶思维能力。

可是，当前各地中学语文在开展名著阅读时，并不尽如人意，普遍存在一些突出问题。一是以教师的讲解和灌输来代替学生的自主阅读，二是以阅读各种名著导读压缩版、内容提要精编版代替阅读原著，三是为了节省学生的理解和消化时间，有的教师越俎代庖，拟出名著阅读的主要问题及详细答案，提供给学生，让学生直接背下来应付考试。所有这些名著阅读教学方式，不仅让学生丧失对名著的阅读兴趣，完全阻碍学生的高阶思维能力发展与提升，与名著阅读的教学目的背道而驰，根本达不到训练学生高阶思维能力的目的。

那么，在中学语文名著阅读教学中，怎样才能有效实现对学生高阶思维能力的训练，从而达到名著阅读教学的目标呢？

一、教师要从教学思想观念上树立以下三个方面的意识

（一）树立教学主体转换意识

课堂上要从教师控制转换为以学生为中心。传统课堂教学在教学主体上以教师为中心，教学内容上强调具有完结和明确界定的内容结构，教学方式上通常采用整体教学、照搬教科书和定期测验的方法，即整个课堂教学是以教师通过说明的方式教给学生，教师通过在课堂上详细的讲授，把名著阅读的章节内容、人物形象、主题思想和艺术特色等原本需要学生通过自主阅读加以提炼概括的内容却给包办了。而“高阶思维”教学需要彻底改变这种做法，消除教师和教材对教学的控制，让学生浸润到名著中去，强调学生主动地经常地参与名著阅读心得的课堂交流的思维实践，参与名著阅读问题的探讨，从而实现高阶思维过程的建模，发展学生的高阶思维技能。

（二）树立教学重心转换意识

课堂上要从关注知识传递到转换为关注学习过程。传统课堂教学实践的关注重点在于思维所得的产物或结果。目标是将这些产物或结果传递给学生，并确保他们能够复制这些产物。“高阶思维”教学更关注学生的态度价值观的建立，关注学生掌握教学产物的过程，强调学生自觉地积极地吸收课堂“营养”。体现在名著阅读教学，就是需要语文教师给予学生充分的阅读名著的时间，让学生在阅读过程中，形成对名著的个人独特的理解和感悟，对名著提出个人的疑惑，表明个人对名著的独特见解和态度。

（三）树立教学问题开放意识

课堂教学设计的内容要突出开放性，要以开放性问题替代封闭性问题。传统构成教学内容的问题往往是孤立的、封闭的、结构良好的、预先准备的典型例题，在很大程度上忽略了与真实生活情境的联系，这样很难引发学生开展反思、批判、创新等思维活动。“高阶思维”教学强调课堂问题的生成，强调学生能够针对所阅读的名著文本内容，提出个人在阅读过程中所产生的问题，做出个人的有理有据的判断，并从阅读文本中寻找到解决问题的办法。

二、运用特定的教学方式组织学生开展名著阅读教学

运用探究、发现和研究型学习的方法——合作小组学习、讨论、案例学习、角色扮演、项目研究、模拟性决策和问题求解学习活动等，有利于发展学习者的高阶思维能力。尤其是发现学习，能比较有效地促进学习者高阶思维能力发展。在这种学习方法中，学习者面对现实的问题／项目研究，通过“探究”和“独立分析”的方法，解决问题和做出决策。有学者提出，要发展学习者高阶思维能力，教师应当设法让学习者投入分析、比较、对比、归纳／概括、问题求解、调研、实验和创造等系列学习活动中去，而不仅仅限于要求学习者回忆事实性信息的活动。名著阅读考查主要是考查学生的高阶思维能力，因此，在开展名著阅读教学过程中，比较适宜采用在自主阅读的基础上，运用探究、发现和研究型学习的方法——合作小组学习、讨论、角色扮演、项目研究和问题求解学习活动等方式，让学生在这种阅读交流和探讨活动过程中，对名著的情节、内容、人物形象、艺术特色以及主题思想进行鉴赏评价，从而逐步建构起自己的名著知识体系，实现高阶思维能力的发展与提升。这种教学方

式表面看不如由教师把名著知识内容直接告诉学生省时省事，但它却是在名著阅读过程中培养学生高阶思维能力的有效教学方式。

三、问题（任务）设计是高阶思维能力教学设计的核心

高阶学习是一种需要学习者运用高阶思维的学习活动。高阶学习和知识建构是发展学习者高阶思维能力的重要路径，问题（任务）设计则是决定能否有效展开高阶学习和知识建构的前提与关键。问题和任务紧密联系，问题是挑战性、真实性、困惑性的学习任务，是一种特定的学习任务。问题设计是高阶思维能力教学的把手或着力点。教师要在自己的教学设计中设计“基本问题”和“单元问题”，把大量的知识进行重新组织，以激发学生全身心进行探究学习，对所学的知识进行深刻理解，以促进学生高阶思维能力的发展。所谓问题设计，是指围绕学科基本概念而进行的学习任务设计，它通常是通过问题的形式来重新组织课程内容，给学习者创设一种真实的、复杂的、具有挑战性和吸引力的学习任务。对具体教学来说，问题设计的思路是从基本问题着眼，单元问题着手。每个单元问题设计要体现基本问题的思想精髓，也要考虑渐进的、可操作的学习活动方式。对教学设计来说，问题设计更多的是指单元问题教学设计，如学习任务或学习主题。一个好的任务应该是有挑战性的、可行的和有趣的，能促进学习者高阶思维能力的运用（对信息进行深度加工），能体现建构主义学习思想，而不是学习者只要通过简单收集、整理、拷贝和粘贴就可以完成的。

问题（任务）设计应着重从整体上进行深度设计。在文学名著阅读教学过程中，教师更多地应从名著的故事情节、社会环境、人物形象、主要内容、艺术特色和思想主题等宏观方面去设计一些让学生进行分析、概括或探究评价的问题。

例如，有老师在指导学生阅读《水浒传》的《林冲棒打洪教头》部分内容时，设计了以下三个关于对情节部分内容的分析问题：①洪教头是柴进的教师，林冲是柴进的“骨灰级偶像”，两者如何发生冲突？②林冲的武艺超出洪教头一大截，作者如何把实力悬殊的对手之间的打斗刻画得精彩曲折？③播放电视剧《水浒传》中的相关片段，请学生分析影视与文学作品对同一情节描述的差异性。在这里，既有单一的情节分析，同时也设计了让学生观看影视与文

学作品相同情节内容的比较分析，从而有效激发学生的思考，促进学生的高阶思维能力锻炼。

除了从整体去深度设计问题外，也可以从细节入手，生成一些类似单元的小问题，进行高阶思维能力教学。比如学习《祝福》，让学生关注文中几处关于钱的情节的描写，思考这些数字说明了什么问题。①福星楼的清炖鱼翅一元一大盘。②祥林嫂初到鲁家的工钱，每月五百文。③祥林嫂的婆婆从鲁家支走工钱，一千七百五十文。④祥林嫂的婆婆卖祥林嫂的钱，八十千，娶亲花的钱是五十千，剩下的钱，十多千。⑤捐门槛的价目，十二千，即十二块鹰元。

可见，应顺应时代发展需要，根据语文课程标准要求，借助名著阅读固有的价值优势，聚焦高阶思维教学，努力发展学生的高阶思维能力，为创新型人才的培养发挥应有的作用。

（本文原载《少男少女·教育管理》2017 年 8 月，录入本书时略有删改）

第三节 试论高中语文教学中开展名著阅读的必要性

名著是具有较高艺术价值和知名度，能够经久不衰，被广泛认识以及流传的文字作品。名著能给人们带来深远的影响，可以陶冶人们的情操。

名著阅读的价值已得到公认。国务院参事、人大附中校长刘彭芝曾指出：一个卓越优秀的中学生，不仅要有扎实的知识积淀，很好的科研潜力，还要有厚重的人文素养，有关注国家、关注社会、关注人类的胸襟和情怀，这些情感只有通过名著阅读才能渗透进学生的生命中。

全国政协常委、民进中央副主席、中国教育学会副会长朱永新从“一个人的精神发育史就是他的阅读史”“一个民族的精神境界取决于这个民族的阅读水平”“一个没有阅读的学校永远不可能有真正的教育”等方面道出了“名著阅读的价值”。

我国著名人文学者钱理群先生认为：每一民族、每一时代的精神的精华，人类最美好的创造都汇集于“名著”之中，人类精神文明的成果，就是通过各类名著、经典的阅读，而代代相传的。文学经典名著作为贯穿古今文化的纽带，承载着人类无限丰富的生命体验，蕴含着深沉的思想与情感，是人类精神文明的共同财富。

名著阅读不仅对个人的精神发展有帮助，而且对一个民族的精神境界有着重要而深远的影响。然而，在很多高中，尤其是一些偏远山区的高中，教师对名著阅读价值的认识并没有达到应有的高度，他们总以为在高中语文教学开展名著阅读教学，是一件吃力不讨好的苦差事，以至把学生阅读名著看作浪费光阴，更谈不上在高中语文教学中自觉地开展名著阅读。

高中语文教学要加强名著阅读，不仅仅源于名著阅读本身所固有的重要价值。当前，在高中语文教学提倡加强名著阅读，还具有以下三个方面的现实意义。

一、《普通高中语文课程标准》对名著阅读提出了明确的要求

《普通高中语文课程标准（2017年版）》（以下简称《新课标》）从课程性质与基本理念、课程设计思路、学科核心素养与课程目标、课程结构、课程内容、学业质量、实施建议以及附录关于古诗文诵读推荐篇目和关于课内外读物的建议等方面，对高中语文课程做出了全面而具体的规定。对名著阅读方面的要求也做出了明确的规定。例如，在课程目标中，要求通过阅读与鉴赏，感受和体验文学作品的语言、形象和情感之美，能欣赏、鉴别和评价不同时代、不同风格的作品，具有正确的价值观、高尚的审美情趣和审美品位；体会中华文化的博大精深、源远流长，体会中华文化的核心思想理念和人文精神，增强文化自信，理解、认同、热爱中华文化，继承、弘扬中华优秀传统文化和革命文化；通过学习语言文学作品，懂得尊重和包容，初步理解和借鉴不同民族、不同区域、不同国家的优秀文化，吸收人类文化的精华。在课程内容中，把集中体现名著阅读的“整本书阅读与研讨”作为18个学习任务群的首个学习任务群，须在指定范围内选择阅读一部长篇小说和一部学术著作，突显了名著阅读在高中语文教学中的重要作用。《新课标》在学习要求中对阅读量做了明确规定：“必修阶段各类文本的阅读量不少于150万字”“选择性必修阶段各类文本阅读总量不低于150万字”。在“关于课内外读物的建议”里明确列出了5部文化经典著作、10位诗人的诗歌作品、20位作家的小说、3位作家的散文、7位作家的7部戏剧作品以及3位作家的3部语文文学理论著作。

《新课标》是指导高中语文教材编写和开展高中语文教学的纲领性文件，也是对高中语文教学进行质量监测与评价的依据。《新课标》从名著阅读的目标、名著阅读的类型、名著阅读的具体篇目以及名著阅读的数量等方面对名著阅读做出了明确的要求，为高中语文教材编写、高中语文教学以及高中语文教学质量监测与评价指明了方向。

二、高考考试说明把经典阅读篇目纳入必答的范围

语文高考考试说明是对当年的语文高考的考试内容和考试形式做出明确而具体的要求的主要文件。2017年和2018年北京高考考试说明都把经典阅读篇目纳入了必答的范围。例如，与往年相比，2017年北京卷《考试说明》语文部分在总体稳定的基础上，在考试内容等方面略有调整，其中最为重要的是增加对阅读经典的要求。在现代文阅读和古诗文阅读中，明确提出了“对中外文学经典”“对中国古代文化和文学经典”的“理解、感悟和评价”。即“附录”在保持原有“古诗文背诵篇目”的同时，增加了“经典阅读篇目例举”，规定了6部名著必考篇目：《红楼梦》《呐喊》《边城》《老人与海》《红岩》《平凡的世界》。

2018年语文高考北京卷《考试说明》遵循“立德树人、服务选材、引导教学”的指导思想，以《普通高中语文课程标准（实验）》和《2018年普通高等学校招生全国统一考试大纲》为基本依据，结合北京市高中语文教学改革实际情况，在总体保持稳定的前提下进行局部微调，继续体现高考语文北京卷关注人的终身发展、弘扬社会主义核心价值观和优秀传统文化、强调全面综合灵活考查语文能力的特色。在具体修订内容上，《考试说明》中的“试卷结构”“考试内容及要求”“附录1古诗文背诵篇目”保持不变，“附录2经典阅读篇目例举”及“参考样题”略有调整。其中把《论语》纳入经典阅读考查范围，继续体现高考语文北京卷对经典阅读的重视，考查篇目从2017年的6部增加到7部，分别是：《论语》《红楼梦》《呐喊》《边城》《红岩》《平凡的世界》《老人与海》。

2017年和2018年语文高考北京卷《考试说明》的修订，都是以教育部制定的《普通高中语文课程标准（实验）》《2017年普通高等学校招生全国统一考试大纲》和《2018年普通高等学校招生全国统一考试大纲》为依据，结合北京市现行教材和教学实际，体现了北京特色。北京是我国政治和文化的中心，其历史文化底蕴深厚，注重守正创新，引领着全国高中课程改革的潮流。北京市语文高考考试说明把名著阅读篇目纳入了必答范围，反映出北京市对高中名著阅读教学的高度重视，也体现了北京市各高中学校在名著阅读教学方面已进行了深入的研究和实践，北京高中生在名著阅读方面具有了一定的学习基础和阅

读能力。

高考是普通高中教学的指挥棒，直接影响普通高中语文教学，特别是指导高三语文复习备考的纲领性文件就是当年的语文高考考试说明，因为它对当年的考试内容和范围都做出了明确而具体的规定，任何一所普通高中学校无不把高考考试说明视为高考的指南针和风向标，尤其是高三复习备考的师生，更是不轻易放过高考考试说明中的一字一句，并将它的每一个考点落实到课堂复习备考中。2018年北京语文高考考试说明继续把名著阅读篇目作为考试内容，并纳入了必答范围。可以说，将名著阅读篇目作为全国各地语文高考的考试内容已是大势所趋。

三、高考试题直接考查了名著阅读能力

普通高中学校的教学历来都是特别讲究投入与产出必须对称，也就是特别讲究考试经济效益，很少有学校把教学和备考时间花在高考没有直接考查的知识点上。多年以来，全国高考没有直接考查名著阅读的试题，因此，很多高中语文教师一致认为，虽然《普通高中语文课程标准（实验）》一直都是作为语文高考命题的依据，但是，全国语文高考试题不会直接涉及名著阅读的题目。要腾出宝贵的高中语文教学时间，尤其是宝贵的语文高考备考时间，去应对名著阅读，那岂不是在浪费学生时间而做无用功？然而，高考的实际情况并非完全如此。从2015年开始，北京语文高考试题就已经直接出现名著阅读的考试内容。

例如，2015年普通高等学校招生全国统一考试语文（北京卷）第26题微写作（10分）：

从下面三个题目中任选一题，按要求作答。不超过150字。

① 语文老师请同学们推荐名著中的章节或片段供课上研读。范围《三国演义》《巴黎圣母院》《四世同堂》和《平凡的世界》。你选择哪部著作中的哪个章节或片段？请用一句话表述推荐内容，并简要陈述理由。

② 乱涂乱贴、违禁吸烟、赛场“京骂”等不文明的现象，与首都形象极不相称。请针对社会上的某一种不文明现象，拟一条劝说短信。要求态度友善，语言幽默。文体不限。

③ 请以“圆”为题，写一首小诗或一段抒情文字。

又如，2017年普通高等学校招生全国统一考试语文（北京卷）第25题微写作（10分）：从下面三个题目中任选一题，按要求作答。180字左右。

①《根河之恋》里，鄂温克人从原有的生活方式走向了新生活，《平凡的世界》里也有类似的故事。请你从中选取一个例子，叙述情节，并作简要点评。要求：符合原著内容，条理清楚。

② 请从《红楼梦》中的林黛玉、薛宝钗、史湘云、香菱之中选择一人，用一种花来比喻她，并简要陈述这样比喻的理由。要求：依据原著，自圆其说。

③ 如果请你从《边城》里的翠翠、《红岩》里的江姐、《一件小事》里的人力车夫、《老人与海》里的桑提亚哥之中，选择一个人物，依据某个特定情境，为他（她）设计一尊雕像，你将怎样设计呢？要求：描述雕像的体态、外貌、神情等特征，并依据原著说明设计的意图。

再如，2018年普通高等学校招生全国统一考试语文（北京卷）第23题微写作（10分）：

从下面三个题目中任选一题，按要求作答。

① 在《红岩》《边城》《老人与海》中，至少选择一部作品，用一组排比比喻句抒写你从中获得的教益。要求：至少写三句，每一句中都有比喻。120字左右。

② 从《红楼梦》《呐喊》《平凡的世界》中选择一个既可悲又可叹的人物，简述这个人物形象。要求：符合原著故事情节。150—200字。

③ 读了《论语》，在孔子的众弟子之中，你喜欢颜回，还是曾参，或者其他哪位？请选择一位，为他写一段评语。要求：符合人物特征。150—200字。

从上述北京语文高考的2015—2017年和2018年关于名著阅读考查的内容和形式的变化可知，北京语文高考考查名著阅读篇目的内容都是安排在微写作这一道题，2015年是以选考方式呈现的，而2017年和2018年虽然也是以选考方式呈现的，但是选考的内容完全不同。2015年是在名著阅读篇目和非名著阅读内容之外供考生自由选择其一，而2017年和2018年则是要求考生必须在所给的名著篇目里的框架下做出选择，2015年的考生，即使没有进行名著阅读，也不妨碍答题。但是，2017年和2018年的考生，如果没有进行名著阅读教学及复习备考，则该题的名著阅读题只能瞎猜，这些考生与在高中阶段特别是在高考复习备考中，对名著阅读有充分准备的考生，其差距不言而喻。

高中语文课程承载着进一步提高学生的语文素养，使学生具有较强的语文应用能力和一定的语文审美能力、探究能力，形成良好的思想道德素质和科学文化素质，为终身学习和有个性的发展奠定基础的重要历史使命。在高中语文教学开展名著阅读便是实现这一重要历史使命的有效途径。从名著阅读的固有价值，特别是从《新课标》对名著阅读的要求、语文高考考试说明对名著阅读内容的明确规定，以及2017年和2018年北京语文高考试题直接考查考生名著篇目的阅读情况中，相信广大高中，尤其是一线高中语文教师，一定能够把握住时代发展的脉搏，并能充分认识到开展名著阅读教学的紧迫性，在名著阅读教学方面有所作为，引领学生在黄金年华汲取人类经典文化，为学生的终身发展抹上一层亮丽的经典文化底色。

（本文原载《新作文·中小学教学研究》2018 年 9 月，录入本书时略有删改）

第四节　论在高中古诗教学中如何培养学生的创新意识

当今社会日新月异，教育对经济的影响日趋明显。《经济日报》于2016年6月28日以《主动创新才能赢得未来》为题，报道了中国空气动力研究与发展中心，将创新视为整个团队的灵魂和生命，注重营造尊重知识、尊重人才、尊重创造的创新氛围，充分激发人的主观能动性，用生动实践诠释了只有主动创新才能赢得未来。民族和未来的希望在于创新企业，创新企业在于创新的科研人才，而创新的科研人才在于创新的教育。

心理学家皮亚杰指出："教育的首要目标在于培养有能力创新的人，而不是重复前人所做的事情。"现代的课堂教学，不是单纯的知识传递过程，而是组织学生主动学习，实现学生的某些内在的发展与变化的过程。现代教师的主要职责是帮助学生最大限度地发展自己的潜能，引导学生学会求知、学会做人、学会生活、学会发展。

中小学课堂教学是中小学教育的主阵地。在学科教学中有效培养学生的创新意识，对学生未来的创新能力将起到关键性的作用。创新意识的培养受到教师、教材、学生以及教学环境等多方面因素的影响，现结合清远市开展的高中语文片区教研活动中的古诗课堂教学，从高中语文教师角度，围绕以下四个方面，探讨在高中语文古诗课堂教学中如何有效培养学生的创新意识。

一、提高对创新意识重要性的认识

教师在课堂教学中起主导作用，教师的创新意识直接影响着学生的创新意识。有的教师每当听到一些优秀教师，在古诗课堂教学中富有启发和创意的教学活动时，总是慨叹自己怎么就没有想到可以这样进行课堂教学设计。这种现象其实并不少见，究其原因，这其实涉及一个教师的教育理论知识的储备状况。先进的教育理论往往是正确教育行动的向导。俗话说，要给学生一杯水，教师就要有一桶水，甚至要有长流活水。同样地，高中语文教师要培养高中学生的创新意识，语文教师就必须对创新意识和创新能力的培养有深刻的认识。教师要充分地认识到，一个人、一群人，乃至一代人，他们的创新意识和创新能力将直接影响到国家、民族未来发展的前途和命运。创新能力已成为国家、民族发展能力的代名词，是一个国家和民族解决自身生存、发展问题能力大小的最客观和最重要的标志。现代社会需要的是充满生机和活力的人、有开拓精神的人、有新思想道德素质和现代科学文化素质的人。教师肩负着培养时代社会所需要的人才的历史使命，教师只有深入学习和全面掌握创新意识和创新能力的教育理论知识，才能做到把创新意识和创新能力的培养自觉地运用于自己的课堂教学中。

二、努力创设富有诗兴的教学情境

创新意识萌发于强烈的好奇心。富有情趣的课堂往往能激发学生的好奇心与求知欲。课堂的导入是激发学生好奇心与求知欲的首要环节。俗话说，好的开头便是成功的一半。巧妙的情境导入设计就像磁石，能把学生分散的思维一下聚拢起来；巧妙的情境导入设计又是思想的电光石火，能给学生以启迪，提高整个智力活动的积极性。优秀的教师在讲授古诗时往往会善于在上课伊始便把学生的注意力集中起来。例如，有位教师在借班讲授《短歌行》的课前导入时，改变一般教师采用直接以文字介绍作者及作品的通常做法，而是运用了一个学生喜闻乐见、非常生动形象的人物脸谱画让学生猜猜这是谁。这就通过运用多媒体展示图片，创设了一个兴趣盎然、轻松愉悦的教学情境，既减少了师生之间的陌生感，拉近了师生心理距离，又把学生的注意力集中到诗歌作者介绍中，起到了一箭双雕的作用。有的教师采用猜字谜的方式来揭题，同样能收到吸引学生注意力、引起学生思考的效果；有的教师则采用播放歌曲的方式营造气氛导入新课；也有的教师直接引用学生已学过的诗歌进行导入；等等。教师在设计导入时要注意以下“三宜三忌”：

一是宜简洁明快，忌冗长拖沓。宜用简短的一两分钟引导学生迅速进入新知探寻，不要在导入上花费大量时间，影响新知识的教学，导入时间一般不宜超过3分钟。

二是宜灵活多变，忌千篇一律。精彩的课堂开场白，往往给学生带来新奇感，不仅能使学生的思维迅速地由抑制到兴奋，而且会使学生变成一种自我需要，自然地进入学习新知识的境界中。在导入过程中，教师应根据教材及学生的特点灵活处理，调动学生的多种感官，把学生引向新知识，使整堂课有血有肉，充满活力，充满创造。切忌千篇一律，平铺直叙，否则只会扼杀学生的积极性，消磨学生学习语文的热情。

三是宜回归本真，忌牵强附会。情境创设不宜过于追求生动有趣，否则会哗众取宠，牵强附会。教师要用语文教学自身的魅力引领学生步入语文教学的神圣殿堂，由此而产生的兴趣，才能经久不衰。

三、注重培养学生深入领会诗歌的情感

创新意识需要具备丰富的创造情感。创造情感是引起、推进乃至完成创造的重要心理因素。古诗语言精练，情感丰富，意蕴深远，诵读和品味具有丰富情感意蕴的古诗，是培养学生丰富的具有创造性情感的有效途径。但是因为时代久远，作者不同，甚至是同一作者，不同的诗歌，创作风格、语言风格或思想感情也会各异。

例如，同样是曹操个人所写的诗歌《观沧海》和《短歌行》，这两首诗歌分别入选初中语文教材和高中语文教材。《观沧海》是曹操北征乌桓时所作，寄托了诗人很深的感慨，透过它我们可以看到诗人像沧海一样难以平静的昂扬奋发的精神和胸怀，使这首诗具有一种雄浑苍劲的风格。而《短歌行》是曹操决战孙刘时所作，表达了作者慨叹人生短暂而自己壮志未酬、渴望贤才以成就霸业的强烈情感。同样是曹操所写的这两首诗歌，所表达的情感有明显的差异。在高中进行《短歌行》教学时，要注意的是在学生对曹操已有认知的前提下开展教学，由于《短歌行》不像《观沧海》那样语言通俗易懂，在本首诗里，作者运用了比喻、引用、用典等修辞手法和表现手法，部分语句如引用和用典的语句，如“周公吐哺”词句等，需要引导学生查找相关史料才能准确深入地领会作者所要表达的思想感情。通过引导学生深入领会诗人所表达的独特思想感情，从而引起学生的思想感情共鸣，培养学生积极向上、富有创造性的思想感情。

四、注重锻炼学生阅读鉴赏诗歌的意志

顽强而坚定的意志是创新意识的重要因素。高中古诗阅读和鉴赏是锻炼学生顽强而坚定意志的有效途径。入选高中语文的古诗，绝大多数诗篇由于综合运用赋比兴等各种修辞手法或其他表现手法，有的诗歌字面上好像没有一个不认识的字词，内容和思想感情却难以理解和把握。就以《短歌行》为例，诗歌里的“杜康”“青青子衿，悠悠我心”“呦呦鹿鸣，食野之苹。我有嘉宾，鼓瑟吹笙”“何时可掇”“契阔谈讌”“海不厌深”“周公吐哺”等，或借代，或通假，或引用，或用典，有的课文附有注释，但并不详尽，有的甚至没有注释，这些词句都需要教师引导学生通过查找相关资料才能有效理解词义及作者所表达的丰富意蕴。查找资料逐步理解和消化的过程，需要学生克服时间不足、缺乏需要查找的工具书等各种实际困难，这就需要教师给予必要的指导和帮助，既要让学生感到教师已给予了帮助，又要让学生感到克服查找相关资料以便深入理解诗歌内容和思想感情的困难责无旁贷，使学生在古诗学习过程中，顽强而坚定的意志力得到有效锻炼。

由上述可见，在高中古诗课堂教学中，教师只有不断增强创新意识重要性的认识，在课堂中自觉创设富有创意情趣的教学情境，引导学生不断克服各种困难和障碍，深入领会诗人的创作风格和丰富意蕴，学生的创新意识才能在语文古诗教学中得到有效培养。

（本文原载《少男少女·教育管理》2017年11月，录入本书时略有删改）

第五节　区域联片研训活动方式促进高中语文教师专业发展略谈

基础教育的质量，关键在教师。让每个学生都享有公平而有质量的教育是清远市高中教育的努力方向。实现公平而有质量的教育取决于多方面的因素，其中教师的业务能力素质起着关键的作用。

为促进清远市高中语文教师的专业发展，努力缩小全市各县域之间高中语文教学质量差距，自2013年以来，作为全市高中语文教研工作的领路人，笔者根据清远市高中语文教研工作实际，在全市高中语文教研活动开展的过程中，积极探索切实可行、形式多样的区域联片研训活动方式。经过近几年的努力探索，清远市高中语文区域联片研训活动演奏了“面、线、点”三部曲，从而有效促进了全市高中语文教师的专业发展。

一、以面为主的片区内全员参与的高中语文区域联片研训活动

清远市地处广东省中部，北面和东北面与韶关市为邻，东南和南面与广州市接壤，南面与佛山市接壤，西面与肇庆市相连，全市南北距离较远，各县的经济水平和教育发展不平衡。为便于全市各高中学校相应年级语文全体教师就近参与全市片区内的研训活动，营造全市高中语文片区研训活动氛围，为片区内高中语文教师提供相互学习与交流的研训活动机会，自2013年起，我们把全市各县（市、区）的高中学校分别划分成市区片、英佛片和连阳片三个片区，其中市区片包括9所市直高中学校和清新区的6所高中学校，一共15所高中学校；英佛片包括英德市6所高中学校和佛冈县2所高中学校，一共8所高中学校；连阳片包括连州市2所高中学校、连南瑶族自治县1所高中学校、连山壮族瑶族

自治县1所高中学校以及阳山县2所高中学校，一共6所高中学校。全市片区高中各年级语文教研活动由同一片区内各高中学校相应年级的全体语文教师参加。

清远市高中语文区域联片研训活动主要集中于9月至12月，每个片区的高一、高二语文研训活动安排在同一个县区、同一星期举行，高一、高二的活动时间相继错开。研训活动内容主要由承办学校根据本校各年级语文教学进度来确定，参与研训的各高中学校相应年级的语文教师则根据承办学校确定的上课教学内容提前做好备课，片区内的每所学校的相应年级语文备课组要在规定的时间内确定并报送抽签上课的一名语文教师的信息及备课的教学设计和教学课件。在研训活动报到时，每次研训活动每个年级各上研讨交流课的节数为3节，由于每个片区内的高中学校数量不一致，其中连阳片学校数量最少，但都有6所，最多的片区是市区片，学校数量多达15所，为使所有参与研训活动的学校教师都能够有公平参与上课或展示的机会，采取差额抽签来确定当天上课的3名教师及上课顺序，凡未抽中上课的教师，可以在评课交流环节主动提出进行不超过15分钟的说课交流活动。为鼓励学校积极主动参与研训活动的承办工作，承办学校享有免抽签执教第一节研讨交流课的权利。从2013年至2016年，仅全市的高一、高二语文区域联片研训活动就一共举办了24场次。片区内各学校相应年级的语文教师实际参与研训活动人数占应参与研训活动人数的95%以上，参与研训活动的教师对研训活动的内容、时间以及活动方式的满意度达到98%以上。研训活动内容涉及了文言文课堂教学、古诗阅读鉴赏课堂教学、现代散文阅读课堂教学、戏剧作品阅读课堂教学、实用类文本新闻阅读课堂教学、小说阅读课堂教学以及写作课堂教学等。很多高中语文教师首次有机会走出学校参与全市的片区研训活动，首次看到了来自同一片区内的其他学校教师对同一篇课文的不同解读与教学设计并取得了不同的教学效果，首次感受到来自邻近学校语文教师有效的教学策略、教学技巧及教学智慧。

这种以片区内人人参与的均衡体验普及型研训活动，营造了相互学习和交流的教研氛围，激发了清远市高中语文教师参与全市教研活动的热情，引起了全市高中语文教师对提升自身专业发展水平的思考。

二、以线为主的骨干教师参与的高中区域联片研训活动

以面为主的片区内全员参与的高中语文区域联片研训活动为全市片区内各

高中学校相应年级语文教师提供了全员就近学习与交流的绝佳机会，得到了参与教师、学校以及上级教育部门的肯定和好评。如果说以面为主的片区内全员参与的高中语文区域联片研训活动是普及型的研训活动，那么以线为主的骨干教师参与的高中区域联片研训活动则是研训人员数量普及型向研训层次质量提升型的过渡阶段。

随着研训活动时间的推移，普遍感到研训内容，特别是参与上课的教师局限在同一片区内，出现了水平同质化的现象。为满足参与研训活动教师的渴求个人业务能力和水平不断增长的合理需求，从2017年起，突破了局限于片区内的研训活动要求，允许片区外的高中学校鼓励选派教师代表参与在其他片区举行的高中语文区域联片研训活动。在这项以线为主的骨干教师参与的联片研训活动中，借助广清一体化政策良机，邀请了广州市的高中语文教研专家和高中语文骨干教师参与并指导清远市高中语文区域联片研训活动的同课异构及专题交流活动。例如，于2017年10月和11月，分别在清远市的英佛片英德市第一中学和市区片的清远市第一中学举行了广州市高中语文教研专家做专题讲座和广州市高中语文骨干教师上示范公开课的高中语文区域联片研训活动。其他年级的语文教师甚至是其他片区的高中学校也派出了语文教师代表参与。增加了专题讲座的时间，缩短了集中评课交流的时间。由于邀请前来参与上课的教师和做专题讲座的教师都是外市高中骨干教师或知名教研专家，起到了很好的教学示范和专业引领的作用，因而受到了参与研训的教师的普遍好评。在组织开展以线为主的骨干教师参与的高中区域联片研训活动之前，由于没有做好广泛宣传和深入发动工作，很多高中学校以为还是原来的片区内的研训活动，因而没有按照通知要求选派教师代表参与全市的跨区域联片研训活动，研训活动效益没有达到最大化的预期。

三、以点为主的专家引领的高中语文区域蹲点联片研训活动

结合当前高中教育教学改革的热点和难点，根据全市高中学校的教学实际和学科教学状况，清远市在以线为主的骨干教师参与的高中区域联片研训活动基础上，开展了以点为主的专家引领的高中语文区域蹲点联片研训活动。2018年11月，专门选择了连阳片的连州市连州中学作为首次全市高中语文区域蹲点联片研训活动学校。在研训活动的第一天，12名晒课教师以及参加活动人员分

成3个研训活动小组同时晒课，由各组的专家团队对汇报课教师进行磨课指导。第二天先由广州市的高中骨干教师上一节诗歌教学的示范课，然后由从第一天各组晒课中分别推选出来的一名教师依次上汇报课，课后再由专家团队进行评课交流指导，并从三名汇报课教师中推选出一名教师作为代表，上最后的一节展示课。整个研训活动以课例为载体，聚焦课堂教学，针对课堂教学中存在的问题，提出了优化和改进的意见和建议。研训活动专门邀请广州市高中语文资深的教研专家和广州市高中名校的骨干教师进行指导和示范。由于本次研训活动既有全市各高中学校语文教师代表的参与，又有资深的教研专家和高中名校骨干教师做指导和示范。例如，连州中学陈老师作为在本次研训活动中唯一连续上了三节同一教学内容的教师，她情不自禁地发出了自己的肺腑之言。该次研训活动促使陈陆英老师深入反思自己的课堂教学观念和课堂教学行为，对她产生了深远的影响。

“面、线、点”三部曲是清远市在开展高中语文区域联片研训活动过程中，逐步探索出来的由关注均衡的全员参与体验的普及型联片研训活动到注重质量提升的深度研磨型的联片研训活动新路径。这是国家深入推进高中课程改革和重视教师队伍建设必走的探索之路。

（本文原载《读写算·教学研究与管理》2019 年 1 月，录入本书时略有删改）

第六节　同课异构绽异彩

——广东清远高中语文联片教研实践研究

教师在教育教学过程中起着主导作用，教师专业发展状况直接影响着学校教育教学质量。在当前不断推进教育现代化的形势下，如何有效促进区域教师专业发展已成为亟须破解的一道难题。开展同课异构片区教研活动，是促进区域教师专业发展的有效途径。自2013年起，片区内教师以现场教学课例为载体，以同课异构为活动方式，每年坚持在全市各片区开展高中语文同课异构联片教研活动，并把它作为一项重要的常规教研活动。这项教研活动在促进清远市高中语文教师专业发展方面起到了积极的推动作用，具体表现在以下几个方面。

一、教师课堂教学专业能力锻炼的摇篮

同课异构，是指同一节课的内容，由不同教师根据自己的实际和理解，进行备课并上课。虽然教学内容相同，但由于教师不同，课的结构、风格以及所采取的教学方法和策略各有不同。为了上好一次全市高中片区研讨课，片区内高中学校各年级语文教师都会精心准备，并从教学内容的安排、教材的处理、教学目标的确定、教学重点的突出、教学难点的突破、教学方法的选择以及教学结构的设置等方面，进行全面考量。例如，2014年11月下旬的连阳片高中语文教研活动中，高二的同课异构的上课内容是文言文阅读教学《陈情表》，地点安排在连州市连州中学。除了承办学校选派一位教师上相同内容的一节课外，通过现场抽签确定上课的还有连南民族高级中学的张老师和连山中学蒋老师。张老师在课后对自己的准备和上课过程深有感触：“《陈情表》是一篇以情动人的千古佳作。在教学设计之时，我希望能把这种情感灌注其中，因此确

定了符合学生实际的问题的切入点，想就此引导学生深入课文思考探究，使之形成心得，有话可说。初次试讲时，情况出乎我的意料，课堂成了一潭死水。这绝对不是我想要的课堂。经过反复推敲，在连州中学正式上课时，我把原来的问题‘陈什么情，为什么陈情’，改成了‘陈了哪几种情’，并展示了一组提示性词语：苦情、恩情、忠情、孝情、亲情、处境、心愿……以此引导学生深入课文，理解‘情’的内涵，进而展开讨论。由于问题很好地贴近了课文和学生实际，而且又有了详细的提示语，所以学生能很好地深入课文思考探究。结果是课堂气氛非常活跃，笑声充满了课堂。此时的我不再是唱独角戏，已然成为导演，而学生也充分诠释了演员的角色。”

同样地，连山中学的蒋老师在课后也感慨道：“本文是一篇情满笔端，措辞恳切的至情美文。无论是诉自己的孤苦之情、自己与祖母相依为命的深厚亲情，还是述自己对朝廷恩遇的感激之情、对晋武帝的忠敬之心，都十分感人。这个特性，决定了它适宜用诵读法进行教学。因此整个课堂我采用了音频范读、配音朗读、师生合作诵读、学生齐读等多种方式，让学生在充分的诵读中感悟情感，走近文本。当然本节课也有不足的地方。对时间的把握分配欠准确，也没有根据文本情感很好地调控学生。这提醒我以后在教学中要更努力，不断完善。我个人认为新理念下的语文教学不仅仅是知识的传播，更重要的是指导和组织学生自主地参与学习，‘教’是为‘学’服务的。”

从以上两位老师的教学反思可以看出，开展同课异构的片区教研活动，需要上课教师在课前深入研究教材内容，准确把握教材的核心，精心设计教学过程，还需要教师根据学情，对课前预设的教学内容和教学方法做出适当的调整。两位年轻教师的教学专业能力得到了有效的锻炼。

二、教师课堂教学思想火花碰撞的平台

同课异构联片教研活动不仅能够为青年教师提供教学专业能力锻炼的机会，同时也为全市高中语文教师提供有效交流教学思想的平台。每次联片教研活动听完课后，我们还组织参与活动的教师从教学目标和效果、教学内容、教学方法、教师行为、学生行为等不同的角度，进行分组研讨交流，然后每组派代表反馈，以便达到交流教学思想、相互启发、相互促进的教研效果。例如，2015年11月下旬在英佛片举行的高一文言文教学《赤壁赋》同课异构教研活动

中，佛冈中学的钟老师和佛冈一中的朱老师代表讨论小组，对来自英德市第一中学龙老师、佛冈中学钟老师和英德中学袁老师的课堂教学情况，分别做了精彩发言。佛冈中学的钟老师发表了以下的交流意见：“首先，真正体现了同课异构。三位老师的三节课呈现出完全不一样的教学，龙老师教学容量非常大；钟老师则是使用了学案的形式，用男女‘PK’的方式把课文的知识点落实到位，趣味性、知识性都比较强；袁老师则是把文与言统一起来讲授，做到了文言统一。三位上课老师在教学内容的准备上都是带着问题上课，带着问题反思，在研究中教学，在教学中研究，打开了教学思路，改变了教学方法。其次，目的明确、胸怀全局。第一课时要讲什么，讲多少合适，都是需要老师在备课思考过的，三位老师在这些方面都做得比较好，一节课下来，都能顺利完成教学目标，知识性、思维性都比较强。最后，课堂活跃，教法灵活。龙老师的课，环环相扣，节奏紧凑，张弛有度，学生的兴奋点被充分地激发出来，学生的思维非常活跃，在轻松愉悦的气氛中掌握了相对枯燥的语文知识。钟老师用男女‘PK’的方式激发起学生不服输的劲头，调动了学生学习的积极性和主动性。当然，这三节课也存在一些问题。学生方面表现在发言上还不够精彩、主动，学习小组的合作竞争意识不够强；教师方面则表现在三位老师都急于按照教学设计走完流程，龙老师留给学生思考的时间比较少，钟老师在时间上显得前松后紧，袁老师自己讲得比较多。”

佛冈一中的朱老师代表讨论小组发表了以下意见：“三位老师都能够合理利用课程资源，教材内容把握准确科学，都把重点落实在文言基础知识上，做到有的放矢地去梳理和落实。内容层次清晰，由实词、虚词、词类活用、特殊句式到翻译，再到文本解读，由浅入深。关注新旧知识的联系，体现教学的实践性。课堂容量大，讲练结合。三位老师的课堂各有千秋，让人受益匪浅。课后经过备课组各位老师的讨论，提几点不成熟的意见，第一，文言知识应注重与初中衔接，调动学生的记忆储备，做到温故而知新。第二，应以翻译为重点。无论文言文的考查形式如何变化，文言基础始终要回归到翻译。第三，应淡化文言虚词。文言虚词涉及相关的语法知识，对学生来说有难度，而全国高考也取消了虚词的考查，因此课堂可以用这些时间去落实更多有价值的知识点。并且虚词有许多有争议的地方，不利于学生的理解和辨析。第四，对文本的品读不够。三节课都重视了文言的‘言’，而忽略了‘文’，因此未能做到深入文本，学生未能与文本进行亲密的接触和交流。第五，应注重朗读方式指导。虽然三节课都有朗读环节，但读的形式单一。第六，应加强背诵指导，可以从背诵和默写的角度去落实一些默写可能出错的字。”

上述听课反馈意见，具有较独到的观课见解，既充分肯定了上课教师的闪光点，也十分中肯地指出了在课堂教学中存在的问题，从而达到了交流教育教学思想，相互启发和相互促进的教研效果。

三、教师课堂教学专业特色绽放的舞台

开展同课异构片区教研活动，是要让不同的教师充分展示自己对教材的解读和处理能力，形成百家争鸣、百花齐放的教研格局，促进教师形成个人的教学专业特色。例如，在2015年9月中旬市区高二新闻阅读教学《东方风来满眼春——邓小平同志在深圳纪实》同课异构教研活动中，清远市第一中学邱老师和清远市第二中学黄老师两位授课教师，凭借个人对教材的深入研读和分析，在处理教学内容、设计教学过程和选择教学都有明显的差异。她们虽然都以学生自主学习为主，但前者主要是让学生采取播报的方式梳理文章内容，后者则是采取让学生完成填写表格方式去了解和把握课文的基本内容。她们所采取的教学方法，取决于她们对课文的深入解读和灵活处理的教学智慧。这正如她们在个人教学反思中所谈到的。邱老师说：“拿到这次公开课任务，我就开始头疼，《东方风来满眼春》是一篇一万多字的通讯，内容多，政治性很强，应该怎么教呢？侧重内容解读吗？内容很直白，无须解读，如果要解读内容，很容易上成政治课或历史课。侧重文学手法的研究吗？这虽然是一篇很优秀的通讯，但它在文学手法上的特点并不突出。最终我决定还是服从于这一篇文章的文本特质，就上成一篇新闻。再结合教材点击链接的知识，最终我把该课教学的重点确定为把握新闻内容，把握新闻通讯和消息的文体特征。知识的学习与运用是课堂的目的，但以何种形式进行学习与运用呢？考虑到我班学生的实际情况，我决定信任他们，事先让他们阅读文章和点击链接知识，然后更多地把课堂交给学生，让他们自行阅读知识，运用知识对通讯内容进行改写，并上台播报。这一节课的目标基本实现了，学生的表现也基本如我预料一样。整节课上下来，感觉学生很投入，心情比较愉悦，说明这种学习方式是他们喜欢的。从结果看，学生的改写是比较成功的。”

同样地，黄老师在课后也进行了深刻的教学反思："上完这节课，我深深地体会到，备课时选准切入点是相当关键的，不同的文章有不同的切入方式，我们要加强研究。这节课虽然不生动，但知识性的东西还是能够吸引学生的，学生还是有收获的。同时我也体会到，一个老师要驾驭好课堂，先要有一份自信，特别是借班上课，开始对学生不熟悉，学生也对老师不熟悉，这时就要创设一种氛围调动学生的情绪。这份自信还源于对教材的深入理解，自己设计的目的要明确，思路要清晰。当然，课后我也感到有许多遗憾，比如课堂上如何留给学生更多的时间和空间，诸多问题需要我进一步思考，解决。"

开展高中片区同课异构教研活动，不仅为区域内各高中语文教师提供了相互学习、相互借鉴的平台，同时也为打造区域内各高中语文教师的专业特色创造了良好的机会，从而有效推动区域内各高中语文教师的专业发展，为提高区域高中语文教育教学质量奠定坚实基础。

（本文原载《语文建设》2017 年 10 月，录入本书时略有删改）

第七节 面线点结合，实现立体化研训

——广东省清远市积极推动高中语文教师队伍建设

教师的发展是推动区域教育均衡发展的基础。广东省清远市地处粤北，辖区面积较大，各区县（市）相距较远，域内各高中的语文教育教学水平参差不齐。清远市教师发展中心（以下简称“发展中心”）以教师发展为根本，深入开展省级项目“以联片研训方式促进山区高中语文教师专业发展研究”，将全市高中划分为市区片（包括市直高中及清新区各高中）、连阳片（包括连州市、阳山县、连南瑶族自治县和连山壮族瑶族自治县各高中）和英佛片（包括英德市、佛冈县各高中），在三个片区采取教研与培训相结合的方式，通过骨干教师、名优教师引领等形式带动教师专业成长。发展中心根据区域内语文教师不断变化的需求，探索出一条为区域联片教研服务的“面、线、点”结合的立体化研训推进路径，努力打造一支支能教会研的教师队伍，促进区域整体语文教育教学水平的提升。

一、“面上研训”关注整体发展

“面上研训”关注区域语文教学整体生态，立足区县语文教师、语文教学、语文教研的实际状况，从教师素质、教学方式、教研能力等方面出发，以同课异构为主要研训方式，通过集体教研、同堂赛课，帮助教师发现问题、研讨对策。

比如，在一次连阳片高中语文教研活动中，连南民族高级中学的张老师展示了《陈情表》公开课。通过设置主问题“文中陈了哪几种情？”，出示提

示性词语：恩情、忠诚、孝顺等，张老师引导学生深入文本，理解“情”的丰富内涵。整堂课氛围活跃，学生思考深入，笑声回荡其间。张老师所展现的灵动课堂，不仅体现了其个人对教学的深入思考，而且是学校备课组集体智慧的结晶。从教学目标的确定，到教学环节的删改，再到问题和板书的设计，备课组成员施展“唇枪舌剑”，经过了多轮讨论、试讲和修改。此次活动中，教师发展中心推出的高水平公开课，不仅要树立课堂的标杆，而且更要做研讨的标本。期待参加活动的语文教师能从这些课中汲取智慧，围绕教学内容的安排、教材的处理、教学目标的确定、教学重难点的定位、教学方法的选择以及教学结构的设置等方面进行对照反思，开展深度对话，集中交流探讨。活动中，教师们畅所欲言，谈收获和体会，如学到了什么，获得了哪些启示；谈问题和困惑，如课堂教学遇到了什么瓶颈，展示课还有哪些不足、应怎样完善；谈改革和创新，如怎样研判课改的前景和方向，语文教师需具备怎样的能力和素质；等等。

每次“面上研训”，教师发展中心都做足了功课，开展调研、听课、座谈，收集问题，因地制宜制订研训方案，使每个片区、每个板块的培训活动都能产生实实在在的成效。正如一位参训教师所说：“一次‘面上研训’，考验的是上课教师，磨炼的是所有备课教师的能力，成就的是全体参与的教师。”

二、“线上研训”凸显名优引领

“线上研训”采取课例观摩与专家讲座相结合的方式，通过专家、名师引领，强化语文教师对教学理念、教研方式、教学方法的理解与掌握。

比如，在2017年举办的一场英佛片高一语文教研活动中，广州市教育研究院高中语文教研专家唐老师做了题为《夯基·多读·勤写·会思——从2017年高考看高中语文教学》的报告，英德市第一中学赖老师和广州市英培中学姚老师分别上了一节《短歌行》同课异构课。这一活动使英德市、佛冈县共8所高中及其他片区高中的100多位语文教师受益。

其中，英德中学陈老师对报告的感受尤为深刻：“评判一堂好的语文课，就是每个学生都能积极参与学习活动，都能在课堂上找到自己的位置，都能有所收获、有所发展。”她在教学反思中写道：“诗歌教学是重点，更是难点，两位老师的示范课给了我一些启示。一是激发学生学习动力，最有效的途径是设置问题，教师要通过问题引领学生解读诗歌。二是学生诵读应由浅入深、由内到外、由点到面，从学习到领悟再到吸收，循序渐进。三是高中生鉴赏诗歌有三大步骤，即读懂诗歌、感悟意境、创新理解。读懂诗歌是前提和基础，感悟意境是领悟与内化，创新理解是目的与结果。”她从研训中领悟到了语文教学的真谛——不断挖掘学生的发展潜能。

三、“点上研训”强调个人成长

“点上研训”更加关注教师的个人成长，其做法是：教师连续三天参与教研共同体的蹲点研训活动，参加同一教学内容的三次研讨。在深度磨课中，教研共同体成员为教师进行全方位把脉，综合会诊、对症下药。

比如，在2018年举办的“广州名师送教清远暨普通高中语文学科区域联合蹲点教研活动”中，连州中学的陈老师先与教研共同体成员一起打磨了《沁园春·长沙》展示课，然后在广州市教育研究院唐老师、广州市天河区教研室万老师和广州大学附中尧老师的指导下继续完善，并学习聆听了尧老师的《沁园春·长沙》示范课。

回顾这次集中磨课历程，陈老师总结道：“三天的研训活动，让我实现了从理论到实践的升华，对诗词教学有了更全面的认识。万老师关于《如何进行高中语文备课、听课和评课》的讲座，让我意识到备课要实现与作者的对话，要为课堂教学设置具体有效的目标，要为教材、教法寻找依据。唐老师用了三个问题——‘这首词中哪些地方体现了作者的伟人气质？作者既是政治家又是诗人，文中哪些地方体现了诗歌的特点？文中哪些表达具有个性特色？’帮助我打开教学的思路。尧老师的示范课启发了我：教师要顺应课标的要求，不能局限于一篇文章，要通过群文阅读拓展学生的思维，提升学生的综合能力。我逐步摒弃了‘满堂灌’式的教学思路，以提升学生思维为要义，以发展学生能力为根本，实现了教学能力的逐步提升。”

由“面上研训”到“线上研训”，再到“点上研训”，是一个从整体到群体，再回归个人的过程，最终让每位教师都有成为名师的潜质。经过研训，一个个教师逐渐成长起来，在各类比赛中崭露头角。例如，清远市第一中学黄老师在2017年清远市中小学青年教师教学基本功比赛中获一等奖，代表清远市参加了当年的广东省第一届青年教师教学能力大赛。

教师发展中心推动的高中语文教师联片研训活动，不仅为教师提供了学习互鉴的平台，也为他们打造教学特色、提升教学能力创造了良好契机，从而为清远市高中语文教育教学质量的全面提升奠定了基础。

（本文原载《语言文字报》2022 年 4 月 27 日第 6 版，录入本书时略有删改）

参考文献

[1] 叶澜. 教师角色与教师发展新探 [M]. 北京：教育科学出版社，2001.

[2] 陈新文. 论教师专业化及其发展 [D]. 武汉：华中师范大学，2003.

[3] 王鉴，徐立波. 教师专业发展的内涵与途径——以实践性知识为核心 [J]. 华中师范大学学报（人文社会科学版），2008（3）.

[4] 联合国教科文组织. 教育——财富蕴藏其中 [M]. 北京：教育科学出版社，2014.

[5] 陈启山等. 教师指导、学习策略与阅读素养的关系：基于PISA测评的跨层中介模型 [J]. 全球教育展望，2018（12）.

[6] 联合国教科文组织国际教育发展委员会. 学会生存：教育世界的今天和明天 [M]. 北京：教育科学出版社，1996.

[7] 赵康. 专业、专业属性及判断成熟专业的六条标准——一个社会学角度的分析 [J]. 社会学研究，2000（5）.

[8] 朱晓烨. 我国中小学教师专业发展的阶段性特征研究——基于“教师专业发展状况调查”数据库的探索性分析 [D]. 上海：华东师范大学，2013.

[9] 肖丽萍. 国内外教师专业发展研究述评 [J]. 中国教育学刊，2002（5）.

[10] 马勇军，姜雪青，王子娴. 我国教师专业发展研究回顾与展望 [J]. 教师教育学报，2020（6）.

[11] 傅道春. 教师的成长与发展 [M]. 北京：教育科学出版社，2001.

[12] 李瑾瑜. 新课程与教师专业发展 [M]. 北京：首都师范大学出版社，2003.

[13] 赵巧云. 我国特教教师专业化发展标准刍议 [J]. 中国特殊教育，

2009（4）.
［14］中华人民共和国教育部. 基础教育课程改革纲要（试行）［EB/OL］.（2001-06-08）［2019-04-01］. http：//www. gov. cn/gongbAo/content/2002/content_61386. Htm.
［15］任立梅. 关于我国教师专业标准的几点思考［J］. 忻州师范学院学报，2012（1）.
［16］熊建辉. 教师专业标准研究——基于国际案例的视角［D］. 上海：华东师范大学，2008.
［17］武佳. 浅谈《中学教师专业标准》［J］. 北方文学（下半月），2012（8）.
［18］安玫. 现行中小学教师专业标准的演变及逻辑架构探析［J］. 新疆职业教育研究，2020（4）.
［19］车丽娜，尚凯，朱洪雨. 我国教师教育政策七十年历史演变及未来展望［J］. 教育理论与实践，2020（10）.
［20］于胜刚. 教师专业发展导论［M］. 北京：北京大学出版社，2015.
［21］教育部教师工作司. 中学教师专业标准（试行）解读［M］. 北京：北京师范大学出版社，2013.
［22］吴传刚. 我国现行中小学教师专业标准改进研究［D］. 哈尔滨：哈尔滨师范大学，2019.
［23］张亚妮，田建荣. 教师专业标准：解读与反思［J］. 当代教师教育，2013，6（3）.
［24］胡惠明. 学习《中学教师专业标准》的认识［J］. 教师，2012（7）.
［25］刘文霞. 农村教师专业发展的内涵、特征及定位［J］. 决策与信息，2017（6）.
［26］中华人民共和国教育部. 义务教育语文课程标准（2022年版）［M］. 北京：北京师范大学出版社，2022.
［27］曾峥. 论数学教师专业发展的背景、意义与内涵［J］. 肇庆学院学报，2003（1）.
［28］林海龙，张玉兰. 卓越教师的“道”与“术”：中小学教师专业发展的“清远样本”［M］. 广州：暨南大学出版社，2020.
［29］岑宛玲. 山区高中语文教师专业发展的现状与对策［J］. 广西教育，

2014（22）.
[30] 叶澜. 新世纪教师专业素养初探［J］. 教育研究与实验，1998（1）.
[31] 陈建. “教师专业理念与师德”的定义、内涵与生成——基于《中学教师专业标准（试行）》［J］. 教学月刊·中学版（教学管理），2014（6）.
[32] 张一山. “大分时代”要重构语文学科知识体系［J］. 新课程研究（上旬刊），2014（8）.
[33] 郑群. 运用学科教学知识（PCK）提高中学语文教学的有效性——以《远行希腊》为例［J］. 语文月刊，2015（5）.
[34] 沙鑫冲，邵明星. 关于《幼儿园教师专业标准（试行）》之“通识性知识”标准的思考［J］. 教育与教学研究，2014（4）.
[35] 尼佩. 我国初中语文教师专业能力评价指标体系研究［D］. 开封：河南大学，2019.
[36] 李文送. 基于“标准”的中学教师专业能力［J］. 教书育人，2020（20）.
[37] 管民，黄友初. 教师教学设计能力的内涵、构成与测评［J］. 黑龙江教师发展学院学报，2021（8）.
[38] 陈澄，陈昌文. 地理教育测量与评价［M］. 上海：华东师范大学出版社，2001.
[39] 章莉，刘清. 基于专业标准的教师教育教学评价能力现状研究［J］. 中学地理教学参考，2017（3）.
[40] 于新. 教师个人专业发展规划的制订与实施［J］. 大连教育学院学报，2013（2）.
[41] 袁瑛. 促进教师专业化水平提高的途径［J］. 通化师范学院学报，2006（6）.
[42] 查晓虎. 教师专业发展：路径与策略［M］. 芜湖：安徽师范大学出版社，2018.
[43] 王少非. 教师专业发展规划：意义 内容 策略［J］. 中国教育学刊，2006（2）.
[44] 王辉泰. 中学教师个人发展规划［J］. 中学课程辅导（教师通讯），2019（1）.

［45］吴欣歆. 以专业学习实现终身成长——《义务教育语文课程标准（2022年版）》倡导的教师发展观［J］. 语文建设，2022（10）.
［46］宗小慧. 再谈初中语文教师的基本素养［J］. 名师在线，2017（24）.
［47］樊文侠. 浅谈新时期中学语文教师的素养［J］. 中国科教创新导刊，2008（21）.
［48］杜启达，李如密，阎浩. 教师跨界学习：内涵、价值及策略［J］. 教育与教学研究，2022（5）.
［49］杨念鲁. 重新认识学习［J］. 教育与教学研究，2021（2）.
［50］王宽明. 论问题解决与数学课程改革［J］. 教育评论，2021（7）.
［51］［美］玛克辛·格林. 释放想象：教育、艺术与社会变革［M］. 郭芳，译. 北京：北京师范大学出版社，2017.
［52］孙元涛. 教师专业学习共同体：理念、原则与策略［J］. 教育发展研究，2011（22）.
［53］张香莉，范珍珍. 新时代高中语文教师专业发展途径探究［J］. 周口师范学院学报，2019（3）.
［54］叶圣陶. 叶圣陶语文教育论集［M］. 北京：教育科学出版社，1980.
［55］肖建新. 语文教师如何提高自身的执教素养［J］. 科技创新导报，2014（18）.
［56］张世明. 教师专业成长的有效路径［J］. 教育视界，2017（7）.
［57］杨杰，程岭. 教师的教学反思：内涵、价值与提升路径［J］. 中国教师，2022（10）.
［58］张克荣. 论教学反思与促进教师的专业成长［J］. 今日南国（中旬刊），2010（11）.
［59］陈向明. 教师实践性知识再审视——对若干疑问的回应［J］. 北京大学教育评论，2018（4）.
［60］熊庆旭. 教学创新的基础、特点和途径［J］. 中国大学教学，2021（8）.
［61］李冲锋. 教师如何做课题［M］. 上海：华东师范大学出版社，2013.
［62］郑金洲. 校本研究指导［M］. 北京：教育科学出版社，2002.
［63］乐军. 新课程背景下中小学教师如何选课题与做课题［M］. 武汉：华中科技大学出版社，2008.

[64] 耿申. 课题研究方案设计 [M]. 合肥：安徽教育出版社，2004.
[65] 高尚刚，徐万山. 中小学教师课题研究指导 [M]. 北京：中国轻工业出版社，2008.
[66] 张建. 研究报告撰写指导 [M]. 北京：教育科学出版社，2003.
[67] 张民生. 推广科研成果 促进素质教育——在上海市首届教育科研成果推广奖颁奖大会上的报告（摘要）[J]. 上海教育科研，1997（9）.
[68] 柳夕浪. 教学成果这样培育 [M]. 北京：教育科学出版社，2019.
[69] 叶澜. “新基础教育”发展性研究报告集 [M]. 北京：中国轻工业出版社，2004.
[70] 黄光国. 社会科学的理路 [M]. 台北：心理出版社股份有限公司，2001.
[71] [美] 拉波特，等. 社会文化人类学的关键概念 [M]. 鲍雯妍，张亚辉，译. 北京：华夏出版社，2009.
[72] [法] 埃德加·莫兰. 方法：思想观念——生境、生命、习性与组织 [M]. 秦海鹰，译. 北京：北京大学出版社，2002.
[73] 国家中长期教育改革和发展规划纲要工作小组办公室. 国家中长期教育改革和发展规划纲要（2010—2020年）[Z]. 2010-07-29.
[74] 中共中央，国务院. 国家中长期人才发展规划纲要（2010—2020年）[Z]. 2010-06-06.
[75] 国务院. 国务院关于加强教师队伍建设的意见（国发〔2012〕41号）[Z]. 2012-08-20.
[76] 国务院办公厅. 国务院办公厅关于开展国家教育体制改革试点的通知（国办发〔2010〕48号）[Z]. 2010-11-21.
[77] 中华人民共和国教育部. 中学教师专业标准（试行）（教育部文件 教师〔2012〕1号）[Z]. 2012-02-10.
[78] 中共广东省委，广东省人民政府. 广东省教育现代化建设纲要（2004—2020年）（粤发〔2004〕13号）[Z]. 2004-08-09.
[79] 广东省教育厅. 广东省中长期教育改革和发展规划纲要（2010—2020年）[Z]. 2010-10-26.
[80] 中共清远市委，清远市人民政府. 清远市中长期教育改革和发展规划纲要（2010—2020年）（清发〔2010〕15号）[Z]. 2010-12-15.

［81］中共清远市委，清远市人民政府. 清远市中长期人才发展规划纲要（2012—2020年）（清发〔2012〕25号）［Z］. 2012-08-22.

［82］邵献计. 基于粤北区域高中语文教师参与研训情况的调查报告［J］. 语文月刊，2018（1）.

［83］杨九诠. 学科核心素养与高阶思维［N］. 中国教育报，2016-12-21.

［84］白智才，李晓天，邱宇强，等. 高阶思维课堂教学研究实验报告［J］. 长春教育，2013（10）.

［85］钟志贤. 促进学习者高阶思维发展的教学设计假设［J］. 电化教育研究，2004（12）.

［86］黄莺，彭丽辉，杨心德. 知识分类在教学设计中的作用——论对布卢姆教育目标分类学的修订［J］. 教育评论，2008（5）.

［87］邵献计. 名著阅读教学要聚焦高阶思维能力培养［J］. 少男少女·教育管理，2017（1）.

［88］中华人民共和国教育部. 普通高中语文课程标准（2017年版）［M］. 北京：人民教育出版社，2018.

［89］朱永新. 我的阅读观［M］. 北京：中国人民大学出版社，2012.

［90］邵献计. 试论高中语文教学中开展名著阅读的必要性［J］. 新作文·中小学教学研究，2018（9）.

［91］姜天骄. 主动创新才能赢得未来［N］. 经济日报，2016-06-28（12）.

［92］孙敬全，孙柳燕. 创新意识［M］. 上海：上海科学技术出版社，2010.

［93］魏耕原，张新科，赵望秦. 先秦两汉魏晋南北朝诗歌鉴赏辞典［M］. 北京：商务印书馆国际有限公司，2012.

［94］邵献计. 论在高中古诗教学中如何培养学生的创新意识［J］. 少男少女·教育管理，2017（33）.

［95］邵献计. 区域联片研训活动方式促进高中语文教师专业发展略谈［J］. 读写算·教学研究与管理，2019（1）.

［96］邵献计. 同课异构绽异彩——广东清远高中语文联片教研实践研究［J］. 语文建设，2017（10）.

［97］邵献计. “面线点”结合，实现立体化研训——广东省清远市积极推动高中语文教师队伍建设［N］. 语言文字报，2022-04-27（6）.

［98］中共中央，国务院. 中共中央　国务院关于全面深化新时代教师队伍建设改革的意见［Z］. 2018-01-20.

［99］广东省人民政府. 广东省推动基础教育高质量发展行动方案（粤府〔2021〕55号）［Z］. 2021-08-16.

［100］荀况. 荀子［M］. 方勇，等译注. 北京：中华书局，2011.